영유아 정신건강

오승아

KNOWLEDGE COMMUNITY 공동체

머리말

인간발달에서 가장 민감하고 중요한 시기는 영유아기다. 이 시기의 발달적 중요성은 많은 학자들이 강조해 왔고 그런 점에서 영유아 정신건강은 전 생애 발달에 미치는 영향력의 비대함에 그 중요성이 크다고 할 수 있다.

저자는 성균관대학교에서 대학을 다니던 학부 때부터 이상심리나 정신건강에 관심이 컸고 그에 대한 관심의 확장개념으로 석사와 박사학위 취득까지 내내 임상현장에서 상담 및 연구를 병행해 왔다. 교수자로는 28년이 넘었고 상담가, 임상가로서 현장에서 상담을 해온 지도 거의 30년이 넘어가고 있다. 숫자로 표현하니 굉장히 오랜 시간이 흐른 듯하지만 여전히 상담을 할 때나 강단에 설 때는 모르는 것이 많아서 당황하는 초보 교수가 될 때가 많고, 항상 공부하는 연구자, 선배 임상가들에게 슈퍼비전을 받는 임상가이다.

이런 부족함에도 대학 강단에서 내내 강의해 오던 정신건강에 대한 교재의 필요성을 느껴 집필을 시작하게 되었다. 이 책은 예비 임상가나 예비 보육교사, 예비 유아교사들을 위해 준비했다. 여전히 정신건강에서 사용되는 언어들이 낯설어서 어렵고 이해가 어려운 그들에게 조금이나마 이해를 도울 수 있으면서 그들이 만나게 될 영유아나 그들의 부모들에게 무장된 지식으로 대처하고 적절한 정보를 제공할 수 있는 지식으로 축적될 수 있길 바란다.

본 저서는 1장부터 2장까지는 정신건강의 개념과 중요성, 영유아 정신건강의 개념과 정신질환분류체계에 대해 다루었다. 3장부터 13장까지는 정신진단편람의 분류에 따른 장애별 정의, 특성, 진단, 치료 등에 대한 상세한 내용을 담고 있다. 14장과 15장은 진단되지는 않지만 영유아 정신건강에 큰 영향요인이 될 수 있는 문제로 성과 학대 문제를 다루고 있다.

부족한 시간에 미흡한 글을 열심히 읽고 편집해 주시고 독려해 주신 공동체 출판사 분들께 감사드리고, 쿄토세이카대학교에서 졸업전시회를 준비하느라 바쁜 와중에서도 삽화 하나 그려달라는 무리한 요청에 기꺼이 응해 준 큰딸, 사랑하는 반려견 루카를 기꺼이 맡아서 케어해 주면서 도와준 작은딸, 인생에 새로운 눈을 뜨게 해준 사랑하는 루이, 루카, 그리고 정신적·물질적으로 지원을 아끼지 않는 남편에게 감사를 표합니다.

2024년 12월

일산에서 저자

차 례

제 1 장

영유아 정신건강의 기초

제 1 장 영유아 정신건강의 기초

1. 정신건강의 개념

'정신이 건강하다'라는 말의 의미는 무엇일까? 국어 사전의 정의에서 정신은 첫째, 육체나 물질에 대립되는 영혼이나 마음, 둘째, 사물을 느끼고 생각하며 판단하는 능력 또는 그런 작용, 셋째, 마음의 자세나 태도라고 한다.

건강은 정신적으로나 육체적으로 아무 탈이 없고 튼튼함 또는 그런 상태로 기술되어 있다. 이를 통합해 보면 정신건강이란 사물을 느끼고 생각하며 판단하는 능력이나 작용 혹은 마음의 자세나 태도가 아무 탈 없이 튼튼한 것을 의미한다.

세계보건기구(WHO)의 헌장에는 "건강이란 질병이 없거나 허약하지 않은 것만 말하는 것이 아니라 신체적 · 정신적 · 사회적으로 완전히 안녕한 상태에 놓여 있는 것"이라고 정의하고 있다. 사람은 인종 · 종교 · 정치 · 경제 · 사회의 상태 여하를 불문하고 고도의 건강을 누릴 권리가 있다는 것을 명시한 것이다.

즉, 과거에는, 건강이란 육체적 · 정신적으로 질병이나 이상이 없고, 개인적으로 정상적인 생활을 영위할 수 있는 신체상태를 말하였으나, 오늘날에는 개인이 사회생활에 의존하는 경향이 커짐에 따라서 사회가 각 개인의 건강에 기대하는 것도 많아졌기 때문에 사회적인 건강이란 면에서 이와 같은 정의가 생겨난 것으로 보인다. 한국의 헌법에는 건강을 "모든 국민이 마땅히 누려야 할 기본적인 권리"라고 규정하고 있어 건강을 하나의 기본권적 개념으로 보고 있다. 또한 질병이 없는 상태라는 수동적 건강에 대한 태도에서, 금주·금연 등 생활습관의 변화나 운동 같은 적극적으로 건강해지려는 노력 등 능동적 태도가 강조되고 있다.

건강의 구체적 요소로는 육체적인 형태적 요소(신상·체중과 같은 외형적 계측값이나 내장의 여러 기관 등)와 기능적 요소(여러 기관의 생리기능이나 종합적인 체력 등), 정신기능적 요소로 분류하여 평가하기도 한다(네이버 지식백과).

미국 정신위생위원회(National Committee for Mental Hygiene)에서는 "정신건강이란, 다만 정신적 질병에 걸려 있지 않은 상태만이 아니고 만족스러운 인간관계와 그것을 유지해 나갈 수 있는 능력을 의미한다."고 정의하고 있다. 이것은 정신적 장애와 정서적 장애로 야기되는 여러 가지 장애를 예방하고 나아가서는 이를 치료하며 동시에 모든 종류의 개인적·사회적 적응을 포함하며, 어떠한 환경에도 대처해 나갈 수 있는 건전하고(wholesome), 균형적이며(balanced), 통일된(integrated) 성격의 발달을 의미한다. 즉, 정신건강은 정신적으로 병적 증세가 없을 뿐만 아니라 자기 능력을 최대한 발휘하고 환경에 대한 적응력이 있으며, 자주적이고 건설적으로 자기 생활을 처리해 나갈 수 있는 성숙한 인격체를 갖추고 있는 상태이다.

정신건강에 대한 여러 학자들의 견해를 살펴보면, Freud는 정신적으로 건강한 사람들은 사랑할 수 있고 일을 할 수 있는 능력을 가지고 있다고 보았다. 즉, 성격의 3대 구조인 원초아(id), 자아(ego), 초자아(superego)가 균형을 이루고 있어 어느 한편으로 기울어지지 않으며, 자아가 충분히 작동하여 본능과 현실을 잘 구분하고 조화와 적응을 이룰 수 있고 욕구와 갈등을 적절하게 해결할 수 있는 사람이라고 보았다.

또한 심리성적 발달단계에서의 각 욕구가 적절히 충족되었을 때 건강한 사람이 된다고 보았으며, 특히 영유아기와 아동기 초기를 정신건강의 아주 중요한 시기로 강조하였다(김성수·이영애, 2019 재인용).

Rogers는 현실적 자아와 이상적 자아 간의 차이가 크지 않는 상태를 건강한 상태, 갈등이 없는 상태로 보았다. 현실적 자아와 이상적 자아의 차이가 클수록 갈등이 커지면서 정신적 분열상태에 이르기 쉬운 상태가 된다고 보았다.

Bandura는 잘못된 행동 모델의 행동을 학습한 결과가 정신장애라고 보았다. 건강한 행동을 학습하며 성장한 사람은 건강한 정신상태를 유지하지만 그렇지 못한 경우에는 잘못된, 건강하지 못한 정신상태의 결과물인 이상행동을 학습하게 되어 정신적으로 건강하지 못하게 된다고 보았다.

Erikson은 정신건강의 척도를 각 발달단계에서 습득되는 신뢰감의 형태에 따르는 것으로 보았다. 예를 들어, 아이들은 어른들이 과연 신뢰할 만한 가치가 있는 존재인가 혹은 아닌가 하는 것을 판단하게 되는데, 이때 신뢰감에 위기가 있을 경우에는 그 위기를 성공적으로 해결해 나가야 한다. 그럴 경우 아이들은 자기 외의 다른 사람들에 대해 신뢰하는 방법들을 배우며, 자신의 욕구에 대해서도 적절히 대처해 나갈 수 있게 되고 자신에 대해서도 신뢰를 하게 된다는 것이다. 그는 정신건강의 친교로서 신뢰감 외에도 자율성, 진취성, 근면성, 자아의 주체성, 친교능력, 생산능력 등을 들었다(이영호, 2007 재인용).

Allport는 정신적으로 건강한 사람은 무의식의 힘에 의한 통제나 지배를 받지 않으며 무의식적 갈등에 의해 조정되지 않는다고 하였다. 무의식의 힘은 신경증을 앓고 있는 사람의 행동에 중요한 영향을 미친다고 보았기 때문에, 정신적으로 건강한 사람은 이상적이고 의식적인 상태에서 기능을 수행하고 자기를 지배하는 힘들을 잘 알고 통제할 수 있다고 보았다. 즉, 정신적으로 건강한 사람은 지각과 인식이 효율적이고 정확한 것이 특징이며, 과거에 구속받지 않으며, 현재와 미래를 계획하고 추구한다고 보았다(홍준표 외, 2001 재인용).

Sullivan은 성격의 지배적인 주체를 인간관계로 보았다. 이처럼 성격을 인간관계 속에서 분석을 해낸 그는 성격이란 인간관계를 떠나서는 연구될 수 없는 것으로 보았다. 그리고 성격을 '인간생활을 특징짓는 주기적인 인간관계의 비교적 지속적인 유형'이라고 정의하고 있다. 따라서 불안을 감소시키는 활동을 그 중요한 역할로 보고 그 역할의 에너지 체계를 성격이라고 설명하며 성숙하고 건전한 성격을 가진 사람은 통합적 사고체계를 가지고 있기에 현실적으로 바람직한 행동을 한다고 보았다. Sullivan에 의하면, 정신적으로 건강한 사람은 다른 사람과 현실적으로 통합적인 관계를 맺으며 행동하고 각자의 생활에 의미를 부여하고 동시에 타인에 대한 지각과 인식, 태도에 강조점을 두고 있다. 그리고 궁극적인 만족과 안정은 정확한 지각과 자기 자신 및 타인에 대한 신념을 가질 때 이루어지는 것으로 보고 있다. 따라서 정신적으로 건강한 사람은 타인의 말을 경청하고 통합적인 사고체계를 통하여 관계를 유지하며 병리적 사고와 과거의 관계에 집착하지 않고 항상 헌신적으로 좋은 관계를 형성하는 행동을 한다는 것이다(김성수 · 이영애, 2019).

심리학자들은 정신건강을 논의할 때 성장, 자기실현 등의 용어를 쓰고 있다. 즉, 병이 없으면 건강한 것이고 이런 측면에서 볼 때 정신건강은 정신질환, 정신장애 등이 없는 상태라고 할 수 있다(김성수 · 이영애, 2019).

정신건강(精神健康, Mental Health)이란 개인의 정신적 · 심리적 · 사회적 안녕 상태를 의미한다. 세계보건기구(WHO)는 정신건강을 단순히 병이 없는 상태가 아니라, 사회적 · 심리적으로 안정된 상태를 유지하는 것으로 정의하고 있다.

정신건강은 다음과 같은 요소로 구성된다.

- 자기조절 : 자신의 감정, 생각, 행동을 스스로 조절할 수 있는 능력이다.
- 대인관계 : 타인과 원활하게 소통하고 협력할 수 있는 능력이다.
- 스트레스 대처 : 스트레스를 효과적으로 대처하고, 이를 극복할 수 있는 능력이다.
- 자아실현 : 자신의 잠재력을 최대한 발휘하고, 삶의 목적을 달성하는 것이다.

정신건강은 개인의 삶의 질과 밀접한 관련이 있으며, 정신건강이 좋지 않으면 일상생활에 지장을 초래할 수 있다. 정신건강을 유지하기 위해서는 규칙적인 운동과 충분한 수면, 균형 잡힌 식습관 등의 신체적 건강뿐만 아니라, 스트레스 관리와 대인관계 개선 등의 정신적 건강도 함께 고려해야 한다.

정신건강이란 정신적으로 안정되어 있고, 자신이 갖고 있는 능력을 최대한 발휘하여 사회생활에 적응할 수 있는 상태를 말한다. 이는 단순히 질병이나 이상이 없는 상태를 의미하는 것이 아니라, 만족스러운 인간관계와 그것을 유지해 나갈 수 있는 능력, 일을 할 수 있는 능력, 행복감과 자아실현을 할 수 있는 능력 등을 모두 포함한다.

정신건강의 유지는 개인의 삶의 질 향상뿐만 아니라, 사회 전체의 건강과 안녕에도 매우 중요한 요소이다. 따라서 정신건강 문제를 예방하고 치료하는 것은 국가와 사회의 책임이기도 하다(https://clova-x.naver.com).

2. 정상과 이상

1) 정 상

정상(nomal)은 일반적이고 평균적인 기대치와 크게 다르지 않은 행위나 현상을 문화적으로 규정한 개념을 지칭하는 용어이다(사회복지학사전, 2009). 일반적으로는 건강 또는 정상이라는 말을 할 때 건강하고 누구에게나 보편적으로 보여지는 상태를 지칭하고 이상(abnormal)과 반대 개념으로 사용하기도 하지만 그 구분은 명확하지 않아서 여러 측면에서 보다 본질적이고 기능적인 수준이 동시에 고려되어야 하고 실제로도 다양한 기준을 볼 수 있다.

정신의학에서는 정신적으로 정상을 말할 때, 정신적으로 건강한 사람을 말하는데 그 기준을 살펴보면 다음과 같다(김성수·이영애, 2019).

- 병이 없는 상태
- 이상적인 상태와 조화로움이 정상
- 보통의 상태가 건강하다고 볼 수 있음
- 성장과 변화의 과정을 이해하는 것이 합당함

2) 이 상

심리적 문제란 개인의 심리적 상태 중에서 해결해야 할 문제를 지칭하는 용어이다. 부적응 행동이란 개인과 환경의 원활한 상호작용이라고 보는 관점에서 특히 환경적 요구에 적절히 대응하지 못하여 여러 가지 문제를 일으키는 개인의 행동을 지칭하는 용어이다. 즉, 개인의 적응을 저해하는 심리적 기능의 손상, 개인의 인지적·정서적·행동적·신체 생리적 기능이 저하되거나 손상되어 원활한 적응에 지장을 초래할 때 등이다. 예를 들면 주의집중, 기억력의 저하, 과도한 불안과 우울, 무책임하거나 폭력적인 행동, 식욕과 성욕의 감퇴, 일생생활 및 사회적·직업적 생활에서 역기능, 개인의 적응을 저해하는 행동 등을 말한다. 이상 행동(abnormal behavior)이란 개인에게 부적응을 초래하는 외현적 행동뿐만 아니라 정서, 인지, 동기, 신체 및 생리적 특성 등 객관적으로 관찰, 측정할 수 있는 심리적 속성을 모두 포함하는 광의의 개념이다. 정신장애(mental disorder)는 이러한 특정 이상 행동의 집합체를 의미한다(권석만, 2003).

이상 행동과 정신장애 여부를 판별하고 분류하는 기준에 대해 학자마다 다양한 주장을 제기했으며, 이에 대해 통일된 정의나 기준을 제시하기란 불가능하다. 다만, 일반적으로 정상 행동과 이상 행동을 판별하는 기준은 크게 다음과 같다.

- 일상생활 적응을 방해하는 심리적, 사회적 또는 기타 영역에서의 기능 저하
- 개인이 경험하는 주관적인 불편감과 고통
- 통계적 규준
- 사회문화적 기준

(1) 일상생활 부적응과 심리·사회적 기능 저하

인간은 환경과의 상호작용을 통해 삶에 적응해 나가는데, 환경적 여건에 자신을 맞춰 순응하기도 하며 자신의 요구나 목표를 위해 환경을 변화시켜 나가는 등 순응(accommodation)과

동화(assimilation)의 상호작용이 이루어진다. 이러한 적응의 관점에서 볼 때 개인의 인지적·정서적·행동적·신체적·감각적·생리적 상태나 특성으로 인해 직업 활동, 대인관계, 여타 일상생활 적응에 지장이 초래될 경우 이상 행동으로 볼 수 있다. 예를 들어, 실연을 당한 후 의기소침해지고 울적한 기분을 경험하면서 만사가 귀찮고 짜증스럽다면 이를 이상 행동으로 볼 수 있을까? 만약 이러한 상태가 생활에 별다른 지장을 초래하지 않는다면 실연 후의 자연스러운 감정 반응으로 볼 수 있지만, 이러한 상태에서 출근이나 등교를 하지 않아 문제가 발생한다든지 다른 대인관계가 단절 또는 악화된다면 개입이 필요한 이상 행동으로 볼 수 있다.

가장 보편적으로 사용되어 온 정신장애 진단 및 통계편람-4판-TR(이하 DSM-IV-TR; American Psychiatric Association, 2000)은 물론이고 최근 출간된 DSM-5(American Psychiatric Association, 2013)에서는 정신장애 진단 기준을 "사회적·직업적 기능 또는 다른 기능 영역에서 현저한 손상이 나타나는 경우"로 명시했다. 다만, 어느 정도의 기능 저하를 "현저한 손상"으로 볼 것인지 명확하게 정의하고 판별하기는 어려우며, 현재 보이는 증상이 이와 같은 기능 저하의 직접적인 원인인지 인과관계를 규명하기도 쉽지 않은 일이다.

예를 들어, 현재 주의집중이 잘 되지 않고 산만해서 업무에 실수가 많다고 호소하는 사람은 실제로 주의집중력 저하가 직업 적응의 문제가 될 수도 있지만, 우울이나 불안과 같은 정서적 불안정성에 수반해 주의집중의 어려움이 나타났을 수도 있으며, 동기 저하로 현재 업무에 주의와 관심을 덜 기울이는 문제일 수도 있다. 따라서 '현저한 기능 저하'에 대한 판단은 체계적이고 전문적인 교육과 훈련을 받은 임상가에 의해 이루어져야 한다(권석만, 2014 재인용).

(2) 주관적인 불편감과 고통

정신건강에 대한 상담이나 치료를 원하는 사람들 중에는 현재 호소하는 문제가 일상생활에 현저한 부적응을 초래하지는 않지만 그러한 문제로 인해 주관적인 불편감과 고통감이 심해 전문적인 도움을 구하는 경우도 흔하다. 예를 들어, 실수나 실패에 대한 두려움, 불안 수준이 높은 사람들 중에는 예상치 못한 부정적 결과를 미연에 방지하고자 매우 신중하고 꼼꼼하며 완벽하게 일 처리를 하여 오히려 업무 능력이 탁월하다는 평가를 받으며 대인관계나 직업적으로 무난하게 적응하는 경우도 있다. 하지만 이렇듯 완벽한 결과물을 만들어 내느라 그 자신은 상당한 심리적 압박감과 스트레스를 경험할 수 있다. 심리 내적으로는 우울, 분노 등의 감정으로 매우 고통스럽지만, 이를 견디며 일상생활을 유지해 나가 주위 사람들은 잘 알아차리지 못하는 경우도 있다.

이와 같은 기준 역시 몇 가지 문제점을 포함하고 있다. 먼저, 개인마다 스트레스에 대한 내성이나 표현의 정도에 차이가 있어 어떤 사람은 사소한 문제에도 지나치게 고통스러워하며 어려움을 호소하지만, 또 어떤 사람은 매우 고통스러운 상황에도 의연하게 반응한다. 또한 개인이 경험하는 고통감, 불편감을 모두 비정상으로 간주할 수는 없는데, 예를 들어 실연, 사별과 같은 상황에서는 이러한 감정을 경험하는 것이 매우 자연스러운 반응이다. 다만, 상황에 비해 경험하는 고통의 정도가 지나칠 때 문제가 되는데, 그 적절성을 객관적으로 판단하기가 쉬운 일은 아니다.

그뿐만 아니라 어떤 경우에는 심각한 부적응 또는 문제행동임에도 불구하고 그 자신은 이에 대한 인식이 부족하며 별다른 고통을 경험하지 않는다. 예를 들어, 사이코패스는 아무 거리낌 없이 매우 잔인한 행동을 보여 자신이 매우 유명하고 전지전능하다는 과대망상하에 문제를 일으켜 주위 사람들을 고통스럽게 하면서도 스스로는 매우 의기양양하고 만족스러워한다.

하지만 자신의 상태를 어느 정도 인식하는 능력이 유지된다면, 정신장애의 상태에서는 대부분 주관적인 고통과 불편감을 경험하고 이를 해결하고자 전문적인 도움을 구하기 마련이므로 이 역시 정신장애 판별에 중요한 기준이 된다. 이러한 점에서 DSM-IV나 DSM-5에서는 정신장애를 판별하는 기준에 "사회적·직업적 기능 영역의 현저한 손상" 외에도 개인이 경험하는 "심한 불편감과 고통감"을 포함시킨다(오승아, 2015).

(3) 통계적 규준

인간의 대부분의 특성은 평균값 근처에 대다수가 위치하며 평균으로부터 벗어날수록 점차 그 수가 감소하는 양상의 정상 분포를 보인다. 키, 몸무게와 같은 신체 특성은 물론이고 지능, 기억력, 학습 능력 같은 인지 기능이라든지 일상적 행동의 빈도 등도 대체로 정상 분포를 띤다. 이렇듯 통계적으로 평균에서 많이 벗어날수록 비정상으로 판단하기도 하는데, 대개는 정상 분포의 평균 수치에서 1표준편차 이내일 때는 정상 범위, 1표준편차 이상에서 2표준편차 미만으로 벗어나 있을 때는 '유의미한 차이', 2표준편차 이상 벗어나 있을 때는 '비정상'으로 간주한다.

예를 들면, 장님나라에 정상인 한 사람은 이상으로 간주된다. 즉, 정상분포에서 상위 5%, 하위 5%는 이상으로 간주되는 것처럼 양적으로 소수에 해당할 때, 이상으로 간주되는 것이다(오승아, 2015; 2021).

이러한 통계적 기준을 적용하는 대표적인 정신장애가 지적장애, 치매와 같은 인지 기능 관련 장애이다. 일례로, 대부분의 지능검사에서 지능지수(IQ)는 평균 100점, 표준편차 15점으로 표준화된 수치이다. 즉, IQ가 100이라 함은 해당 연령 규준의 평균에 해당함을 나타낸다. 이러한 평균 IQ에서 2표준편차 이하의 점수인 IQ 70 이하를 지적장애의 기준으로 삼는다(보건복지부, 2013).

하지만 이러한 통계적 기준을 근거로 정신장애 또는 이상 행동을 적용했을 때 문제가 되는 경우도 있는데 평균보다 우월한 경우가 이에 해당한다. 예를 들어, 소위 영재라 불리는 IQ 150 이상의 사람들은 평균 IQ보다 3표준편차 이상 높은데, 이런 경우 '현저히 비정상적인 지능'으로 봐야 하지 않을까? 또한 인간의 모든 심리적 속성을 수량화해 객관적으로 측정하고 통계적 데이터를 확보한다는 것도 불가능하다.

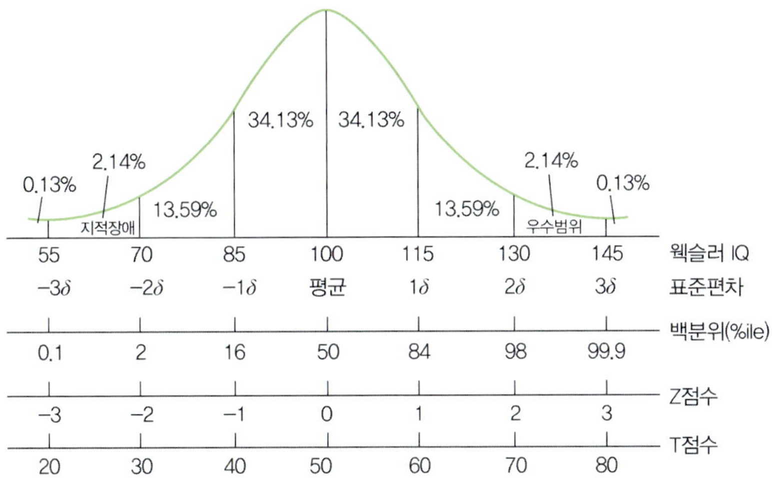

[그림 1-1] 웩슬러 IQ 점수에 대한 정상분포곡선(지적장애)

(4) 사회적 · 문화적 기준

학교나 직장 생활, 가족관계, 교우관계, 이성 관계 등 대부분의 인간 사회에는 개인의 사회적 역할에 따라 지켜야 할 행동규범이 있으며, 이는 대부분 그 사회적 · 문화적 특성에 근거한다. 사회적 관습, 도덕규범, 예절 등이 이에 속하며, 이는 법이나 그 집단의 행동 규칙으로 자리 잡아 강제적인 구속력을 갖기도 한다. 예를 들어, 학생들이 거리에서 담배를 피운다든지 모르는 사람에게 무턱대고 욕설을 하는 것은 우리 사회의 규범에서 벗어난 행동이다. 이러한 사회적 · 문화적 규범에서 벗어난 행동은 갈등이나 부적응, 개인적인 고통을 초래하며 문제행동, 이상 행동으로 간주되기도 한다.

하지만 이러한 사회적 · 문화적 기준으로 이상 행동, 정신장애를 판단하는 것에는 한계가 있다. 우선, 문화 규범은 그 시대적 특성, 또는 그 사회의 양식에 따라 다르며 변한다. 예컨대, 한국에서는 연장자에게 존댓말을 사용하는 것이 보편적인 행동양식이지만 서양 문화에서는 그렇지 않다. 또한 과거에는 남녀차별이 당연시되던 시절이 있었으나 대부분의 현대 사회에서는 이를 바람직하지 못한 태도로 여긴다. 그 사회의 문화 규범 자체가 바람직하지 못한 경우도 있으며, 특히 사회의 강자, 기득권자들의 권력과 이익을 유지하는 수단으로써 문화 규범이 존재하는 경우도 많다. 미국의 노예 해방 운동이라든지 우리나라의 민주화운동처럼 당시 사회의 잘못된 법, 규범 등을 비판하고 저항하는 행동을 이상 행동으로 보기는 어려울 것이다(심리학용어사전, 2014).

조선시대에 허난설헌은 현대에는 일반적인 여성상으로 간주되는 것처럼 시대와 사회문화적 기준의 변화에 따라, 소속된 집단의 기준에 따라 정상이 이상으로, 이상이 정상으로 판단될 수 있다(오승아, 2015; 2021).

3. 영유아 정신건강의 개념

영유아의 정신건강 또한 기본적으로 성인과 같은 개념이 적용되기는 하지만, 영유아의 경우는 성인과 달리 정신적으로 건강한가 아니면 정신적 장애가 있는가를 결정하는 데 있어 영유아의 연령에 합당한 발달단계를 기준으로 하여 영유아의 생각과 행동, 감정이 연령의 발달단계에 맞는지, 또한 그 발달단계에 맞는 발달과제를 성취하고 있는지에 의하여 결정된다고 할 수 있다. 다시 말하면 영유아의 정신장애는 정신적으로 건강한 상태와 질적인 차이를 보이기보다는 양적인 차이를 보인다고 할 수 있다. 즉, 한두 가지의 특정한 증상은 영유아가 성장하는 과정에서 일시적으로 일어날 수 있고 임상적으로 별 의미가 없는 경우가 많기 때문에 영유아의 정신건강과 정신장애를 구분할 때에는 영유아의 나이, 발달단계, 영유아의 환경 등을 고려해야 한다.

이에 영유아에게 있어서 정신건강이란 신체적으로나 정신적 혹은 행동적으로 자기가 처한 발달단계에 맞는 발달과제를 성취하고 있으며 그것이 잘 이루어진다는 보장이 되면 그 영유아는 건강하다고 할 수 있다. 즉, 자기가 처한 발달단계에 신체적으로나 행동적으로 혹은 정서적으로 맞는 행동을 보이고, 또 계속적인 발전을 방해할 다른 요소가 없으며 발전할 능력을 가지고 있다면 이는 정신적으로 건강한 영유아라고 할 수 있다. 또한 정신적으로 건강하지 않은 영유아란 그 나이와 성, 발달단계에 맞지 않는 생각, 행동, 감정을 보이고 그 단계에 적합한 발달과제를 이루지 못하여 발달이 정지 또는 지연되거나 왜곡되는 경우를 말한다.

따라서 영유아기의 정신건강은 성과 연령에 맞는 생각과 행동, 감정을 보이고, 정신적 발달의 지연이나 왜곡이 없는 건강한 정신적 발달을 의미하며, 영유아기 정신건강에 관한 이해를 갖기 위해서는 영유아의 정상발달에 대한 정확한 정보, 즉 발달현상과 과정, 발달에 필요한 요소들, 그리고 비정상발달의 원인을 알아야 한다(채경선 · 김주아, 2015). 다음은 관련 기사이다.

관련 기사

"우울증 겪을 수도"… 미취학 아동 '인육 동영상' 폭력에 '비상'

4. 정신질환의 분류체계 이해

정신건강에서 정신병리나 심리적 부적응을 평정하는 대표적인 두 가지 접근법으로 개인이 특정 장애를 가지고 있는지 여부를 분류하는 범주적 접근과 정상과 이상(병리) 사이의 연속성을 가정하여 개인을 문제행동의 수준별로 평가하는 차원적 접근이 있다. 범주적 접근의 대표적인 예로는 정신장애의 진단 및 통계편람(DSM : Diagnostic Statistical Manual)체계를 들 수 있다. 그런데 실무적인 분류의 편의를 제공하는 이러한 접근은 증상의 정도에 대한 정보가 제공되지 않는다는 단점을 가진다. 반면 문제행동을 보이는 수준에 따른 정보를 제공하는 차원적 접근은 증상의 정도에 대한 정보를 제공하고, 발달적 차원을 고려할 수 있다는 장점을 가진다(강지현 · 오경자, 2011). 이러한 차원적 접근의 대표적인 예로 Achenbach와 McCongaughy(1997)가 개발한 아동행동체크리스트(CBCL : Child Behavior Checklist)를 들 수 있다(하여진, 2018).

1) 국제질병분류체계(ICD-10)에 따른 정신질환분류

ICD-10(International Classification of Diseases-10)은 1992년에 세계보건기구가 제정한 제10개정판이다. 1893년에 국제질병분류 모델의 채택이 건의되었고, 1900년에 ICD-1이 출간되었다. 그 후 개정을 거듭하다가 1938년에 정신적 질병을 포함시킨 ICD-5가 출간되었다. 1992년에 제정된 ICD-10에는 정신질환을 크게 기질성 정신병, 기타 정신병, 신경증적 장애와 인격장애 및 기타 비정신병적 장애, 정신지체로 구분하고 있다(전석균, 2016). 이후 30년만인 2022년에 공포된 ICD-11은 질병 및 관련 건강 문제의 국제통계분류(ICD) 11차 개정판으로, 2019년에 채택되었고 2022년 1월 1일부터 효력을 지니고 있다. ICD-11의 코드는 영숫자이며 1A00.00에서 ZZ9Z까지의 범위를 포함한다(https://icd.who.int/browse/2025-01/mms/en#605267007).

<표 1-1> 국제질병분류체계(ICD-10과 ICD-11)에 따른 정신질환분류

ICD-10/ 코드	ICD-10 분류	ICD-11 분류
F00~F09	기질성, 증상이 있는 정신질환 포함	신경인지장애
F10~F19	향정신성 물질 사용으로 인한 정신 및 행동장애	약물 사용 또는 중독 행동으로 인한 장애의 하위 범주로 분류됨
F20~F29	정신분열증, 분열형 및 망상장애	정신분열증 또는 기타 원발성 정신병적 장애
F30~F39	기분(정동)장애	기분장애
F40~F49	신경성, 스트레스 관련 및 신체형 장애	불안 또는 두려움 관련 장애
F50~F59	생리적 장애 및 신체적 요인과 관련된 행동 증후군	섭식 또는 섭식장애, 임신, 출산 및 산욕기와 관련된 정신 또는 행동장애, 수면장애 및 성 건강에 대한 새로운 챕터 사이에 재분배
F60~F69	성인 성격 및 행동장애	성격장애 및 관련 특성
F70~F79	정신지체	신경발달장애의 하위 범주로 분류됨
F80~F89	심리적 발달장애	신경발달장애의 하위 범주로 분류됨
F90~F98	소아기 및 청소년기에 흔히 발병하는 행동 및 정서장애	신경발달장애의 하위 범주로 분류됨
F99	상세 불명의 정신장애	챕터에 지정하지 않고 남김

출처 : https://icdcdn.who.int/icd11referenceguide/en/html/index.html#differences-between-icd10-and-icd11-in-chapter-06

2) 정신질환 진단 및 통계편람(DSM-5)에 따른 정신질환분류

DSM-5는 미국정신의학회에서 펴낸 것으로서, 각 정신질환에 대한 구체적인 진단 기준을 서술하여 임상가들이 신뢰성 있는 진단을 내릴 수 있도록 하였다. 1994년에 DSM-Ⅳ가 개정되어 사용되다가 2013년에 DSM-5, 2021년에 DSM-5의 첫 번째 개정판인 DSM-5-TR이 발간되었다.

<표 1-2> DSM-5-TR 분류

① 신경발달장애(neurodevelopmental disorder)
② 조현병 스펙트럼 및 기타 정신병적 장애(schizoplrenia spectrum and other psychotis disorders)
③ 양극성 및 관련 장애(bipolar and related disorders)
④ 우울장애(depressive disorders)
⑤ 불안장애(anxiety disorders)
⑥ 강박 및 관련 장애(obsessive-compulsive and related disorders)
⑦ 외상 및 스트레스 관련 장애(trauma-and stressor-related disorders)
⑧ 해리장애(dissociative disorders)
⑨ 신체증상 및 관련 장애(somatic symptom and related disorders)
⑩ 급식 및 섭식장애(feeding and eating disorders)
⑪ 배설장애(elimination disorders)
⑫ 수면-각성장애(sleep-wake disorders)
⑬ 성기능부전(sexual dysfunctions)
⑭ 성별불쾌감(gender dysphoria)
⑮ 파괴적, 충동조절 및 품행장애(disruptive, impuisive controi and conduct disorders)
⑯ 물질 관련 및 중독장애(substance-related and addictive disorders)
⑰ 신경인지장애(neurocognitive disorders)
⑱ 성격장애(personality disorders)
⑲ 변태성욕장애(paraphilic disorders)
⑳ 기타 정신질환(other mental disorders)
㉑ 치료약물로 유발된 운동장애 및 치료약물의 기타 부작용
㉒ 임상적 관심의 초점이 될 수 있는 기타의 상태

출처 : 권준수 외(2023).

(1) 신경발달장애

신경발달장애는 발달기에 시작되는 장애들의 집합이다. 이 장애는 전형적으로 초기 발달 단계인 학령전기에 발현되기 시작하여 개인적·사회적·학업적·직업적 기능에 손상을 야

기하는 발달 결함이 특징적이다(권준수 외, 2023). 뇌의 발달이나 지연, 사회적인 것보다 주로 뇌의 발달장애로 인해 생애 초기부터 나타나는 경향이 있다. 여기에는 지적발달장애, 의사소통장애, 자폐스펙트럼 장애, 주의력결핍 과잉행동장애, 특정학습장애, 운동장애(예 틱장애)가 있다.

신경발달장애는 동반질환이 흔하다. 예를 들면, 자폐스펙트럼 장애가 있는 유아동에게서 지적발달장애가 자주 동반되며, 주의력결핍 과잉행동장애(이하 ADHD)가 있는 많은 유아동에게서 특정학습장애가 동반된다. 또한 종종 아동기에 발병하는 다른 정신질환 및 행동장애와 동시에 발생한다(예 의사소통장애와 자폐스펙트럼 장애는 불안장애와, ADHD는 적대적 반항장애와, 틱장애의 경우 강박장애와 연관성을 보일 수 있다)(권준수 외, 2023).

① 지적발달장애(지적장애)

지적발달장애는 추론, 문제해결, 계획, 추상적 사고, 판단, 학업, 경험으로부터의 학습과 같은 전반적인 정신기능에 결함을 나타낸다. 이런 결함은 부적응을 초래한다. 지적장애는 진단 기준 두 가지를 충족해야 한다. 첫 번째 진단 기준은 15표준편차와 평균이 100인 표준화된 지능검사에 의한 지능지수(IQ)가 65~75점(70±5) 이하일 때이다. 둘째, 가정, 학교, 직장, 그리고 지역사회를 포함한 여러 환경에 걸쳐 개념적(학습적)·사회적·실행적 영역과 같은 적응기능 중 적어도 한 가지 이상의 영역에서 충분한 손상이 있어 적절한 기능을 수행하기 위해서 지속적인 지원이 필요한 경우 지적발달장애라고 진단된다(권준수 외, 2023).

② 의사소통장애

의사소통장애는 지능수준은 정상적이지만 대화에 필요한 말이나 언어사용에 문제가 나타나는 것이 특징이다. 여기에는 언어장애, 말소리장애, 아동기 발병 유창성 장애(말더듬), 사회적(실용적) 의사소통장애가 있다(오승아, 2021).

③ 자폐스펙트럼 장애

자페스펙트럼 장애는 다양한 상황에서 사회적 상호작용과 의사소통에서의 지속적인 결함이 특징이며, 제한된 관심과 흥미, 상동적인 행동이 반복적으로 나타난다(오승아, 2021). 이런 증상들은 아동기 초기부터 나타나며, 일상의 기능에 제한이나 손상을 보인다. 장애의 발현 역시 자폐 상태의 심각도, 발달수준, 연령, 그리고 젠더에 따라서도 매우 달라지기 때문에 스펙트럼이라는 용어를 사용한다(권준수 외, 2023).

④ 주의력결핍 과잉행동장애

주의력결핍 과잉행동장애는 주의집중의 어려움과 매우 산만하고 부주의한 행동, 그리고 자신의 행동을 적절하게 통제하지 못하고 충동적이며 과잉행동을 나타내는 것이 특징이다. 가정과 학교나 직장처럼 한 가지 이상의 환경에서 나타나야 한다. 여기에는 복합형, 부주의 우세형, 과잉행동/ 충동우세형 등 세 가지 하위 유형이 있다.

⑤ 특정학습장애

특정학습장애는 정보를 효율적이고 정확하게 인지하고 처리하는 능력에 특정한 결함을 나타낸다(권준수 외, 2023). 정상적인 지능과 정서를 지니고 있지만 지능수준에 비해 현저한 학습부진을 보이는 것이 특징이다. 이러한 장애가 있을 경우 읽기, 쓰기, 산술이나 수리적 계산과 관련된 기술을 학습하는 데에 어려움을 드러낸다.

⑥ 운동장애

운동장애는 나이나 지능수준에 비해 움직임이나 운동능력이 현저하게 미숙하거나 부적응적인 움직임을 반복적으로 나타내는 것이 특징이다. 하위 유형으로 앉기, 기어다니기, 걷기, 뛰기 등 운동발달이 늦고 동작이 서투른 발달성 협응장애가 있고, 아무런 목적 없이 특정한 행동패턴을 반복적으로 지속하는 상동증적 운동장애가 있다. 그리고 얼굴 근육이나 신체 일부를 갑작스럽게 불수의적으로 움직이는 행동을 반복하거나 소리를 내는 것이 특징인 틱장애가 있다(오승아, 2021).

(2) 조현병 스펙트럼 및 기타 정신병적 장애

여기에는 조현병을 비롯하여 이와 유사한 정신병적 증상을 나타내는 정신장애를 포함한다. 주로 망상, 환각, 와해된 사고, 혼란스러운 언어, 극도로 와해된 또는 비정상적 운동 행동(긴장증 포함), 상황에 부적절한 행동, 음성 증상(감퇴된 정서표현과 무의욕증) 등이 특징이다. 증상의 심각성 정도나 지속기간에 따라서 다양하게 구분한다.

① 조현형(성격)장애

사회적이고 친밀한 관계를 형성하는 능력의 손상, 그리고 인지, 지각 및 행동에서의 기이함이며, 이는 왜곡된 자아상 및 비일관적인 개인적 목표와 연관되어 있고 의심과 제한된 감정 표현이 수반된다. 정체성, 자기주도성, 공감, 그리고 친밀감에서 장해가 명확하게 나타나며, 정신병적 경향성과 애착상실 영역에서 특정한 부적응적 특질을 함께 보인다.

② 망상장애

다른 기능은 대체로 온전하지만 망상을 특징으로 나타낸다. 망상은 모순된 증거들에도 쉽게 변경되지 않는 고정된 믿음이다. 피해망상, 관계망상, 과대망상, 색정망상, 허무망상, 신체망상 등이 있다. 한 예로, 배우자의 정절에 대한 망상적 의심이 특징인 의처증을 들 수 있다.

③ 단기 정신병적 장애

조현 증상의 기간이 1개월 이내로 짧게 나타난다.

④ 조현양상장애

조현 증상의 기간이 1개월 이상 6개월 이내에 나타난다.

⑤ 조현병

조현 증상의 기간이 6개월 이상 지속되어 나타난다.

⑥ 조현정동장애

조현 증상과 양극성 장애 증상이 함께 나타나는 것이 특징이다.

⑦ 물질/ 치료약물로 유발된 정신병적 장애

이 밖에도 물질/ 치료약물로 인해 나타나는 망상이나 환각이 하나 혹은 둘 다 존재한다.

(3) 양극성 및 관련 장애

양극성 및 관련 장애는 기분의 변화가 심하여 고양된 기분상태와 침체된 상태가 주기적으로 나타나는 것이 특징이며, 하위 유형은 다음과 같다.

① 양극성 장애

양극성 장애는 조증 증상과 우울 증상이 주기적으로 교차되어 나타나는 것이 특징이며, 일반적으로 조울증이라고도 한다.

조증 증상의 심각도에 따라서 조증 삽화와 경조증 삽화로 구분한다. 양극성 장애에는 조증 삽화가 특징적으로 나타나는 제1형 양극성 장애가 있고, 우울증과 더불어 경조증 삽화만 나타나는 제2형 양극성 장애가 있다.

② 순환성 장애

순환성 장애는 경미한 조증 증상과 경미한 우울 증상이 2년 이상 지속적으로 나타나는 것이 특징이다.

③ 우울장애

우울장애는 우울하고 슬픈 기분이 주된 증상이다. 우울상태에서는 일상생활에 대한 의욕과 즐거움이 감소하고, 주의집중력과 판단력이 저하되며, 체중과 수면양상의 변화, 무가치감과 죄책감, 그리고 죽음이나 자살 생각이 증가하는 것이 특징이다. 하위 유형에는 심각한 우울 증상이 나타나는 주요 우울장애, 경미한 우울 증상이 장기적으로 나타나는 지속성 우울장애, 월경 전에 우울 증상이 나타나는 월경전 불쾌감장애, 그리고 불쾌한 기분을 조절하지 못하는 것이 특징인 파괴적 기분조절부전장애가 있다.

(4) 불안장애

불안장애는 불안과 공포가 주된 증상이며, 불안이 나타나는 양상에 따라 다음과 같이 다양한 하위 유형으로 구분한다.

① 분리불안장애

애착대상과 떨어지는 것에 대한 심한 불안을 나타내는 것이 특징이다.

② 선택적 함구증

특수한 사회적 상황에서 지속적으로 말을 하지 않는 것이 특징이다.

③ 특정 공포증

뱀, 개, 거미, 주사기와 같이 특정한 대상이나, 높은 곳, 폐쇄 공간, 폭풍과 같이 특정한 상황에 대한 공포를 나타내는 것이 특징이다.

④ 사회불안장애

'사회공포증'이라고 하며, 사람들 앞에서 어떤 일을 해야 할 때 심한 불안과 공포 증상이 특징이다.

⑤ 공황장애

갑작스럽게 엄습하는 강렬한 불안과 공포를 경험하는 것이 주된 증상이다.

⑥ 광장공포증

운동장, 쇼핑센터, 극장, 엘리베이터, 지하철 등 특정한 장소에 대해 공포를 느끼는 것이 특징이다.

⑦ 범불안장애

미래에 경험하게 될 다양한 상황에 대해 과도한 불안이나 걱정을 나타내는 것이 특징이다.

(5) 강박 및 관련 장애

이 장애는 강박적인 집착과 반복적인 행동이 특징이며, DSM-Ⅳ에서는 불안장애 범주에 있었으나, DSM-5에서 독립된 장애범주로 분리되었다. 여기에는 강박장애를 포함하여 다양한 하위 유형이 있다.

① 강박장애

불안을 유발하는 부적절한 강박사고에 집착하면서, 불안을 완화시키기 위해 강박행동을 반복적으로 나타내는 것이 특징이다. 강박사고에는 성적이거나 불경스러운 생각, 더러운 것에 오염되었다는 생각 등이 있으며, 강박행동에는 손 씻기, 확인하기, 정돈하기, 숫자세기 등이 있다.

② 강박 관련 장애

강박장애 외에 강박 관련 장애에는 자신의 신체 일부가 기형적으로 이상하다고 생각하는 신체이형장애, 불필요한 물건을 과도하게 수집하여 보관하는 수집광, 자신의 머리털을 반복적으로 뽑는 발모광, 그리고 자신의 피부를 반복적으로 벗기는 피부 뜯기장애 등이 있다.

(6) 외상 및 스트레스 관련 장애

이 장애는 충격적인 외상사건(교통사고, 성폭력, 지진, 건물 붕괴, 전쟁 등)이나 스트레스 사건을 경험한 후에 부적응적인 증상을 나타내는 것이 특징이며, DSM-5에서 처음으로 독립된 장애범주로 제시되었다. 하위 유형에는 반응성 애착장애, 탈억제성 사회적 유대감 장애, 외상 후 스트레스 장애, 급성 스트레스 장애, 적응장애 등이 있다.

① 반응성 애착장애

아동의 애착형성을 어렵게 하는 부적절한 양육 환경(양육자의 잦은 변경, 정서적 욕구를 좌절시키는 방치와 결핍)에서 성장한 경우에 나타나는 부적응 문제로서, 5세 이전의 아동이 정서적으로 위축된 상태에서 다른 사람과 접촉하는 것을 두려워하고 회피하는 것이 특징이다.

② 탈억제성 사회적 유대감 장애

반응성 애착장애와 마찬가지로 아동의 애착형성을 어렵게 하는 부적절한 양육 환경에서 성장한 경우에 나타나는 부적응 문제로서, 아동이 처음 본 사람들에게 부적절하게 과도한 친밀감을 나타내거나 낯선 사람을 주저 없이 따라가려는 행동을 보이는 것이 특징이다.

③ 외상 후 스트레스 장애

외상사건을 경험한 후 그 사건에 대한 기억의 침투 증상과 회피적 행동이 1개월 이상 나타난다.

④ 급성 스트레스 장애

외상사건을 경험한 후 그 사건에 대한 기억의 침투 증상과 회피적 행동이 1개월 이내로 나타난다.

⑤ 적응장애

이 장애는 가족갈등, 새로운 학교로의 진학, 실연, 결혼, 직장에서의 좌절 경험, 사업위기, 은퇴 등과 같이 확인될 수 있는 심리사회적 스트레스 사건을 경험한 후, 이에 대한 반응으로 부적응적인 감정과 행동을 나타내는 것이 특징이다.

(7) 급식 및 섭식장애

급식 및 섭식장애는 적응적인 섭식행동과 섭식 관련 행동으로 인해 개인의 건강과 심리사회적 기능을 현저하게 방해하는 것이 특징이며, 하위 유형으로 이식증, 되새김장애, 회피적/제한적 음식섭취 장애, 신경성 식욕부진증, 신경성 폭식증, 폭식장애 등이 있다.

① 이식증

이 장애는 아동기에 주로 나타나는 부적응적인 급식장애로서, 종이, 천 조각, 머리카락, 흙, 벌레 등 먹지 못하는 것을 습관적으로 먹는 행위가 특징이다.

② 되새김장애

이 장애는 이미 삼킨 음식물을 반복적으로 되씹거나 토해내는 행동이 특징이다.

(8) 배설장애

배설장애는 아동기나 청소년기에 주로 진단되는 장애로서, 대소변을 가릴 연령이 되었음에도 불구하고 옷이나 적절하지 않은 장소에서 배설하는 것이 특징이다. 하위 유형에는 유뇨증과 유분증이 있다.

① 유노증

유뇨증은 5세 이상의 아동이 신체적인 이상이 없음에도 불구하고 옷이나 침구에 반복적으로 소변을 보는 경우이다.

② 유분증

유분증은 4세 이상의 아동이 옷이나 마루 등과 같이 적절하지 않은 곳에 반복적으로 대변을 배설하는 경우에 해당한다.

(9) 임상적으로 주위의 초점이 될 수 있는 기타의 상태

여기에 열거되는 영역들은 정신질환은 아니지만, 정신질환의 진단, 경과, 예후치료에 영향을 줄 수 있는 상황에 대한 상태와 심리사회적 혹은 환경적 문제들을 포함하고 있다. 임상실천 영역에서 만날 수 있는 상태로서 진단과 치료에 영향을 줄 수 있는 상황에 대한 유용한 정보이기 때문에 의무기록에 포함시키기도 한다(APA, 2022).

① 자살행동 및 비자살적 자해

- 최소한 어느 정도 죽을 의도가 있는 잠재적으로 자해적인 행동
- 자살 의도가 없는 상태에서 신체에 의도적으로 입히는 상해

② 아동 가학 및 방임 문제

- 아동 신체적 학대
- 아동 성적 학대
- 아동 방임
- 아동 심리적 학대

③ 성인 가학 및 방임 문제

- 배우자나 동반자 신체적 폭력
- 배우자나 동반자 성적 폭력
- 배우자나 동반자 방임
- 배우자나 동반자 심리적 학대
- 배우자나 동반자가 아닌 사람에 의한 성인 학대

④ 관계 문제

- 부모-아동 관계 문제
- 형제자매 관계 문제
- 배우자나 동반자와의 관계 고충
- 별거나 이혼에 의한 붕괴

⑤ 교육과 직업문제

- 교육문제
- 직업문제

⑥ 주거와 경제문제

- 주거문제
- 경제문제

⑦ 사회환경과 관련된 기타 문제

- 혼자 살기와 관련된 문제
- 문화 적응의 어려움
- 사회적 배척이나 거부

⑧ 범죄 혹은 법체계와의 상호작용과 관련된 문제

- 형사소송에서 유죄 판결
- 구속 혹은 기타의 구금
- 출감과 관련된 문제
- 기타 법적 상황과 관련된 문제

⑨ 기타 정신사회적·개인적·환경적 상황과 관련된 문제

- 원하지 않는 임신과 관련된 문제
- 범죄의 피해자
- 테러의 피해자

⑩ 의학적 치료 및 기타 건강관리에 대한 접근과 관련된 문제

- 건강관리 기관이 없거나 가기 어려움

⑪ 개인력의 기타 사항

- 심리적 외상의 개인력
- 군대 배치의 개인력

⑫ 상담과 의학적 조언을 위한 기타의 건강서비스 대면

- 성 상담
- 기타 상담 또는 자문

⑬ 임상적 관심의 초점이 될 수 있는 추가적 상태 또는 문제

- 정신질환과 연관된 배회
- 단순 사별
- 생의 단계 문제

제 2 장

영유아 정신건강의 이해

제 2 장 영유아 정신건강의 이해

1. 영유아 정신건강의 중요성

정신과나 병원에서 만나게 되는 유아동은 이미 조기 발견에 늦었는지도 모른다. 굳이 임상 현장이라고 하는 병원 세팅이 아니라 생의 초기 처음 접하게 되는 어린이집이나 유치원에서 유아동의 문제를 발견하고 신속한 처치가 이루어지는 것은 예후 면에서나 주변에 미치는 영향의 감소라는 차원에서 매우 중요한 일이다. 영유아 정신건강의 중요성이 최근에 증가하게 된 이유는 첫째, 사회적 변화－다양성, 가족구조의 변화, 둘째, 개인차, 셋째, 아동에 대한 관점의 변화로 인한 것이다.

영유아의 정신건강이란 건강한 사회・정서적 발달을 의미하며(Zero to three, 1994), 이 시기의 정신건강은 이후 전 생애의 정신건강에 지대한 영향을 미친다(김덕건, 2016; Kiser, Heston, Millsap, & Pruitt, 1991). 영유아의 정신건강 문제는 감정, 기분 및 타인과의 관계에 어려움을 초래하고 다양한 심리 문제 및 사회적 부적응 행동을 야기한다(Hester, Baltodano, Gable, Tonelson, & Hendreicson, 2003). 이러한 문제는 시간이 지나도 감소하거나 사라지지 않으며 연령이 증가할수록 오히려 심각해지는 양상을 보인다(김영아, 2013; 신의진・오경민, 2008). 더욱이 영유아는 매우 빠른 발달선상에 있으며 아직은 자신의 내적 상태를 표현하고 전달하는 능력이 부족한 시기라는 점에서 이를 조기에 발견하여 적절한 지도 및 치료를 제공하는 것은 매우 중요하다(Culp, Latchney, Fallon, Denny, Couwenhoven, Sally, & Chuang, 2004). 영유아기의 건강한 성장을 위해 영유아교사가 정신건강에 대해 올바르게 이해하여 정교하게 관찰하고 신중하게 판단하며, 문제를 보이는 영유아의 경우 조기에 발견하여 적절한 개입이 이루어지도록 해야 한다(이경숙 · 정석진, 2016).

보건복지부에서 만 0~6세 영유아 자녀를 둔 부모를 대상으로 자녀의 발달문제에 대해 누구에게 상담을 요청하는지 조사한 결과, 1순위는 지역 인근 소아청소년과 의사, 2순위는 유치원과 어린이집 교사인 것으로 응답하였다. 또한 보육교사로서 지원 가능한 영유아 정신건강 서비스 관련 질적 면담에서, 1순위는 영유아 관찰과 문제행동의 조기 발견이었고, 2순위는 정신건강 문제가 의심되는 영유아의 정신건강 평가 및 치료 기관 연계로 나타났다(보건복지부, 2013). 이는 부모와 보육교사 모두 영유아의 문제를 조기에 탐색 발견하고 치료하는 과정에서 영유아교사의 역할을 중요하게 인식하고 있음을 보여주는 결과이다. 따라서 영유아교사는 영유아의 정신건강 어려움의 유형과 지도방법 등에 대해 정확히 인식하고 구체적으로 관찰하며 신중하게 판단할 수 있어야 한다(이경진 · 조은진, 2021).

영유아 문제 시 가장 먼저 상담을 요청하는 대상이 소아청소년과 의사였는데 보건복지부의 조사 문항을 자세히는 알 수 없지만 양육전문가, 영유아상담 전문가도 소아청소년과 의사만큼이나 상담필요시 가장 먼저 찾게 되는 전문가로서 조사되어야 할 것이다. 영유아 정신건강의 중요성만큼이나 전문가와의 상담 대상에 대한 인식의 변화도 중요하게 다루어져야 한다. 전문가 그룹에서 상담이나 양육전문가가 소아청소년과 의사보다 후순위가 되는 이유는 일선 상담 및 심리치료사들의 소회로 알 수 있다. 상담 및 치료 시 가장 어려운 점 중의 하나는 치료에 대한 가벼움, 누구나 할 수 있을 것 같은 방법이라는 전문성에 대한 오해이다. '놀이치료를 받는 걸 보면 나도 저렇게 맘만 먹으면 놀아줄 수 있는데 무슨 전문적 치료일까?', '저런 말은 나도 하겠네.' 등등 어떤 치료보다 결과로 이해를 넓혀갈 수밖에 없는 분야이기도 하다.

이런 전문성에 대한 몰이해는 치료기간이 긴 것도 한몫한다. 우리 아이가 달라졌다는 것을 알게 되기까지 걸리는 시간이 너무 길다. 시간이 길어지니 비용도 증가한다. 하지만 한 번이라도 이런 긍정적인 치료적 예후를 경험한 사람은 심리치료나 상담에 대한 진입 장벽이 낮아지게 된다.

1) 어린아이의 정신건강 문제는 어떻게 보이는가

개입과 양육 환경이 없으면 트라우마와 스트레스의 영향은 즉각적이고 오래 지속될 수 있다고 연방 정부 약물 남용 및 정신건강 서비스 관리국(SAMHSA)의 정신건강 증진 부서장인 Nancy Kelly는 설명하고 있다.

이러한 결과는 다양한 형태로 나타날 수 있다고 말하고 있다. 어떤 아이들은 애착을 형성하는 데 어려움을 겪을 수 있다. 어쩌면 그들은 붙잡히고 싶어 하지 않을지도 모른다. 아니면 건드리고 싶어 하지 않는다. 어떤 어린이들은 그런 행동을 할 수도 있다. 아기는 음식을 거부하거나 위로가 되지 않고 울 수 있다. 이미 배변 훈련을 받았을 수 있는 아이들은 다시 침대를 적시거나 스스로 젖을 수 있다. 일부는 분리불안을 겪을 것이다.

이러한 행동은 트라우마나 정신건강 문제를 겪고 있는 성인의 행동과 완전히 다르지 않다고 Kelly는 지적한다. 성인은 울거나 식욕을 잃을 수 있다. 아기는 침대에서 태아 자세로 몸을 웅크리고 과도한 시간을 보낼 수 있다. 그들은 다른 사람들로부터 정서적으로 분리될 수도 있고, 그 반대로 지속적인 연결, 확신 및 관심이 필요할 수도 있다.

아기와 어린아이들은 그들에게 무슨 일이 일어나고 있는지 말로 의사소통할 수 없을 수도 있지만 여전히 의사소통을 하고 있다고 Schmelzer는 지적한다. "'도전적'인 행동은 위험 신호이다. 그것은 우리에게 보내는 신호이다."라고 그녀는 말한다.

교육자와 보호자를 위해 Keyes는 어린이의 행동이 어떻게 어른에게 무언가 잘못되었다는 신호를 보낼 수 있는지에 대한 몇 가지 예를 제공한다.

한 어린 소년은 보육 프로그램에 새로 들어왔는데, 부모가 그를 데려다준 후 매일 정신이 혼미해진다. 나중에 그 프로그램의 교사들은 그 소년이 최근에 부모님 사이의 격렬한 말다툼을 우연히 듣게 되어 겁을 먹었다는 것을 알게 된다. 그는 그들과 떨어지고 싶지 않았다.

걸음마를 뗀 아이는 내성적이 되어, 먹거나 놀거나 참여하는 것을 거부하고, 때로는 프로그램 중에 탁자 밑에 숨어 있기도 한다. 그녀의 교사들은 그 소녀가 최근에 위탁 가정에 맡겨졌고 집과 부모로부터 쫓겨났다는 것을 알게 된다. 그녀는 애착 붕괴를 겪고 있으며, 잠자는 장소부터 만나는 사람들, 먹는 음식에 이르기까지 주변의 모든 것이 낯설다.

Keyes가 설명하고자 하는 것은 아이를 돌보는 사람들의 조사가 좀 필요할 수 있지만, 아이의 행동 뒤에 숨겨진 설명은 종종 알 수 있다는 것이다. 그녀는 종종 스스로에게 "이 아이는 자신의 행동을 통해 나에게 무엇을 말하려고 하는가?"라고 묻는다. 문제는 이 아이에게 무엇이 잘못되었는지로 프레임을 짜는 대신 이 아이에게 무슨 일이 일어났는지 알아내라는 메시지인 것이다.

"아이들의 행동이 무엇을 전달하는지 이해하는 데 중요하지만 종종 활용되지 않는 또 다른 자원은 무엇인가요?"라는 질문에 Keyes는 그들의 부모라고 말한다.

많은 가정에서는 아이가 어떻게 먹었는지, 전날 밤에 잠을 잘 잤는지, 병에 걸렸는지, 젖니가 나고 있는지, 집에 문제가 있는지 등과 같은 것들을 교사에게 말할 수 있다. 그러나 그들이 항상 그런 질문을 받는 것은 아니다. 그리고 팬데믹 기간 동안 부모가 자녀의 개별 교실은 고사하고 보육 프로그램 건물에조차 들어갈 수 없었을 때 이러한 커뮤니케이션 채널이 차단되었다.

Keyes는 지금도 많은 프로그램들이 특정 공간에 들어갈 수 있는 사람을 제한하고 있다고 말한다.

"우리는 부모와 연결되고, 부모와 관계를 맺는 능력을 잃어버렸다."고 그녀는 말한다. "이는 아이가 어떻게 지내는지, 가정에서 무슨 일이 일어나고 있는지에 대한 정보를 얻을 수 있는 우리의 능력에 영향을 미치고 있다."

2) 보호자와 아동 사이의 연결 고리

아이가 어떻게 지내는지는 부모와 보호자가 어떻게 지내는지에 따라 크게 좌우되는 경우가 많다.

"아기들은 혼자 살지 않는다."고 Schmelzer는 말한다. "간병인의 정신건강은 정신건강과 불가분의 관계에 있다."

그리고 보호자의 정신건강(부모와 유아 교육자 모두의 정신건강)은 3년 전 팬데믹이 시작된 이래로 상당히 악화되었다.

예일 아동 연구 센터(Yale Child Study Center)의 최근 연구에 따르면 팬데믹이 시작된 지 몇 달이 지났을 때 보육 제공자의 약 46%가 잠재적으로 진단 가능한 수준의 우울증을 앓고 있었고 67%는 중등도에서 높은 스트레스 수준을 보고했다.

2022년 가을에 오리건 대학교에 기반을 둔 RAPID-EC 프로젝트에서 실시한 설문 조사에 따르면 어린 자녀를 둔 가족의 약 42%가 불안, 우울증 및 외로움을 포함한 웰빙과 정서적 고통으로 어려움을 겪고 있는 것으로 나타났다.

"성인의 정신건강은 아이들의 정신건강에 영향을 미친다."고 Schmelzer는 설명한다. "부모와 가족이 더 많은 스트레스를 받는다면, 그것은 정신건강과 궁극적으로 아이들의 발달에 영향을 미칠 것이다."

따라서 팬데믹으로 인한 성인의 피해는 어린이에게도 영향을 미치고 있는 것이다. 그러나 어린이들은 팬데믹으로 인한 직접적인 영향도 경험했다.

미국에서 200,000명 이상의 어린이가 COVID-19로 부모 또는 주 양육자를 잃었고, 그중 많은 어린이가 고아가 되었으며, 이 상실은 그들의 남은 인생을 결정짓게 될 것이다.

지난 3년 동안 프로그램 폐쇄와 격리 속에서 아이들은 감정조절, 공유에 대한 관용, 교대로 하는 것, 일정을 따르기, 다른 활동으로 전환하는 것 등 평생의 성공을 위한 기술을 연습할 수 있는 중요한 기회를 놓쳤다.

"리듬을 잡기가 어려웠다."고 Keyes는 팬데믹을 회상한다. "아이들은 다른 아이들이 아닌 부모와 함께 집에 있었다. … 지금 우리가 보고 있는 것은 가장 어린아이들이 정신건강에 어려움을 겪고 있다는 것이다."

3) 조기 개입

다행히도 도울 수 있는 방법이 있다. 영유아 정신건강을 위한 지원 및 서비스에 대한 접근은 촉진, 예방, 평가, 진단 및 치료와 같은 연속체에 존재한다고 Zero to Three의 Schmelzer는 설명한다.

정신건강 상담은 정신건강 전문가를 영아, 유아 및 어린아이들에게 서비스를 제공하는 환경에 배치함으로써 촉진 및 예방을 다루는 데 도움이 된다. 이러한 환경에는 보육 센터 및 가정 내 보육 프로그램, 소아과 진료소 및 가정이 포함된다.

정신건강 상담 중에 정신건강 전문가는 종종 아이들을 돌보는 어른들과 협력하여 정책, 관행 및 전반적인 학습 환경을 이해하고 개선하여 아이들을 위한 보다 양육적이고 긍정적인 공간을 만들 것이라고 Schmelzer는 말한다.

툴레인 대학교의 정신과 교수인 Keyes는 루이지애나주 교육부와의 계약을 통해 루이지애나 전역의 보육 프로그램에 참여하는 약 20명의 정신건강 컨설턴트 팀의 일원이다. 컨설턴트는 일주일에 한 번 약 4~8시간 동안 대규모 프로그램을 방문하고 격주로 소규모 프로그램을 방문하고 있다.

이러한 방문 기간 동안 Keyes는 교실 활동을 관찰하고, 책임자와 긴밀히 협력하고, 교사와의 의사소통을 통해 프로그램 및 개별 교실이 어떻게 운영되고 있는지 알 수 있게 된다. 그런 다음 그녀는 몇 가지 수정 사항을 제안하여 다양한 교실 전략과 행동 관리를 모방학습 할 수 있도록 한다.

“예전만큼 드물지 않다.”고 Keyes는 어린 시절의 정신건강 상담에 대해 말한다. “더 많은 주들이 이를 도입하고 있다. 그러나 그것은 매우 다양하다.”

콜로라도, 일리노이, 오하이오와 같은 일부 지역에서는 주 전역에서 정신건강 상담을 제공한다. 그러나 Schmelzer는 이를 제공하는 것과 실제로 수요를 충족할 수 있는 충분한 자원을 보유하는 것 사이에는 중요한 차이가 있다고 지적한다. 그녀는 이전에 미시간주에서 유아 정신건강 상담에 참여했는데, 이 프로그램은 기술적으로 주 전역에 걸쳐 있었지만 보편적으로 서비스를 제공할 수 있는 충분한 위치에 있지 않았다.

현재 직책을 맡고 있는 Schmelzer는 13개 주와 협력하여 미국구조계획(American Rescue Plan) 지원금을 사용하여 유아기 정신건강 작업을 확대할 수 있는 방법에 대해 논의하고 있다.

“지난 몇 년 동안 정신건강 상담에 대한 이해가 급증했다.”라고 Schmelzer는 말한다.

그리고 양육자의 정신건강과 아동의 정신건강 사이의 연관성을 감안할 때, 많은 프로그램들이 두 가지를 함께 지원하는 것을 목표로 하고 있다. Kelly에 따르면 여기에는 미국 보건복지부(Department of Health and Human Services)가 SAMHSA를 통해 제공하는 다양한 영유아 정신건강 프로그램이 포함되어 있다.

그녀는 이것을 비행기에서 아이를 돕기 전에 어른이 먼저 산소 마스크를 쓰는 것과 비슷하다고 생각하고 있다. 즉, 양육자는 자신의 정신건강 문제를 해결하기 전까지는 아이들의 정신건강 문제를 실제로 도울 수 없다는 것이다.

Kelly는 “전체 포트폴리오는 실제로 강력한 보살핌 관계를 형성하고 양육 환경을 조성하는 데 중점을 두고 있다.”라고 말한다(Emily Tate Sullivan 2023년 2월 28일/https://kici.or.kr/2023/03/19/사단법인 한국영아발달조기개입협회).

2. 영유아 정신건강의 영향 요인

이경진과 조은지(2021)의 연구에 따르면, 현대 사회는 맞벌이 가정의 증가, 이에 따라 늘어가는 자녀 양육 스트레스, 이혼・재혼・한부모・다문화 가정 등 전통적 가족구조의 해체와 변화가 일어나고 있다. 또한 지나친 조기교육, 저출산 현상에 따른 놀이친구 감소, 영유아의 삶에까지 깊게 파고든 인터넷, 컴퓨터, 스마트폰 사용 증가(이정림 외, 2013)와 무상보육 확대에 따른 조기 보육 시간의 증가(보건복지부, 2017) 등과 같은 다양한 배경 속에서 여러 가지 유형의 정신건강 문제를 가진 영유아 발생이 우려되고 있다. 보건복지부에서 실시한 영유아 정신건강 실태조사를 보면 국내 0~6세 영유아 중 8.25~28.78%가 신체운동, 정서, 사회성 발달 영역에서 위험군에 속해 있고, 이 비율은 선진국과 비교해 1.5배 이상 높은 것으로 파악되었다(보건복지부, 2013). 만 4~5세 유아 3,627명을 대상으로 한 조사에서는 약 18%가 심리와 행동 발달에 있어 어려움을 겪고 있는 것으로 나타났으며, 이 중 10%는 보다 전문적인 검사 및 상담이 필요한 수준임을 보고하였다(굿네이버스, 2016). 정신건강 문제를 가진 영유아의 수가 많아짐에 따라 영유아의 정신건강에 대한 사회적 관심 또한 높아지고 있으며, 보건복지부와 교육부는 아동 및 청소년의 정신건강 조기검진 및 조기중재를 위해 '아동청소년 정신건강 관리사업' 실시방안을 발표하였다(보건복지부, 2020).

이경숙과 정석진(2016)의 연구에서는 보육교사 118명을 대상으로 보육교사가 경험하는 지도가 어려운 영유아의 문제행동, 영유아 정신건강 문제유형별 보육교사의 문제행동 기술, 정신건강 문제유형별 지도방법, 정신건강 문제가 의심되는 영유아 관련 상담경험 및 만족도, 추후 정신건강 문제를 지닌 영유아에 대한 상담/ 조언 받고자 하는 대상 요구에 대해 알아보고자 하였다. 다음은 연구의 결과 및 논의이다.

첫째, 보육교사가 경험한 영유아의 정신건강 문제행동은 1순위 공격성(130사례, 46.3%), 2순위 주의집중문제(108사례, 38.5%), 3순위 불안/ 우울(71사례, 25.3%), 4순위 언어지연(48사례, 17.1%), 5순위 자폐성향(44사례, 15.7%), 6순위 또래문제(40사례, 14.2%) 순으로 나타났다. 이는 보육교사들이 주로 보고하는 영유아의 문제행동들이 공격성, 불안, 움직임이 많고 산만함, 발달지연이라는 선행 연구결과(보건복지부 · 육아정책연구소, 2013)와 유사하다. 6~17세 아동의 문제행동은 1순위 학습장애, 2순위 주의력결핍 과잉행동장애, 3순위 행동장애로, 이 결과(Blanchard, Gurka, & Blackman, 2006)와 비교하면, 영유아기는 다른 연령대와 구분되어 주로 보고되는 문제행동이 있음이 확인되고 있다(American Psychiatric Association, 2013). 따라서 보육교사 대상으로 영유아기에 특징적인 문제행동에 대한 교육이 필요함이 시사된다. 구체적으로 교육내용에는 다른 연령대와 달리 영유아기에 흔히 보이는 문제행동들, 이런 문제행동이 영유아기에는 어떻게 나타나는지, 문제행동이 되는 원인 및 지도방법 등이 포함될 것을 제안한다.

보육교사가 경험하는 문제행동으로 만 1~6세 모든 연령대에서 공격행동, 주의집중문제, 불안/ 우울이 높은 빈도로 보고되고 있다. 영유아기의 정신건강은 '건강한 사회 · 정서적 발달'이며(Zero to three, 2005), 영유아기의 주된 정신건강 문제행동들이 사회적 · 정서적 기술을 발달시키는 과정에서 파생되는 문제(Barbara & Rasminsky, 2012)라는 것을 고려할 때, 사회성 발달 문제에 속하는 공격행동과 정서발달 문제에 해당하는 불안/ 우울이 영유아기에 흔히 보고되는 문제행동으로 유추해 볼 수 있다. Campell(1989)은 영유아기 발달단계상 정서조절과 욕구지연이 어렵고 언어능력이 덜 발달되어서, 환경과 대인관계에서 일어나는 좌절, 분노가 공격성이나 불안/ 우울로 나타난다고 보았다. 또한 공격성과 불안을 서로 다른 양극단에 위치한 문제행동이라기보다 겉으로 드러나는 양상만 다를 뿐 원인 등은 유사함을 유념해야 한다고 보고된다(Campell, 1989). 따라서 부모, 교사 등 양육자가 이런 특성을 올바르게 이해하고 지도한다면, 유아들은 일반적으로 문제 상황에서 성공적으로 대처가 가능해진다(Werner, 2000). 특히 Pianta(1999)는 교사와의 안정적 관계는 유아에게 안전감을 제공하여 유아가 문제행동으로부터 회복하는 데 중요한 역할을 한다면서 영유아의 문제행동을 예방하고 보호하는 데 있어서 교사의 역할이 중요함을 강조하였다. 구체적으로 교사와의 친밀한 관계는 영유아의 문제행동이나 공격적인 행동을 감소하게 하고(Howes, Matheson, & Hamilton,

1994), 자신의 감정을 좀 더 잘 자제할 수 있게 하였다(Howes & Ritchie, 2002). 다른 한편으로 교사와의 불편한 관계는 유아의 문제행동 위험을 증가시킨다고 보고된다. 유치원 때 교사와 불안정한 관계를 맺었던 유아들의 문제행동은 오랫동안 지속되고(Pianta & Stuhlman, 2004; Silve et al., 2005), 또래들에게 좀 더 공격적으로 행동하였다(Howes & Hamilton, 1993). 즉, 교사와의 친밀한 관계는 유아가 자신의 감정을 조절할 수 있도록 도와주고, 다른 사람을 신뢰하고 자기 자신이 사랑받을 만한 가치 있는 존재라고 느끼며, 자신의 내적 실행 모델을 조정하여 외부 세계에 대해 긍정적으로 바라볼 수 있게 한다(Howes & Richitie, 1999; Pianta, 1999). 따라서 보육교사 대상으로 한 영유아기 문제행동 지도방법 교육에는 문제행동에 대한 지침뿐만 아니라 유아를 문제행동으로부터 보호할 수 있도록 유아와 안정적인 관계를 맺는 내용까지 포함되는 것이 유용하겠다. 한편 보육교사는 영유아의 주의집중문제에 대해 높은 빈도로 보고하는 것으로 조사되었다. 이는 보육교육기관이라는 특성상 전체 유아를 대상으로 집단 활동이 이루어지는데, 영유아가 움직임이 많고 제대로 주의를 기울이지 않아 개별적으로 주의를 기울이도록 지도해야 할 때 특히 교사가 어려움을 호소하는 것으로 사료된다. 한편 초등학생의 경우 가장 많이 보고되는 문제행동이 산만함과 주의집중문제(천자성, 1998)임을 고려하면, 주의집중문제가 유아에게도 높은 빈도로 나타나고 있다는 사실을 간과해서는 안 됨을 시사한다.

한편 보육교사가 보고한 영유아의 문제행동은 연령별로 다소 차이가 보고된다. 우선 수면문제는 만 1~3세까지 연령에서만 보고되었다. 만 1~3세 유아의 20% 정도는 수면문제를 보이고, 자지 않고 버티려고 하거나 중간에 깨면 다시 잠들기 어려워서 양육자가 옆에서 재워줘야 겨우 잠이 드는 행동 특성을 보인다(Ramchandani, Webb, & Stores, 2000). 영유아기에 수면문제는 발생빈도가 높은 행동 특성이므로, 보육교사를 대상으로 영유아기에 정상적인 성장 과정에서 나타나는 수면의 특성 및 변화, 수면문제로 주되게 보이는 행동과 지도방법에 대한 구체적인 교육의 필요성이 제기된다. 영유아의 발달단계와 개인차를 고려하여 지나치게 빨리 수면습관을 갖추도록 강요하지 않는 지도를 하도록 제안한다(보건복지부 · 육아정책연구소, 2013). 또한 개별 영유아의 체질 및 생활리듬이나 생활습관을 알고 개별적인 배려를 통해 융통성 있게 적용해야 하며, 수면습관에 대해 부모와의 적극적인 협력이 이루어지도록 해야 할 것이다(보건복지부 · 육아정책연구소, 2013).

만 2~4세 영유아의 경우, 보육교사는 발달지연, 언어발달지연 문제행동에 대해 주로 보고하였다. 이는 보육교사가 유아기는 언어가 급성장하는 시기로 언어를 통한 의사전달과 인지발달에 획기적 변화가 있게 됨을 잘 알고 있어, 이 시기에 적절한 언어발달과 인지발달이 이루어지지 않을 경우 즉시 문제로 인식하는 것으로 여겨진다.

만 6세의 경우, 다른 연령대와 달리 또래문제가 높게 보고되었다. 이 시기는 유아의 발달과제상 사회적 역할을 학습하는 시기로, 가족구성원과의 접촉뿐 아니라 또래와도 접촉을 많이 하며 또래에 관심을 가지고, 또래와 같이 협조적 놀이를 함으로써 친구관계가 형성되고 사회성이 개발된다(홍강의 외, 2014). 이처럼 학령전기는 또래관계 형성이 주요 발달과업임을 고려하여, 교사는 유아의 또래관계에 주의를 기울이면서 또래관계에서 어려움을 겪는 유아에 대해 염려하는 것으로 볼 수 있다. 또래관계를 잘 맺기 위해서는 우선 유아는 자신의 감정과 욕구를 조절하고, 다른 사람의 입장에서 보는 것을 이해하며, 다른 사람의 정서를 파악하고 공감하는 능력이 발달되어야 한다(Campell, 1989). 그러므로 교사는 또래관계 문제를 보인 유아를 지도할 때 또래와 어울리는 행동 자체에만 초점을 두기보다는 우선 유아가 적절한 감정조절능력을 발달시키고, 공격적인 충동을 억제 또는 조절할 수 있는 자아통제능력을 키우도록 지도하는 게 중요함이 제안된다(Barbara & Rasminsky, 2012). 이런 점에서 본다면 교사는 스스로 감정을 조절하고 행동을 통제하는 시범을 보이면서 유아가 요구를 전달하고 목적을 달성하기 위한 친사회적 전략을 사용하고 이를 활용할 수 있도록 지도하는 전략을 갖출 필요가 있다.

그리고 보육교사가 경험한 영유아의 정신건강 문제행동 유형 중 자폐성향이 5순위로 비교적 높은 순위를 차지하고 있다. 이는 자폐스펙트럼 장애의 유병률이 68명 중 1명으로 보고됨을(Centers for Disease Control and Prevention, 2014) 고려하면, 실제 보육현장에서 진단과 적절한 중재를 받지 않는 자폐스펙트럼 장애 영유아가 존재하여, 보육교사가 이들을 지도하는 데 어려움을 겪으리라 여겨진다. 또한 보육교사가 자폐스펙트럼 장애 영유아의 어떤 행동 특성 때문에 문제라고 여기는지를 조사한 결과, 영유아의 연령별로 행동 특성에 차이가 있었다. 보육교사는 자폐스펙트럼 장애 영유아가 만 2세일 경우 발달지연, 비전형성, 만 3세는 발달지연, 공격성, 만 4세는 과잉행동, 사회성 문제를 주된 문제로 보고하였다. 이는 보육교사를 대상으로 한 질적 면접(이경숙 · 박진아, 2016)에서도 자폐스펙트럼 장애 유아에 대해 장애의 핵심적인 결함인 사회적 의사소통의 결함보다는 발달지연, 공격성, 과잉행동을 주된 문제로 보고한다는 결과와 유사하다. 따라서 자폐스펙트럼 장애는 생후 이른 시기에 조기 선별이 가능하며(Barbaro & Dissanayake, 2013) 조기 개입할 경우 뇌기능의 긍정적 변화를 가져올 수 있으므로(Dawson, et al., 2012), 보육교사 대상으로 자폐스펙트럼 장애 조기 선별을 위한 장애 특성 교육, 장애 의심 영유아 발견 시 의뢰기관 연계 등에 대한 교육이 필요하다고 사료된다.

한편 보육교사가 보고한 유아의 문제행동 유형에 성차가 보고되고 있다. 성에 따라 남아는 공격행동이, 여아는 위축이 더 많이 나타났다. 이는 남아는 공격행동, 외현화 행동문제가, 여아는 위축, 우울이 더 많이 나타난다는 선행 연구(이경숙 외, 2004)와 일치한다. 남아는 성호르몬의 영향으로 치고, 때리고, 물고, 거친 신체놀이에 더 많은 시간을 보내며, 여아보다 4.5배 더 자주 영아 어린이집에서 퇴소를 당한다고 보고된다(Gilliam, 2005). 따라서 교사는 영유아기에 남아들은 여아보다 좀 더 공격적인 행동을 할 수 있음을 이해할 필요성이 제기된다.

둘째, 보육교사가 문제행동에 어떤 점을 문제로 여기는지를 살펴보았다. 우선 불안한 영유아의 어떤 행동 특성이 문제라고 여기는지를 조사한 결과 연령별로 다소 차이가 있었다. 만 1, 2세 영유아는 '교사가 안 보이면 운다', '교사에게 매달린다', 만 5, 6세는 '처음 보는 활동에서 자신감을 잃고 하지 않으려 한다', '또래와 어울리지 못한다'가 주로 보고되었다. 즉, 어린 연령일수록 대체 양육자인 보육교사에게 의존하는 행동을 보이고 만 5, 6세는 또래관계를 맺고 활동을 수행하는 것을 두려워하며 거부, 회피하는 태도를 보이고 있다. 따라서 영유아의 문제행동들이 같은 문제행동 범주에 속하더라도 연령에 따라 보이는 행동양상들은 차이가 있을 수 있음을 보육교사가 숙지하고 보육, 지도하는 것은 중요하다고 여겨진다.

셋째, 보육교사는 내재화 문제행동, 외현화 문제행동, 발달지연 영유아 모두에 대해 '지시하기/ 단호히 지도하기'를 주되게 사용하였다. 이처럼 문제행동 유형별 보육교사의 지도방법에 차이가 없는 이유로는 우선 보육교사가 반 전체 원아를 책임지면서 개별적인 지도가 필요한 문제행동 영유아에게 문제행동 유형에 적절한 지도방법을 실시하는 게 현실적으로 어려운 게 영향을 미쳤으리라 여겨진다. 선행 연구결과(송나리, 권정윤, 2013)에 따르면 교사들은 문제행동 지도 시 반 전체 유아들과 함께 이야기 나누는 방식을 사용하기도 하였다. 교사의 지속적인 관심과 개별화된 지도는 유아의 문제행동 지도뿐만 아니라 사회・정서발달에도 영향을 주어 문제행동을 예방해 주는 요인임을 고려하여(Pianta, 1999), 교사들이 문제행동을 보이는 유아와 일대일 상호작용과 지도할 수 있는 환경이 필요하겠다.

다른 한편으로는 보육교사가 영유아가 보이는 다양한 문제행동의 지도방법에 대한 지식을 갖추지 못한 점도 '지시하기/ 단호히 지도하기' 방법만을 주로 사용하는 데 영향을 주었으리라 여겨진다(배지희・봉진영・조미영, 2010; 보건복지부・육아정책연구소, 2013). 보육교사는 영유아들이 보이는 문제행동의 원인을 잘 모르겠고, 체계적인 문제행동 지도 자료가 부족하며, 문제행동 지도를 위한 효과적인 교수전략에 대한 이해가 부족함을 호소하였다(보건복지부・육아정책연구소, 2013; 이경민・강정원, 1999). 이러한 결과는 예비교사, 초임교사뿐만 아니라 문제행동을 지도하는 다수의 교사들에게서 일관되게 나타나고 있다(배지희・봉진영・조미영, 2010; 보건복지부・육아정책연구소, 2013; 송나리・권정윤, 2013). 하지만 유아의 문제행동에 대한 보육교사의 지도방법과 태도는 문제행동 지도의 성공 여부에 결정적인 요인이 되기 때문에(Kauffman, 2001), 유아의 문제행동에 대해 그 원인을 파악하고 적절한 지도방법을 선택하여 지도하는 것은 바람직하겠다.

넷째, 보육교사 중 대다수(85.6%)는 문제행동이 의심되는 영유아에 대해 해당 부모와 상담한 경험이 있는 것으로 나타났다. 하지만 부모와 상담 시 어려웠던 점과 부모와 상담을 하지 않은 이유 모두에서 '부모는 유아에 대해 문제가 없다고 여긴다/ 부모는 가정에서는 교사가 보고한 행동을 유아가 보이지 않으니 문제가 없다고 하였다'는 응답이 가장 많았다.

본 연구결과와 보육교사가 영유아 문제행동 지도가 어려운 이유로 '부모의 인식 부족으로 인한 갈등'을 가장 많이 보고한 선행 연구결과(보건복지부 · 육아정책연구소, 2013)를 고려하여, 영유아의 정신건강에 대한 부모의 인식이 저조함을 나타낸다고 볼 수 있다. 영유아의 문제행동은 양육 환경의 영향을 받으므로, 보육교사와 부모가 함께 지원해야만 영유아의 문제행동이 긍정적으로 변화할 수 있다(Barbara & Rasminsky, 2012). 이와 같은 부모지원의 중요성을 고려하여 교사교육과 병행하여 육아종합지원센터 등을 통한 부모교육 실시도 필요하다고 사료된다.

다섯째, 보육교사는 문제행동 영유아 관련 상담 및 조언을 '선임보육교사 및 원장(38.0%)'에게 가장 많이 받았다. 이는 보육교사들은 영아의 문제행동 발견 시 주로 동료교사, 원장의 도움을 받아 문제를 해결한다는 선행 연구결과(하영례 · 고경필, 2007)와 유사하다. 본 연구에서 보육교사는 선임보육교사 및 원장에게 상담/ 조언을 구한 결과 '교사의 상황을 공감하고 위로해 주었다'는 점에서는 만족도가 높았으나 '해당 영유아에 대한 견해차가 있었다/ 조언 받은 대로 지도하면서 여러 번 시행착오를 겪어야 했거나 역효과가 있었다'는 점에서는 만족스럽지 못하다고 응답하였다.

외국에서는 영유아의 문제행동이 의심될 경우 영유아 정신건강 관련 전문기관에서 유아의 문제행동 예방과 개입을 위해 구체적인 부모역할수행 지도 등 부모교육과 교사교육을 실시하고, 그 효과성이 입증되고 있다(Barara & Rasminsky, 2012). 본 연구에서도 보육교사들이 문제행동이 의심되는 영유아 사례에 대해 '아동상담기관', '보육기관과 연계된 영유아 전문심리상담팀' 순으로 상담 및 조언을 받길 원한다고 조사된 점을 고려하여, 보육기관과 영유아 정신건강 전문기관과의 연계를 통해 정신건강 문제 영유아의 조기 선별과 개입(교사교육, 부모교육 등)이 통합적으로 이루어지는 체계 구축 마련이 시급하다고 할 수 있다.

1) 발달단계와 정신건강 주요 문제

인간발달은 출생부터 사망에 이르기까지 신체적, 인지적, 사회·정서적 측면 등 전인적 측면에서 전 생애에 걸쳐 연속적으로 일어나는 양적, 질적 변화 양상과 과정을 일컫는 개념이다. 인간발달은 다음 전제를 바탕으로 이루어진다.

- 인간발달은 삶의 모든 단계에서 일어난다.
- 이전 단계의 발달을 바탕으로 지속성을 가지고 현재의 경험이 결합되어 변화가 이루어진다.
- 신체, 인지, 정서, 사회적 영역의 상호작용 관계의 맥락에서 이해되고 분석되어야 한다.
- 인간 자신의 발달에 능동적으로 기여한다.

인간의 전 생애에 걸쳐 진행되는 발달과정과 내용 및 특징 등이 특정 연령이나 시기에 따라 다르기 때문에, 인간의 발달은 발달단계로 나누어 설명할 수 있다. 발달단계나 연령 기준은 이론에 따라 다르며, 크게 태아기, 영아기 및 걸음마기, 유아기, 아동기, 청소년기, 청년기(성인 초기), 장년기(성인 중기), 노년기의 8단계로 나눌 수 있다. 각 발달단계마다 달성해야 할 과제와 적응의 문제가 있으며, 과제와 적응을 달성하지 못할 시에는 정신적 어려움을 겪기도 한다. 그러므로 인간의 발달과정에 따른 이해를 바탕으로 발달과정상의 정신적 문제와 그에 대한 대비책이 마련되어야 한다(이순민, 2014). <표 2-1>은 유아동기로 한정한 발달단계에 따른 발달 특징과 주요 문제들이다(오승아, 2021).

<표 2-1> 발달단계에 따른 발달 특징과 주요 문제

발달단계	발달 특징	발달장애 및 주요 문제
태아기 (임신~출산)	• 신체의 구조와 기관이 형성되는 시기로 신체적 성장이 일생 중에서 가장 급속하게 일어나며, 태내 환경의 영향을 크게 받음	• 유전적 결함에 따른 장애(클라인펠터 증후군, 터너증후군, 다운증후군, 혈우병, 거대남성증후군, 페닐케톤뇨증 등) • 저체중
영아기 및 걸음마기 (출생~36개월)	• 영아기에는 체중 및 신장과 같은 신체적 성장이 급속히 이루어지며, 감각운동을 하게 됨 • 대상영속성을 습득하며, 양육자와의 애착관계를 형성하게 됨 • 걸음마기에는 신체운동이 더 정교해지며, 자아를 의식하면서 자율적이며 독립적 존재로 발달하게 됨	• 지적장애 • 자폐스펙트럼 장애
유아기 (3~6세)	• 학령전기로 일컬어지며, 초기 수준의 도덕발달이 이루어지고, 성역할 개념을 습득함 • 또래와의 집단놀이를 시작함	• 의사소통장애[언어장애, 사회적(실용적) 의사소통장애, 아동기 발병 유창성 장애(말더듬증) 등] • 야뇨증
아동기 (6~11세)	• 논리적으로 사고할 수 있는 능력이 증가하여 구체적·조작적 사고를 할 수 있게 됨 • 또래집단과의 사회화를 습득하게 되며, 도덕성이 발달함	• 특정학습장애 • 주의력결핍 과잉행동장애 • 반응성 애착장애 • 분리불안장애 • 아동학대

출처 : 이순민(2014).

2) 영유아, 아동 문제에 대한 이해

아동의 권리에 관한 협약(UNCRC : United Nations Convention on the Rights of the Child)에 따르면 아동이란 만 18세 미만의 사람으로 정의하고 있다(1990). 우리가 유치원과 어린이집에서 만나는 대상들도 이 연령에 넓게 포함되므로 영유아기, 아동기 모두 포함하여 유아동이라 지칭하고 그 문제를 이해하기 위한 관점들을 정리해 보았다.

- 유아동의 문제는 환경에 적응하기 위한 노력의 일부이다.
- 유아동의 문제는 주로 행동적인 형태로 나타난다(예 우울증, 지나치게 긴 수면시간, 식욕부진, 폭식, 무기력 등).
- 유아동의 문제는 발달적 변화와 관련지어 판단해야 한다. 발달단계별 새로운 욕구들이 출현하게 되며 유아동은 누구나 이런 욕구들에 대처하는 방법을 모색하게 된다[예 거식증, 위축(욕구부정 혹은 억압), 공격성, 품행장애(자신이 아는 최대한의 방법을 동원하여 욕구 관철)]
- 유아동의 문제는 증상보다는 원인에 초점을 맞추어야 한다. 문제의 종류나 심각성에 주의를 기울이기보다는 왜 이런 문제를 보이는지 그 원인을 파악하고 해결하는 것에 초점을 맞춘다.

3) 영유아, 아동 문제의 원인

<표 2-2> 영유아, 아동 문제 요인 분류

유기체적 요인	• 유전인자 • 기질 • 뇌의 이상 • 생리적 특성 • 신체적 특성(질병, 외모, 체력 등)
개인 내적 요인	• 심리사회적 특성(자아존중감, 사회적 능력) • 인지적 특성(인지양식) • 정서적 특성(공격성, 위축, 우울)
개인 외적 요인	• 사회인구학적 변인(소득, 교육수준, 모의취업 유무 등) • 부모의 양육행동 • 형제관계 • 또래관계 • 학교생활 적응 • 가족관계의 변화(부모의 사망, 이혼, 재혼 등)

(1) 유기체적 요인

① 기질

기질이란 영아 개인의 특성이며 영아마다 다르다. 기질이란 출생 직후부터 나타나는 한 개인의 일관된 행동 특성으로 외부의 환경적 자극에 대해 반응하는 방법이다. 또 다른 연구에서 아동의 기질은 어린 시절에 관찰되는 자극에 대한 특징적인 정서적 반응 경향을 포함하는 특징적인 행동 패턴이다(Choi & Yang, 2018; Rothbart, et al., 2000).

기질은 생물학적 기반으로 인해 생의 초기부터 나타나는 정서, 행동, 주의 반응에 대한 개인차를 말하며, 관찰 가능한 행동 방식으로 나타나고, 언어, 인지, 사회성, 신체, 성격 등 다양한 영역에서 지속적으로 영향을 미친다. 59개국 341개 표본에서 수집한 영유아 및 아동의 기질을 조사한 결과, 부정적 정서에 민감한 기질의 아동은 낮은 개방성과 높은 신경증을 지닌 성인으로 성장한 것이 확인되어 기질의 지속적인 영향을 확인할 수 있다(Putnam, Sehic, French, Gartstein, Luttges, & Peltola, 2024).

이와 같이 기질의 중요성이 확인되면서 기질의 유형을 이해하기 위한 연구들이 많이 수행되었다. Buss와 Plomin(1984)은 기질을 영아기에 나타나는 인간의 타고난 특성으로 정의하면서 정서성, 활동성, 사회성의 세 가지 차원으로 분류한다. 이를 토대로 불쾌한 상황에서 쉽게 각성되는 정서성, 활동의 빠르기와 왕성함을 나타내는 활동성, 다른 사람에 대한 반응성을 의미하는 사회성 등으로 규명한 EAS(Emotional, Activity, Sociability) 모형을 제안하였다. 즉, 아동의 기질 중 활동성은 유아가 일상생활에서 보여주는 행동의 속도와 강도를 나타낸다. 정서성은 아이가 화가 나거나 화가 났을 때 부정적인 감정을 강하게 표현하는 정도를 말한다. 이와는 대조적으로, 사회성은 아이가 다른 사람들과 함께 있는 것을 선호하는 정도를 의미한다(Joung-Hyun You & Sung-Man Bae, 2024).

Thomas와 Chess(1977)는 100여 명 이상의 영아를 탄생부터 청소년기까지 추적 조사하여, 잘 놀고 적응력이 좋은 '순한 아이', 부정적이고 부적응적인 '까다로운 아이', 반응성이 낮고 반응이 약한 '더딘 아이'로 기질에 따른 세 가지 유형을 보고하였다. Rothbart 등(2001)은 기질을 반응성과 자기조절에서의 개인차에 기초한 것으로 설명하며, 외향성, 부정적 정서성과 의도적 통제를 기질의 세 가지 차원 구조로 제시하였는데, 외향성은 외부 자극에 대한 반응성과 활동수준을 의미하고, 부정적 정서는 부정적인 정서 상태를, 의도적 통제는 주의집중과 자극에 대한 통제능력을 의미한다(황현진 · 오유주 · 임은미, 2024).

보건복지부 한국아동조사(2018)에 따르면 주 양육자의 13.7%가 우울증을 경험했으며, 우울증은 정신건강 및 양육행동에 영향을 미쳐 자녀의 심리적 · 정서적 발달에 부정적인 영향을 미쳤을 수 있다(Baumrind, 1993; Belsky, 1984; Liu & Wang, 2021). 또한 우울증을 경험한 엄마들은 감정 기복으로 인해 양육행동의 일관성이 떨어진다.

까다로운 유아동 기질은 주 양육자 사이에서 우울증의 주요 위험요인으로 알려져 있다(Essau, et al., 2010; Takács, et al., 2019). 유아동의 까다로운 기질은 부모의 스트레스를 증가시켜 부모의 우울증을 증가시킬 수 있다(Fang, et al., 2022; Huang, et al., 2014; Ortiz & Barnes, 2018). 선행 연구에 따르면 활동량이 높을수록 정서성이 높고, 사회성이 낮을수록 부모의 우울증이 높다(Kim & Hong, 2015; Lim & Bae, 2015; Lionetti, et al., 2022).

아이가 활동적일수록 부모가 부모의 스트레스와 우울증을 경험할 가능성이 더 높다. 아이는 끊임없이 움직이기 때문에 부모는 아이를 위험으로부터 보호해야 하기 때문이다(Choi & Choi, 2018; McDaniel & Radesky, 2018). 유아동의 정서가 높을수록 새로운 환경에 더 민감하고(Crockenberg, 1986; Hetherington, et al., 1989), 양육자가 부정적인 감정을 경험하기 쉽다(Kim, 2018; McDaniel & Radesky, 2018; Min & Park, 2012). 사회성이 낮은 유아동은 심리적으로 위축되어 회피 행동을 보일 가능성이 높기 때문에 부모의 스트레스가 증가하고 우울증에 걸릴 가능성이 높아진다(Lan & Wang, 2020). McGrath 등(2008)은 우울증이 있는 어머니와 우울증이 없는 어머니를 비교했다. 그들은 우울증을 앓고 있는 어머니들이 자녀들의 활동과 감정을 부정적으로 인식하고 부모의 스트레스를 더 많이 경험한다고 지적했다(Joung-Hyun You & Sung-Man Bae, 2024).

어떤 영아는 잘 웃는 반면 어떤 영아는 울고 자주 보챈다. 또 행동에 있어 반응과 행동이 느린 영아가 있는 반면, 행동이 빠르고 활기 넘치는 영아도 있다. 기질을 활동수준, 리듬성, 접근–회피성, 적응성, 반응역, 반응의 강도, 기분, 산만성, 지속성의 차원으로 설정하고 (Thoms & Chess, 1977), 그 조합도의 여부에 따라 영아의 기질을 순한 기질, 까다로운 기질, 느린 기질로 구분하였다. 각 기질별 득징은 <표 2–3>과 같다.

<표 2-3> 기질 유형

기 질	행동 특성
순한 아이 (easy child)	• 수면, 식사, 배변습관 등 일상생활에서 규칙적인 리듬을 가지고 있음 • 긍정적인 정서 상태일 때가 많음 • 사람들에게 따뜻하게 접근하고 새로운 경험에 잘 적응함 • 순하고 명랑하며 혼자서도 장난감을 가지고 잘 노는 편임 • 영유아의 40% 정도가 이 유형에 속함
까다로운 아이 (difficult child)	• 불규칙한 식사나 수면습관을 가지고 있음 • 조금만 불편해도 강하게 반응 • 부정적 정서 상태일 때가 많음 • 사람들을 피하는 경향이 있음 • 조그만 환경의 변화에도 매우 민감하고 예민함 • 낯선 것에 대한 위축이 심해 새로운 사람이나 상황에 적응하는 데 많은 시간이 필요함 • 영아의 10% 정도가 이 유형에 속함
반응이 느린 아이 (slow to warm up child)	• 활동성이 떨어지며 새로운 상황에 대해 불안이나 거북함을 나타냄 • 반응수준이 낮고 새로운 상황에 적응하는 데 오래 걸림 • 반응 양식이 공격적이지 않고 부드러운 편임 • 저항의 표현으로 소리 지르거나 떼쓰기보다는 외면함 • 영유아의 15% 정도가 이 유형에 속함

출처 : 서현아 외(2021).

영아의 까다로운 기질과 영아의 부적응 행동과 관련성을 밝힌 연구(김미연, 2018; 박은영, 2000; 유혜선, 2013)에서 영아의 기질이 긍정적일수록, 교사와 영아와의 친밀관계가 높을수록 적응력이 좋으며 문제행동이 감소되는 반면에, 까다로운 기질일 경우 영유아교육기관에서 부적응 행동을 보인다. 따라서 부모나 교사는 영유아의 기질을 제대로 파악하여 그에 맞게 양육하거나 대처하여 발달과 적응을 도와야 한다.

(2) 개인 내적 요인

① 애착

애착은 영유아가 부모 또는 주 양육자와 친밀한 정서적 유대를 형성하는 것이다. 발달적으로는 1세 전후에 형성되며, 주로 인지적으로 대상영속성 개념의 발달과 연관성이 높다. 영유아가 태어난 직후부터 시작되어 연령의 증가에 따라 상호 호혜적인 애착관계를 형성해 나간다. <표 2-4>는 애착형성의 과정이다.

<표 2-4> 애착형성 단계

단 계		연 령	특 성
1단계	전 애착형성 단계	출생~8주	• 신체적인 접촉을 이끌어 내는 다양한 신호를 통해 주위 사람들과 관계를 형성함 • 성인의 자극에 반사적인 반응을 보임 • 주 양육자와 특별한 애착관계를 형성하지 않더라도 특정 냄새와 음성을 선호하는 반응을 보임 • 성인을 구별하지 못하기 때문에 어떤 사람이 곁에 있어도 상관없음
2단계	애착형성 단계	8주~8개월	• 양육자와 친숙한 사람을 인식하기 시작함 • 분리불안을 보이지는 않음
3단계	분명한 애착형성 단계	8개월~2세	• 특정한 사람에 대한 분명한 선호를 보이며 적극적으로 접근하려 함 • 애착대상이 떠나면 분리불안을 보임

4단계	상호 호혜적 애착관계의 형성 단계	2세 이후	• 인지 및 이해력이 발달하므로 애착대상의 행동을 예측하고 이유를 설명하면 분리불안이 감소함 • 양육자와 협상하고 상호적인 관계를 형성해 가는 동반자적 애착을 형성함

출처 : 서현아 외(2021).

[그림 2-1] 낯선 상황 절차 실험

출처 : [EBS 낯선상황절차실험] https://youtu.be/sv6U2pAIKEE?si=8tIwtl46izXc8YPc

<표 2-5> 애착 유형

안정애착	• 양육자와 함께 있을 때 주변 적극 탐색 • 격리 시 힘들어하지만 양육자가 들어오면 반갑게 맞이함
불안정 회피애착	• 새로운 환경 탐색에 관심 없음 • 분리불안 증상 없음 • 양육자를 안정적인 지대로 여기지 않음 • 낯선 사람을 대할 때에도 비슷하게 반응
불안정 저항애착	• 양육자와 함께 있어도 새로운 환경에 관심 없음 • 분리 시 매우 당황 • 양육자가 돌아왔을 때 저항하며 쉽게 진정 안 됨
불안정 혼란애착	• 가장 심각한 불안정 애착 • 저항애착 + 회피애착 • 양육자와 함께 있을 때 불안해하다가 낯선 사람과 있을 때도 불안해하고 재결합 시 멍한 상태 보임

출처 : 서현아 외(2021).

안정애착 영유아들은 이후 전반적으로 건강한 심리적 발달을 보인다. 그러나 불안정 애착 영유아들은 사회·정서적으로 위축되고 대인관계가 원만하지 못한 편이지만 이후 다양한 사람들과의 안정된 정서적 관계를 형성한다면 영유아기의 불안정 애착의 부정적 영향을 어느 정도 상쇄할 수 있다.

(3) 개인 외적 요인

① 가족

가족은 개인에게 사회화를 경험하게 하는 일차적 집단이며, 가족 내에서의 상호작용을 통해 유아동의 사회적 경험은 시작된다.

가. 부모-자녀 관계

유아동의 성격과 심리적 문제들은 영유아기 부모와의 관계에서 순조롭지 못했던 경험과 느낌에 기인한다. 즉, 부모-자녀 관계의 질은 유아동의 정신건강에 영향을 주며 행동적·인지적·정서적 영역의 기능 손상과 관련된다.

유아동의 행동 특성은 부모가 어떻게, 어떤 태도로 키웠느냐에 따라 다르게 나타날 수 있다. 양육태도는 부모 또는 양육자가 자녀를 양육함에 있어 일반적 혹은 보편적으로 나타내는 행동을 의미한다.

<표 2-6> 부모 양육태도 유형

유형	특성
애정적-자율적 유형	• 자녀의 의사를 존중함 • 양육의 특성은 능동적, 독립적, 외향적, 사회적응 능력이 높음 • 가정 내에서는 다소 고집 부리고, 공격성을 보이기도 하며, 복종하지 않는 경우도 있음
애정적-통제적 유형	• 자녀에게 애정을 주면서도 행동에 제약을 둠 • 새로운 탐색을 제한함 • 양육의 특성은 의존적이고 사교성, 창의성이 낮은 편임 • 신체적 체벌은 거의 사용하지 않음

적대적-자율적 유형	• 자녀에게 거리감, 무관심, 태만, 냉담한 태도 • 양육자는 불안정한 정서, 위축된 행동을 보임 • 공격적이며 자신의 행동을 조절할 수 있는 능력이 부족한 편
적대적-통제적 유형	• 체벌, 언어적·심리적 통제 • 과잉적·독재적·거부적인 양육태도 • 절대적인 기준에 따라 영유아의 행동과 태도를 평가하고 지시적 명령을 주로 사용하여 강압적으로 자녀의 행동을 통제함

나. 형제-자매 관계

형제-자매는 정서적 지지자, 경쟁자, 의사소통 대상자, 놀이친구로서 다양한 역할을 수행하며, 어떤 경우에는 부모보다 더 강력한 사회화 기제로 작용한다.

형제-자매 관계는 상호적이며 평등하다. 서로 경쟁적인 동시에 협동적인 관계로 그들의 상호작용은 또래 간의 상호작용과 유사하다. 상호작용 유형은 매우 긴밀하고 지속적이며, 정서표현은 솔직함과 동시에 서로에 대한 관심과 애착을 중심으로 형성해 나간다. 안정감과 정서적 지지를 제공하여 애착의 대상이 되며, 사회적 모델과 교사의 역할을 하는 등 서로에게 긍정적인 영향을 끼치는 것으로 나타났다. 형제-자매 관계는 긍정적인 감정뿐만 아니라 부정적인 정서도 공유하게 하는 특성을 가진다. 외동아는 이기적인 성향, 지나친 수줍음, 무기력한 성향을 갖기도 하지만 지적이고 어른스러운 특성을 보인다는 의견도 있다.

형제-자매 관계에서 갖지 못하는 많은 것들을 또래관계를 통해 보완하면서 성장해 나갈 수 있다.

다. 별거나 이혼으로 인한 가족 붕괴

부부 사이가 관계에서의 문제로 인해 떨어져 살게 되거나 이혼 과정에 있을 때 가족의 정신건강에 어려움을 주게 된다. 부모 이혼 시 자녀는 부모의 이혼 사유가 자신의 잘못된 행동 때문이라는 죄책감을 가지게 되면서 우울과 불안에 시달리게 되는 경우가 많다.

또한 양육문제로 인해 다른 지방에 거주하는 친가나 외가에서 성장한 아동은 부모와 떨어져 자랐던 그 경험이 정신질환이나 기타 장애의 경과, 치료 등에 영향을 끼친다. 분리를 경험 후 재결합한 가족은 새로운 적응의 문제로 인해 갈등을 겪게 된다. 생의 주기가 전환되는 시점에서 적응해야 하는 문제로 인한 가족 내 부모와의 불화·갈등이 자녀에게 부정적인 영향을 주는 경우 등이 있을 수 있다. <표 2-7>은 다양한 가족 유형별 영유아발달에 미치는 영향이다.

<표 2-7> 가족 유형별 영유아발달에 미치는 영향

이혼가정	• 극단적인 스트레스 • 때로 부모의 이혼 사유가 영유아 자신 때문이라고 생각 • 자아정체감, 학업성취도가 낮게 나타날 수 있음 • 가출, 결석, 비행 등의 문제행동으로 표출되기도 함
맞벌이 가정	• 양육할 수 있는 절대적인 시간이 부족하여 자녀의 기본적 욕구를 충족시키기 힘들다는 견해가 있음 • 책임감, 독립심 형성과 같은 긍정적인 영향도 미침
다문화 가정	• 서로 다른 두 개의 문화를 융합하는 과정에서 혼란과 어려움을 겪으면서 언어, 문화, 가치관의 차이로 인해 학습 결손, 따돌림, 학교생활 부적응 등의 문제를 갖게 됨
저소득층 가정	• 사회·정서적 발달과정에 부정적인 영향 • 공격적인 문제행동 • 대인관계 형성 능력이 부족하며, 부모의 양육태도가 훈육 중심으로 강압적이며 애정표현이 충분하지 않아 심리·정서적으로 어려움을 겪고 있음

② 미디어

가. TV, 컴퓨터, 인터넷

영유아에 대한 TV 시청과 과도한 컴퓨터, 인터넷 사용의 부정적 영향은 신체적으로는 비만을 촉진하고, 콜레스테롤의 수치와 혈압을 높인다.

심리・정서적으로는 타인에 대한 관심과 사회적 상호작용의 기회가 줄어 원만한 대인관계 형성에 어려움이 있을 수 있으며, 심할 경우에는 TV 중독, 게임중독, 인터넷 중독이 될 수 있다. 영유아는 또래관계 형성이 어려워지면 컴퓨터나 인터넷으로 도피하여 지속적인 사회적 상호작용을 어렵게 하여 점점 사회에서 스스로 격리되는 양상으로 발달하게 된다. 또한 폭력성 및 공격적인 행동을 증가시켜 공격적인 방법을 이용한 문제해결력을 갖게 된다.

사이버 공간에서의 익명성과 다중 정체성으로 분절된 자아상 형성으로 인한 자아정체감 혼미의 현상이 야기되며, 익명성에 의하기에 타인을 배려하는 사회적 능력이 감소된다. 또한 현실에서 충족되지 못하는 욕구를 가상공간에서 추구하면서 현실감각을 상실하게 된다(김정미・박희숙, 2019; 2023).

나. 스마트폰

영유아의 과도한 스마트폰 사용은 영유아 스마트폰 증후군을 야기한다. 영유아 스마트폰 증후군은 과도한 스마트폰 이용으로 뇌가 불균형적으로 발달해 공감능력 저하, 게임중독, 틱장애, 사회성 결핍, 의사소통능력 저하를 가져오게 된다. 또한 3세 이전에 뇌가 집중적으로 발달할 기회를 놓치게 된다. 영유아의 긍정적인 스마트기기 사용을 위한 교육과 과몰입 예방교육이 실시되어야 하며, 영유아의 바람직한 스마트기기 사용을 지원하기 위해서는 부모를 지원하는 노력이 필수적으로 뒷받침되어야 한다.

관련 기사

"지나친 스마트폰 노출 뇌발달 방해"

2세부터 스마트폰 영상 시청…아동 10명 중 2명 중독위험

제 3 장

지적발달장애
(지적장애)

제 3 장 지적발달장애(지적장애)

1. 정 의

지적발달장애(예전에는 정신지체로 불림)는 대개 유아기에 시작되며, 지능이 낮기 때문에 일상적인 생활을 하는 데 특별한 도움이 필요하다. 18세 이전에 시작하는 발달장애 상태로, 지적, 인지적 능력에 뚜렷한 제한이 있고 일상생활을 제대로 수행하기 어렵다. 지적장애 자체가 질병은 아니다.

2. 특 성

인지발달을 위한 주의력이나 기억력의 결함이 있다. 적절한 주의를 기울이지 못하고 엉뚱한 곳에 주의를 기울이거나 주의집중 시간이 짧고 단기 및 장기 기억력도 또래에 비해 부족하다(이소연 · 박은혜, 2011). 특히 단기기억을 작동기억으로 활용하거나 장기기억으로 저장하기 위해 책략을 필요로 하는데 그 부분이 현저히 떨어지기 때문이다.

자료의 조직화나 용량에 제한이 있다. 모델을 관찰하거나 모방하는 것을 통해서 학습하는 능력과 참여하는 것만으로 학습할 수 있는 우발학습 능력이 부족하다. 의사소통능력의 특징으로는 언어기술을 가지고 있어도 다양한 맥락의 대화에서 단어의 멈춤이나 길이를 조절하거나 말을 주고받는 시간을 조절하는 언어의 사회적 사용 면에서도 어려움을 나타낸다. 형용사나 부사 등의 수식하는 말을 잘 사용하지 않으며, 유머나 풍자는 이해하기 어려워한다. 또한 음이 정확하지 않은 조음 문제가 흔히 나타나기도 하며, 언어발달 속도가 심하게 지체되거나 구어가 아예 발달되지 않는 경우도 많다.

대화를 할 때 명료화가 떨어져 다시 말해 보라는 요구를 일반아동보다 더 많이 받으며 부적절하거나 이미 언급된 주제를 반복적으로 사용하는 구어적 고착현상을 보이고 자신의 명확한 의사를 밝히는 것을 어려워하기도 한다.

일반화와 학습의 전이에 어려움을 보이며 한 가지를 배우면 다른 것에 지나치게 적용하거나 그 반대로 한 군데서 배우면 다른 곳에서는 전혀 적용하지 못한다(이소현 · 박은혜, 2011).

지적장애가 있는 사람은 크게 두 가지 문제를 가지고 있는데 한 가지 문제가 또 다른 문제를 야기한다. 첫 번째 문제는 사고능력에 근본적인 결함을 보인다는 것이다. 이는 추상적 사고 및 판단하기, 계획하기, 문제해결, 추론, 일반적 학습(학업 혹은 경험을 통한 학습)에 대한 복합적인 문제와 관련이 있다. 이들은 표준화된 개인 지능검사 결과 전반적인 지능수준이 평균에 비해 현저히 떨어진다. 일상 실제의 용어로는 IQ가 70보다 낮은 경우를 의미한다(단, 유아의 경우에는 지적 기능을 주관적으로 판단할 수밖에 없다).

이런 결함을 보이는 사람 중 대부분은 특별한 도움을 필요로 한다. 이는 진단의 두 번째 주요 요건에 해당된다. 즉, 정상적인 삶(학교 및 직장, 가족과 함께 사는 사정)의 요구에 적응하는 능력이 상당히 손상되어야 한다. 적응 기능은 다음 세 가지 영역으로 구분해 볼 수 있다.

① **개념적 기능** : 문제해결을 위한 언어, 계산, 읽기, 쓰기, 추론 및 기억과 관련된 능력이다.

② **사회적 기능 :** 공감능력, 의사소통능력, 타인의 경험을 인식하는 능력, 사회적 판단력, 자기조절능력 등을 효율적으로 사용하는 것이다.

③ **실용적인 기능 :** 행동을 조절하고, 업무를 조직화하며, 재무관리를 하고, 개인위생 및 취미를 관리하는 능력이다. 적응의 정도는 개인의 교육, 직업훈련, 동기, 성격, 중요한 타인의 지원, 그리고(당연하겠지만) 지능수준에 따라 달라질 수 있다.

지적장애는 발달기(아동기 및 청소년기)에 시작된다. 대부분 상당히 이른 시기(일반적으로 영유아기에 발병하며, 심지어 출생 전)에 발병한다. 18세 이후에 발병하는 경우는 대개 주요 신경인지장애(치매)로 부른다(치매와 지적장애는 공병할 수 있다). 진단에 있어 주의를 기울일 필요가 있는데, 특히 정확한 평가를 방해하는 다른 문제를 가지고 있는 아동의 경우가 이에 해당한다. 예를 들어, 청각이나 시각 등의 감각 손상을 보이는 아동이 그 손상에서 회복되면 더 이상 지적 기능에 문제를 보이지 않을 수 있다.

진단 기준에는 포함되지 않는 다양한 행동문제가 지적장애와 관련이 있다. 여기에는 공격성, 의존성, 충동성, 수동성, 자해, 고집스러움, 낮은 자존감, 낮은 좌절 인내력이 포함된다. 또한 이들은 순진하고 잘 속기 때문에 다른 사람에게 이용당할 위험성 역시 높다. 일부 지적장애 환자는 기분장애나 정신병적 장애, 좁은 주의폭, 과잉행동으로 어려움을 겪는다. 하지만 대부분 조용하고 정이 많으며, 유쾌한 모습을 보이기 때문에 함께 살아가는 사람들에게 즐거움을 주는 경우가 많다.

지적장애 환자 중 상당수는 외모가 정상적으로 보이지만 일부는 숙련된 임상가가 아니라도 알아챌 수 있는 신체적 특징을 가지고 있다. 이런 특징에는 작은 키, 발작 혈관종, 눈, 귀, 및 기타 얼굴 부위의 기형이 포함된다. 이러한 특징이 존재할 경우(예 다운증후군), 지적장애 진단이 더 이른 시기에 내려질 가능성이 높다. 일반 집단의 1% 정도가 이 장애를 보이며, 남성이 여성보다 3 : 2 정도로 더 많다.

3. 진 단

지적발달장애는 전 세계적으로 정신과 영역에서 가장 많이 쓰이는 진단 기준인 미국정신의학회의 정신장애의 진단 및 통계편람 제4판(DSM－IV : Diagnostic and Statistical Manual of Mental Disorder－Fourth Edition)에 따르면 정신지체(DSM－5에서부터 지적장애로 명명됨)로 진단되며, 진단 기준은 다음과 같다.

1) 지적인 기능이 뚜렷이 평균 이하이다.

개인적으로 시행한 지능검사에서 대략 70 이하의 소견을 보인다(유아인 경우에는 임상적인 소견에 의하여 평균 이하의 지적인 기능상태를 보인다고 판단될 때이다).

2) 다음 항목 가운데 적어도 두 가지 항목에서 현재의 적응 기능(예 개인의 연령이나 문화집단에서 기대되는 기준을 만족시키는 개인의 효율성) 결함이나 장해를 동반한다(의사소통, 자기－돌봄, 가정생활, 사회적 기술과 대인관계적 기술, 지역사회 자원의 활용, 자기－관리, 기능적 학업기술, 직업, 여가, 건강 및 안전).

3) 18세 이전에 발병한다.

지적 기능의 장애 정도에 따라서 다음과 같이 세분화된다.

- 가벼운 정도의 정신지체 : 지능지수 50~55에서 약 70까지
- 중간 정도의 정신지체 : 지능지수 35~40에서 50~55까지
- 심한 정도의 정신지체 : 지능지수 20~25에서 35~40까지
- 아주 심한 정도의 정신지체 : 지능 지수 20 또는 25 이하
- 정도를 세분할 수 없는 정신지체 : 정신지체라는 강한 심증은 있지만, 표준화 검사에 의해 지능을 측정할 수 없는 경우(서울대학교병원 의학정보, 서울대학교병원, 2015)

※ DSM-5의 지적장애 진단 기준

A. 임상적 평가와 개별화, 표준화된 지능검사로 확인된 추론, 문제해결, 계획, 추상적 사고, 판단, 학업적 학습, 경험적 학습과 같은 지적 기능의 결함

B. 개인적 독립과 사회적 의무에 대한 발달적·사회문화적 기준을 맞추기 어려운 결과를 낳게 하는 적응 기능의 결함. 지속적 지지 없이는 적응적 결함이 집, 학교, 직장, 그리고 커뮤니티와 같은 다양한 환경에서의 의사소통, 사회참여, 그리고 독립적 생활, 일상생활의 한 가지 이상의 활동의 기능을 제한함

C. 지적 및 적응적 결함이 발달시기에 시작됨

현재의 심각도를 명시할 것 :

가벼운 정도

중간 정도

심각한 정도

극심한 정도

출처 : 이순민(2014).

지적장애는 발달시기에 개념적, 사회적, 실용적 분야에서 지적, 적응적 기능의 결함이 나타나는 장애를 말한다. 지적장애의 유병률은 약 1%로 추정되며, 남자 대 여자의 비율이 약 1.5 : 1로 남자에게서 더 흔하게 나타난다. 지적장애를 가진 학생도 비장애학생과 똑같은 기본 생리적, 사회·정서적 요구를 가진다. 다만, 단기 기억력 및 주의력의 결함을 보이고 집중하는 데 시간이 짧으며, 정신을 산만하게 하는 자극을 억제하는 데 어려움이 있다. 지적장애를 가진 사람은 부적절한 얼굴 표정이나 신체접촉을 하거나 상황과 대상에 맞지 않는 대화를 하기도 하며, 언어발달 속도가 늦다. 앞뒤로 몸을 흔들거나 머리를 부딪치거나 눈앞에서 손가락을 조작하거나 생각에 잠기기도 한다. 지적장애는 학습장애나 의사소통장애를 동반하며, 자폐증과 같은 전반적 발달장애가 지적장애와 같이 나타날 수 있다. 가벼운 정도의 지적장애가 있는 개인은 적절한 훈련과 기회를 통해 지적장애의 범주에서 변화될 수도 있다. DSM-IV-TR에서는 정신지체로 구분되던 진단명이 DSM-5에서는 지적장애, 지적발달장

애로 진단명이 변경되었다. DSM-IV-TR의 정신지체와 DSM-5의 지적장애의 진단 기준에는 여러 차이점이 있다. 예를 들면, DSM-IV-TR에서는 지능지수가 어느 범주에 있는지, 그리고 교육, 훈련이 가능하거나 또는 제한된 기술 습득이 가능한지의 여부에 따라 심각성을 분류했다. 반면 DSM-5에서는 지적장애의 심각성을 개념적, 사회적, 실용적 분야로 나누어서 지적 및 적응적 기능의 결함기준을 제시하고 있다. 또한 진단 기준을 미취학 어린이와 학령기 어린이, 성인기로 나누어서 설명하고 있으며, 5세 이하의 개인이 유아기에 임상적 중등도를 신뢰성 있게 평가하기 어려울 때 진단되는 전반적 발달지연(Global Developmental Delay)이 추가되었다. 또한 장애가 시작되는 특정 나이(만18세 이전)를 명시했던 DSM-IV-TR과는 달리 DSM-5에서는 지적, 그리고 적응적 결함이 발달시기에 시작된다고만 명시하고 있다(이순민, 2014).

DSM-5 진단 기준에서는 더 이상 공식적으로 지능지수를 포함시키고 있지 않지만, 여러 심각도 명시자를 선택하는 데 기준이 되도록 IQ 범위를 기술해 놓았다. 하지만 모든 개인의 실제 진단을 좌우하는 것은 특정 수치가 아니라 환자의 적응적 기능수준이라는 사실을 명심하자.

4. 지적장애의 심각도에 따른 구분

1) F70[317] 경도

아동기에는 또래에 비해 학습이 느리고 뒤처지긴 하지만 성장하면서 대략 6학년 정도의 학업기술을 습득하는 것이 가능하다. 성인이 되어서도 판단 및 문제해결 능력에 결함이 있기 때문에 개인적 및 대인관계에서 겪는 일상적 상황에 대처하려면 별도의 도움이 요구된다. 결제하기, 장보기, 숙소 구하기 같은 일에도 대개 도움이 필요하다. 하지만 상대적으로 인지적 개입이 적게 요구되는 업무에서는 대부분 독립적으로 일을 한다. 기억력 및 언어사용능력이 꽤 양호할 수 있으나 비유나 다른 추상적 사고에는 어려움을 보인다. 전형적으로 IQ는 50~70 사이이다. 전체 지적장애 환자의 85%에 해당한다.

2) F71[318.0] 중등도

어린 아동기에는 정상적 또래에 비해 전반적 영역에서 현저한 차이를 보인다. 읽기, 단순계산, 돈 다루기 정도는 학습할 수 있지만 언어발달이 느리며 사용하는 언어가 상대적으로 단순하다. 경도 지적장애보다 더 심한 수준으로, 생애 초기 자기관리 및 집안일 참여를 학습하는 데도 도움이 필요하다. 대개 일상적/ 개인적 상호작용 속 단서를 인식하지 못하지만, 타인과의 관계는(심지어 연애관계도) 가능하다. 의사결정에 있어 도움이 필요하지만 감독 및 동료의 도움이 있다면 상대적으로 덜 까다로운 직업, 일반적으로는 보호 작업장에서 일하는 것은 가능하다. IQ 범위는 30~50이다. 전체 지적장애 환자의 약 10%가 이에 해당한다.

3) F72[318.1] 고도

단순한 명령이나 지시는 따를 수 있지만 의사소통 기술은 지체된 수준이다(예 한 단어, 짧은 구). 감독하에서는 단순한 직업을 수행할 수도 있다. 친족과 개인적 관계를 유지할 수 있지만 모든 활동에 있어 감독이 필요하다. 심지어 옷 입기나 개인적 위생관리에도 도움이 필요하다. IQ 범위는 20~30이며, 전체 지적장애 환자 중 약 5%가 해당한다.

4) F73[318.2] 최고도

말하기가 제한되어 있고, 상호작용은 미발달된 수준에 머물러 있어 대부분의 개인적 의사소통이 몸짓(제스처)을 통해 이루어진다. 단순한 집안일을 도울 수 있으나, 일상적인 활동을 포함하여 전적으로 타인의 도움에 의지한다. 최고도 지적장애는 대개 심각한 신경학적 장애가 원인으로 감각장애나 운동장애를 동반한다. IQ 범위는 20점대 이하이며 전체 지적장애 환자 중 약 1~2%가 해당한다.

5) F88[315.8] 전반적 발달지연

적절하게 평가하기 어려운 5세 이하의 환자에게는 전반적 발달지연 범주를 사용한다. 이런 아동은 발달적으로 중요한 단계에서 지연을 보일 수 있다.

6) F79[319] 명시되지 않는 지적장애

5세 이상의 환자가 지적장애의 평가가 곤란할 정도로 심각한 부가적인 장애(예 시각상실, 고도 정신질환)가 있는 경우, 명시되지 않는 지적장애 범주를 사용한다(신민섭 외, 2018).

5. 원 인

지적장애의 원인으로는 유전적 이상 및 화학적 작용, 구조적인 뇌 손상, 선천적 대사 이상, 아동기 질환이 있다. 한 개인의 지적장애와 관련해서는 생물학적 원인이나 사회적 원인, 또는 이 두 가지 모두가 존재할 수 있다. 원인에 대해 구체적으로 살펴보면 다음과 같다(전체 지적장애 환자 대비 대략적 백분율을 표시해 두었다).

- 유전적 원인(약 5%) : 염색체 이상, 테이삭스병, 결절성 경화증
- 초기 임신기 요인(약 30%) : 21번 염색체가 2개의 쌍이 아니라 3개(다운증후군), 산모의 물질 사용, 감염

- 후기 임신기 및 태아기 요인(약 10%) : 조산, 저산소증, 출산 외상, 태아기 영양 실조
- 후천적인 아동기 신체 상태(약 5%) : 납중독, 감염, 외상
- 환경적 영향 및 정신질환(약 20%) : 문화적 박탈, 조기에 발병한 조현병
- 확인되지 않은 원인(약 30%)

다음은 다양한 지적장애의 원인들을 크게 생물학적 원인, 환경적 또는 사회문화적 원인, 앞의 두 요인이 복합적으로 작용하는 경우로 나누어 상세히 제시하였다.

1) 생물학적 원인

(1) 염색체 이상 증후군

- 다운증후군(Down syndrome)
- 클라인펠터 증후군(Klinefelter syndrome)
- 터너증후군(Turner syndrome)
- 파타우 증후군(Patau syndrome)
- 에드워드 증후군(Edward syndrome)
- 취약 X염색체 증후군(Fragile X syndrome) 등

(2) 단일 유전자 이상

- 결절성 경화증(Tuberoussclerosis) 등

(3) 선천성 대사장애

- 페닐케톤뇨증(Phenylketonuria)
- 테이-삭스병(Tay-Sachs disease)
- 고셰병(Gaucher disease)

- 크라베병(Krabbe disease)
- 니만-피크병(Niemann-Pick disease)
- 갈락토오즈 혈증(Galactosemia)
- 윌슨병(Wilson disease)
- 호모시스테인뇨증(Homocysteinuria)
- 당원병(Glycogen-storage disease) 등

2) 환경적 또는 사회문화적 원인

(1) 초기 태아발달의 이상

- 태아손상
- 태아 알코올 증후군(Fetal alcohol syndrome) 등

(2) 임신 및 주산기 장애

- 산전 및 산후 뇌 감염
- 태아의 영양 실조
- 조산 및 미숙아
- 출산 시의 저산소증 및 뇌 손상
- 핵 황달 등

(3) 소아기의 질병

- 선천성 갑상선 기능 저하증
- 신경섬유화증
- 기타 감염

- 종양 및 손상
- 약물 및 중금속 중독 등

(4) 사회경제적 원인

- 양육자의 교육 정도가 낮아 아이에게 적절한 자극을 주지 못하는 경우
- 절대 빈곤층 또는 사회경제적으로 낮고 불우한 계층에서 경험 부족
- 아동학대 및 방임의 장기간 경험

다운증후군

취약 X염색체 증후군

그림 제공 : 강지명(교토세이카대학교)

6. 증 상

대개 언어지연, 인지, 학습 기능의 발달 문제가 조기에 나타난다. 가벼운 정도의 정신지체인 경우, 학령전기에는 쉽게 알아채지 못할 수 있는데, 나이가 들수록 추상적 사고능력 결핍과 같은 인지적 기능 저하, 자기중심사고 등이 나타날 수 있다.

중간 정도의 정신지체인 경우, 유아기 때는 정상적으로 의사소통을 하기도 하나 2~3학년 수준 이상의 학업을 성취하는 것이 곤란하고, 적절한 감독하에서 복잡하지 않은 수작업을

할 수 있다. 심한 정도의 정신지체인 경우, 중요 단어와 숫자를 익힐 수 있으나 직업 훈련은 어렵다.

아주 심한 정도의 정신지체인 경우, 잘해야 기본적인 지시 이해 및 단순 요구를 하는 정도로 의사전달을 할 수 있으며, 대부분에서 신경학적 이상이 동반되고 자해 행동이 빈번하다.

7. 검 사

가족력, 유전적 질환, 출생력 등을 파악하고 신체 이학적 검사를 실시한다. 이학적 검사를 통해 정신지체를 일으킬 수 있는 요인과 관련된 신체 기형(예 눈과 눈 사이가 멀거나, 코가 낮거나, 혀가 튀어나오거나, 입술이 두툼한지 등)이 있는지를 조사한다. 시청각 장애, 언어장애, 뇌전증 동반 여부 등을 포함한 신경학적 검사를 실시하고, 필요에 따라 두부뇌 자기공명영상(MRI), 뇌단층촬영(CT), 뇌파검사(EEG) 등을 실시할 수 있다.

8. 경과 및 합병증

1) 경 과

대부분의 정신지체에서 지적인 기능 자체는 호전되기 어렵다. 하지만 지지적이고 좋은 환경을 제공할 경우 적응 수준은 향상될 수 있다. 동반된 질병이 있는 경우 일반적으로 예후가 불량하다.

2) 합병증

지능 저하에 따른 적응장애뿐 아니라 여러 정서 및 행동장애와 신경학적 장애도 함께 나타날 수 있다. 정신지체 환자에서 정신장애 유병률은 일반인에 비해 3~4배 높은 것으로 보고되고 있다. 주의력결핍 과잉행동장애, 자폐증, 상동 행동장애, 불안장애, 공격적 행동, 분노발작, 자해 행동 등이 흔히 동반될 수 있다. 중증의 정신지체일수록 시력, 청력, 간질, 뇌성마비 등의 신경학적 장애를 동반하는 경우가 많다. 적절하지 못한 성교육이나 성충동 조절 능력에 의해 성적 탈선이나 성범죄를 저지르는 비율도 높다. 조현병(정신분열), 정동장애 등 일반 지능을 가진 경우에 관찰되는 모든 정신질환이 나타날 수 있다.

9. 예방방법

유전적 질환에 대한 조사, 산전 진단, 풍진예방과 예방 접종, 출생 초기의 선천성 질환에 대한 검사, 조기 발견 및 치료 등이 중요하다. 유전적 위험성이 의심될 경우 산전에 유전상담을 실시하도록 한다.

10. 치 료

정신지체에 대한 최선의 치료는 예방이다. 정신지체 자체보다는 이차적인 정신질환과 후유증 및 사회적응에 대한 치료가 필수적이다. 개인정신치료를 포함한 가족치료와 행동치료 및 문제되는 행동에 대한 약물치료를 시행할 수 있으며, 간질과 같은 합병증에 대한 치료를 해야 한다.

1) 예방적 치료

지적장애를 예방하기 위한 방법으로는 산전 진단검사, 신생아 대사검사 등을 실시하고 임신 기간 동안 엽산을 복용하여 신경관 결손 발생을 줄이는 것 등이 있다.

2) 통합적 치료

(1) 정신치료적 접근

응용행동분석(Applied Behavior Analysis) 등 행동치료를 통하여 공격, 자해, 과제회피 행동 등의 문제행동을 감소시킬 수 있다. 부족한 기능을 가르치는 것과 환경을 조절하는 것을 목표로 삼아 행동치료적 접근을 진행할 때 효과적이다.

(2) 약물치료

지적장애의 증상에 따라 항정신병 약물, 항경련제, 항우울제, 정신자극제, 교감신경자극제, 오피오이드 길항제 등을 선택적으로 사용할 수 있다.

(3) 교육과 지역사회의 지원

학령전기 아동의 경우, 의사소통, 자조, 사회성, 인지발달 등을 목표로 가정이나 치료센터에서 발달촉진 프로그램을 시행할 수 있다. 학령기 이후에는 학교나 지역사회에서 지적장애 아동에 맞춘 개별화 교육 계획을 세우는 것이 도움이 되며, 학문적인 것 외에 자립에 필요한 기술, 사회기술 향상 및 직업훈련 등을 시행할 수 있다.[1)]

1) 출처 : 서울대학교병원 의학정보 http://www.snuh.org/intro.do(https://m.terms.naver.com/entry.nhn?docId=2119746&cid=51007&categoryId=51007)

관련 기사

"12세까지 뇌 발달 황금기… 스마트폰 중독 빠를수록 지능·감성 떨어져"

| Tip |

환자의 가족은 환자에 대한 현실적인 기대를 유지시키면서 환자의 능력과 자존심을 향상시키도록 해야 한다. 어느 정도로 환자의 독립을 촉진시키면서 동시에 보호해야 할 것인가 하는 문제는 매우 어려우면서도 중요한 문제이다. 지적 기능과 적응 능력에 따라 경도 정신지체의 경우 특수교육과 직업훈련을 통해 지역사회 내에서 자립할 수 있도록 도와주는 것이 필요하지만, 고도 정신지체의 경우 수용주거시설이 필요할 수도 있다.

출처 : 서울대학교병원 건강정보. http://www.snuh.org/health/nMedInfo/nView.do?category=DIS&medid=AA000770

제 4 장

자폐스펙트럼 장애

제4장 자폐스펙트럼 장애

1. 정의 및 특성

자폐스펙트럼 장애는 초기 아동기부터 상호 교환적인 사회적 의사소통과 사회적 상호작용에 지속적인 손상을 보이는 한편 행동 패턴, 관심사 및 활동의 범위가 한정되고 반복적인 것이 특징인 신경발달장애의 한 범주이다. 자폐스펙트럼 장애는 다양한 심각도와 징후가 나타나는 이질적인 신경발달장애로 유전적 원인과 환경적 원인이 모두 존재한다. 보통 초기 아동기에 발견되며 성인까지 지속되지만, 경험이나 교육에 따라 그 양상이 상당히 달라질 수 있다(신민섭 외, 2018).

DSM-IV와 ICD-10에서는 광범위성 발달장애 범주하에 자폐성 장애, 아스퍼거 장애, 레트 장애, 소아기 붕괴성 장애, 달리 분류되지 않는 광범위성 발달장애 등으로 구분했다. 하지만 최근 출시된 DSM-5에서는 이들을 각기 독립된 장애가 아닌 동일한 연속선상에서 자폐 상태의 심각도나 지능 및 심리·사회적 발달의 정도에 따라 발현되는 임상 양상에 차이가 있다고 보아 자폐스펙트럼 장애로 개정했다. 또한 이 장애에 지능의 손상, 의학적 또는 유전적 상태나 환경적 요인 등이 수반되는지 여부, 이 장애와 연관된 다른 신경발달장애 또는 정신행동장애, 운동장애가 있는지 여부 등에 따라 세분화할 수 있다.

초기 발달단계에서부터 대인관계에 관심이 부족하고 사회적 상호작용에 어려움을 보이는 양상, 언어 사용이 제한적이거나 부적절하고 독특하여 의사소통에 어려움을 보이는 양상, 그리고 관심의 범위가 한정되어 있고 특이하며 엉뚱한 반복 행동을 보이는 양상 등이 지속되어 부적응을 초래하는 경우를 일컫는 '자폐'라는 말은 일반인도 익숙하게 접하는 정신장애 관련 용어 중 하나이다.

자폐증이 독립적인 정신장애로 주목받기 시작한 것은 1943년 Kanner의 「정서적 접촉에서의 자폐적 장해(Autistic Disturbance of Affective Contact)」라는 논문에서 비롯된다. Kanner는 대인관계 문제, 언어 및 의사소통 문제, 반복적인 행동 패턴 등을 보이는 아동들의 사례를 보고하며 '초기 유아기 자폐증(early infantile autism)'이라고 명명했다. 이 논문에 자극을 받아 많은 아동 정신병리학자들이 자폐증의 개념 및 정의, 주요 증상, 원인, 경과, 평가방법, 치료기법 등에 대해 다양한 연구를 진행했다(신민섭 외, 2018; 심리학용어사전, 2014).

자폐스펙트럼 장애는 발병 연령과 패턴이 중요하다. 이에 해당하는 증상은 일반적으로 12~24개월 무렵에 나타나며, 지능을 비롯한 발달이 매우 더딘 경우라면 12개월 이전에도 알아차릴 수 있다. 하지만 영유아기 때 나타나는 증상은 만 2세 이후 나타나는 증상보다 더 미묘하고 알아차리기 어려우며, 막연히 걱정이 되더라도 아직 어리기 때문이라고 여기며 두고 보는 경우가 많다. 초기 아동기 또래와의 상호작용 기회가 늘면서부터 증상은 더 명백하게 드러난다. 대개는 언어발달의 지연이 가장 먼저 눈에 띄며, 이후 사회적 관심이 부족하다거나 특이하게 논다든지 독특한 의사소통 패턴을 보이는 등 상호작용의 문제가 드러난다.

독특하고 반복적인 행동도 만 2세경부터 눈에 띄기 시작해 연령이 증가할수록 점점 더 분명해지는데, 특정 활동을 지나치게 선호한다거나 같은 행동을 반복하는 것(같은 음식, 같은 놀이, 같은 TV 프로그램 등)을 즐긴다. 초기 아동기에서부터 초등학교 저학년 무렵까지는 이와 같은 증상이 점점 더 심해지기도 하지만, 일정 수준의 학습, 보상 전략 습득이 이루어지면서 대개는 발달적 향상을 보인다. 다만, 연령에 비례해 발달하는 속도가 더디다 보니 청소년기를 지나 성인기에 이르러서도 연령에 기대되는 사회적 행동이나 직업 역할 수행은 어리고 미숙하다.

지적 능력 및 언어 능력은 예후에 매우 중요하다. 지능을 비롯해 여타 발달 상태가 양호한 경우에는 학령기 동안 습득한 지식, 보상 전략을 바탕으로 학교 장면과 같이 구조화된 상황에서 어느 정도 적응해 나가기 때문에 성인기가 되어서야 비로소 적응상의 문제가 두드러지고 뒤늦게 치료 장면을 찾기도 한다. 이에 비해 지적장애나 언어장애가 동반된 경우에는 이로 인해 사회적 기술이나 보상 전략 습득에 더 큰 어려움이 초래되어 예후가 좋지 않다.

자페스펙트럼 장애로 폭넓게 진단할 경우, 여러 국가에서 유병률이 1% 정도로 보고되며, 남성이 여성보다 4배 이상 많다. 임상 장면에서는 자페스펙트럼 여아에서 남아보다 지적장애가 동반되는 경우가 많이 발견된다. 다만, 이와 관련해서는 지적장애나 언어 문제가 동반되지 않는 자페스펙트럼 여아의 경우 남아보다 사회적 상호작용의 문제나 상호 교환적 의사소통의 문제가 상대적으로 덜 드러나 치료 장면을 적게 찾을 가능성을 고려해 볼 수 있겠다(APA, 2013).

2. 증 상

자페스펙트럼 장애(Autisim Spectrum Disorder)는 사회적 상호작용과 의사소통 기술에 지속적인 결함을 나타내는 장애를 말한다. 일반적으로 초기 발달기에는 증상이 나타나지 않으며, 흔히 지적장애와 연관된다. 사회적 상호작용에서의 질적 장해, 질적인 의사소통장애, 제한적이고 반복적이며 상동증적 행동이나 관심 등의 특징을 보인다.

장애의 증상은 다음과 같이 세 가지 범주로 나눌 수 있다(DSM-5의 경우, 앞의 두 가지를 하나로 묶는다).

1) 사회화

자폐스펙트럼 장애 유아동은 정상 유아동보다 사회적 성숙이 더디게 진행되며, 발달단계가 예상되는 순서를 따르지 않기도 한다. 부모들은 자녀가 6개월이 지나서도 눈 맞춤 및 따라서 웃기, 포옹을 하지 않는 것에 신경을 쓰기 시작하지만, 그 아이는 부모에게 안기려고 하지도 않고 허공을 응시하는 모습을 보일 수 있다. 사물을 가리키지도 않고, 다른 아동과 함께 놀지도 않는다. 무언가를 잡기 위해 팔을 뻗지도 않으며, 부모와 떨어질 경우 정상적으로 나타나는 불안 역시 경험하지 않는다. 자폐스펙트럼 장애 아동은 의사소통을 하지 못한다는 좌절감 때문인지, 자주 떼를 쓰고 공격성을 표출한다. 후기 아동기에도 친밀감에 대한 욕구를 거의 보이지 않으며, 친구가 없고, 기쁨이나 슬픔을 다른 사람과 함께 나누지도 않는다. 청소년기 및 그 이후에는 성욕이 없는 모습을 보이기도 한다(신민섭 외, 2018).

〈사회적 상호작용 결함〉

- 유아기부터 부모를 알아보거나 눈 맞춤이 없음
- 사회적 미소가 없음(의미 있는 미소, 즉 편안하고 익숙한 엄마를 보며 웃는 모습은 사회적 미소이지만 늘 배시시 웃는 것은 배냇짓으로 그냥 의미 없는 근육의 움직임이지 의미 있는 미소가 아니다)
- 사람 혹은 사회적 상호작용 대신 사물에 높은 집착을 보임
- 타인을 시각, 공간적으로는 지각하나 마음을 읽지 못함
- 다른 사람의 행복감에 대해 기뻐하는 능력이 현저히 떨어짐
- 부모와의 상호작용이 결여됨

2) 의사소통

자폐스펙트럼 장애 유아동은 청각은 정상이지만 말하기는 수년 정도 지연되는 양상을 보

인다. 그 결함의 범위와 심각도는 이른바 아스퍼거 장애(이들은 명확하게 말할 수 있으며, 정상적인, 심지어 우수한 지능을 갖기도 한다) 수준에서부터 전혀 의사소통이 불가능한 심각한 수준까지 매우 다양하다. 일부는 독특한 패턴으로 말하며 독특한 어구를 사용하기도 하고, 일부는 너무 크게 말하거나 억양이 비정상적으로 단조로운 양상을 보이기도 한다. 의사소통을 위한 신체 언어 및 비언어적 행동(예 대부분이 찬성의 표현으로 사용하는 미소나 고개 끄덕임)을 사용하지 못할 수 있다. 또한 유머의 본질을 이해하지 못하기도 한다(예 상대가 사용하는 단어가 중의적이거나 추상적인 의미를 가질 수 있음을 이해하지 못함). 자폐 유아동은 종종 대화를 시작하거나 유지하는 데 어려움이 있으며, 타인과 대화하기보다는 자신이 관심이 있는 주제에 대해 혼잣말이나 독백을 할 수도 있다. 몇 번이고 반복적으로 질문하는 경향이 있으며, 심지어 대답을 들은 이후에도 계속 질문할 수 있다(신민섭 외, 2018).

〈의사소통의 결함〉

- 구어의 발달(옹알이가 없거나 적음)이 있거나, 옹알이나 말할 때, 음색, 음률, 리듬이 비정상적임
- 이상한 단어나 구절을 사용하거나 반향어(산의 메아리처럼 말을 따라 함. 어조도 똑같이 해서)나 대명사 사용의 혼란이 있음(나와 너를 구분하지 않고 씀. 예를 들면, '너 밥 먹었니?'라고 하면, '나는 밥을 먹었습니다' 혹은 '밥 먹었어요' 혹은 '응', '예', '아니요' 등등의 표현을 하지만 장애아동은 '너 밥먹었다'라는 식으로 거의 나라는 대명사가 사용되지 않음)
- 몸짓이나 동작과 같은 비언어적 의사소통을 적게 사용하고 이해하는 데 문제가 있음
- 상대방과 함께 동일 대상에 주의를 기울이고 상호작용을 하는 능력이 부족함
- 다른 사람에게 말을 걸거나 지속하는 능력에 현저한 장애가 있음
- 불필요한 내용을 담거나 엉뚱한 주제로 옮겨 가기도 함(오승아, 2021)

3) 운동장애

자폐스펙트럼 장애 유아동의 운동능력은 대개 그 연령의 발달시기에 맞게 발달한다. 하지만 이들이 취하는 행동유형은 정상 유아동과 확연한 차이를 보인다. 강박적이거나 의례적인 행동(상동증)을 보이는데, 빙빙 돌기, 몸 흔들기, 손뼉 치기, 머리 흔들기, 특이한 자세 유지하기 등이 이에 해당한다. 장난감을 상상놀이에서 일종의 상징으로 사용하기보다는 주로 입으로 빨거나 빙빙 돌린다. 흥미가 제한적이기 때문에 어떤 대상의 부분에 몰두한다. 변화에 저항하며, 정해진 절차를 엄격히 고집하는 경향이 있다. 고통이나 극도의 온도에도 무감각한 것처럼 보일 수 있으며, 냄새를 맡거나 만지는 것에 몰두하기도 한다. 이런 환자들 중 상당수가 머리 흔들기나 피부 뜯기, 그 밖의 반복적인 행동으로 자해를 한다(신민섭 외, 2018).

〈행동과 관심의 제한 및 반복성〉

- 몸을 앞뒤로 계속 흔들기, 발끝으로 걷기, 빙글빙글 돌기, 팔이나 손을 흔들기 등과 같은 고집스럽고 강박적이며 반복적인 행동을 지속함
- 반복적인 동작성 매니리즘(예 손이나 손가락으로 딱딱거림)을 보이기도 함
- 특정 장난감, 진공청소기, 특정 숫자나 노래에 집착과 같은 제한된 관심을 가짐
- 가구 배치나 계획된 일정을 바꾸는 것에 분노하는 등 동일한 방식의 행동에 병적인 집착을 보임(이순민, 2014)

그렇지만 정신장애 진단 분류체계에서는 여전히 소아기에 나타나는 정신증(psychotic symptoms)과 자폐증을 개념적으로 명확히 구분되는 별도의 장애로 볼 것인지에 대해 논란이 많았다. 미국정신의학회(APA : American Psychiatric Association)의 공인 진단 분류체계인 DSM−II(APA, 1968)조차 자폐증을 여전히 '조현병, 소아기형(Schizophrenia, childhood type)'에 포함시켰다.

자폐증의 다양한 임상 양상을 아우르는 '광범위성 발달장애(pervasive developmental disorder)'가 독립적인 진단명으로 공인된 것은 DSM−III(1980)에서이다. 이후 DSM−IV(2000) 및 세계보건기구(WHO : World Health Organization, 이하 WHO)에서 공인한 ICD−10(WHO, 1992)에서도 '광범위성 발달장애'의 범주하에 '자폐성 장애', '아스퍼거 장애', '레트 장애', '소아기 붕괴성 장애', '달리 분류되지 않는 광범위성 발달장애' 등을 포함했다. 나아가 최근 개정된 DSM−5(2013)에서는 자폐스펙트럼 장애(autism spectrum disorder)로 통합했다.

<표 4-1> 진단적 개념의 변화 : 소아기 정신증과 자폐스펙트럼 장애

<table>
<tr><th>진단적 개념</th><th>DSM-IV 진단명</th><th>DSM-5</th></tr>
<tr><td>초발성 치매
(Dementia praecocissima : DeSanctis, 1906)</td><td>조현병(아동기)
[Schizophrenia(Childhood)]</td><td>조현병(아동기)
[Schizophrenia(Childhood)]</td></tr>
<tr><td>유아기 치매
(Dementia infantilis : Heller, 1908)</td><td>소아기 붕괴성 장애
(Child disintegrative disorder)</td><td rowspan="4">자폐스펙트럼 장애
(Autism spectrum disorder)</td></tr>
<tr><td>초기 유아기 자폐증
(Early infantile autism : Kanner, 1943)</td><td>자폐성 장애
(Autistic Disorder)</td></tr>
<tr><td>자폐성 사이코패스
(Autistic psychopathy : Asperger, 1944)</td><td>아스퍼거 장애
(Asperger's disorder)</td></tr>
<tr><td>비전형적 성격 발달
(Atypical personality development : Rank, 1949)</td><td>달리 분류되지 않는 광범위성 발달장애
(Pervasive developmental disorder not otherwise specified)</td></tr>
<tr><td>레트 증후군
(Rettsyndrome : Rett, 1966)</td><td>레트 장애
(Rett disorder)</td><td>−</td></tr>
</table>

출처 : 심리학용어사전(2014).

3. 진 단

DSM-IV의 자폐성 장애 및 DSM-5의 자폐스펙트럼 장애의 진단 기준은 다음과 같다. 다만, 개인의 지적 능력, 심리-사회적 발달수준, 생활연령, 공병하는 다른 장애, 제공받은 교육 및 치료 프로그램, 지지 체계 및 생활환경 등에 따라 구체적으로 나타나는 임상 양상과 증상의 심각도에 차이가 있다.

1) DSM-IV-TR(2000)의 진단 기준

자폐성 장애(Autistic Disorder)

A. (1), (2), (3)에서 총 6개 (또는 그 이상) 항목, 적어도 (1)에서 2개 항목, (2)와 (3)에서 각각 1개 항목이 충족되어야 한다.

(1) 사회적 상호작용에서의 질적인 장해가 다음 항목들 가운데 적어도 2개 항목으로 표현된다.

(a) 사회적 상호작용을 조절하기 위한 눈 마주치기, 얼굴 표정, 몸 자세, 몸짓과 같은 다양한 비언어적 행동을 사용함에 있어서 현저한 장해

(b) 발달수준에 적합한 친구 관계 발달의 실패

(c) 자발적으로 다른 사람들과 기쁨, 관심, 성공을 나누지 못한다(예 관심의 대상을 보여주거나, 가져오거나, 지적하지 못함).

(d) 사회적으로나 감정적으로 서로 반응을 주고받는 상호 교류의 결여

(2) 질적인 의사소통장해는 다음 항목들 가운데 적어도 1개 항목으로 표현된다.

(a) 구두 언어발달의 지연 또는 완전한 발달 결여(몸짓이나 흉내 내기와 같은 의사소통의 다른 방법에 의한 보상 시도가 수반되지 않음)

(b) 적절하게 말을 하는 경우, 다른 사람과 대화를 시작하거나 지속하는 능력의 현저한 장해

(c) 상동증적이고 반복적인 언어나 괴상한 언어의 사용

(d) 발달수준에 적합한, 자발적이고 다양한 가상적 놀이나 사회적 모방 놀이의 결여

(3) 제한적이고 반복적이며 상동증적인 행동이나 관심, 활동이 다음 항목들 가운데 적어도 1개 항목으로 표현된다.

(a) 강도나 초점에 있어서 비정상적인, 한 가지 이상의 상동증적이고 제한적인 관심에 집착
(b) 특이하고 비효율적인, 틀에 박힌 일이나 의식에 고집스럽게 매달림
(c) 상동증적이고 반복적인 동작성 매너리즘(예 손이나 손가락으로 딱딱 때리기나 틀기, 또는 복잡한 몸 전체 움직임)
(d) 대상의 부분에 지속적으로 몰두

B. 다음 영역 가운데 적어도 한 가지 영역에서 기능이 지연되거나 비정상적이며, 3세 이전에 시작된다.
(1) 사회적 상호작용
(2) 사회적인 의사소통에서 사용되는 언어
(3) 상징적 또는 상상적 놀이

C. 장해가 레트 장애 또는 소아기 붕괴성 장애로 잘 설명되지 않는다.

2) DSM-5(2013)의 진단 기준

A. 다양한 맥락에 걸쳐 사회적 의사소통과 사회적 상호작용의 결함이 지속적으로 나타나며 현재 또는 과거에 다음과 같은 양상으로 표현됨(예시된 내용은 증례 중 하나일 뿐 절대적인 것은 아님).
1. 사회적-정서적 상호작용 및 범위에서의 결함. 예를 들어, 비정상적인 사회적 접근; 상호 주고받는 대화를 정상적으로 나누지 못함; 관심이나 감정, 정서를 공유하지 못함; 사회적 상호작용을 개시 또는 반응하지 못함
2. 사회적 상호작용을 위해 사용되는 비언어적 의사소통 행동에서의 결함. 예를 들어, 언어적, 비언어적 의사소통을 잘 통합하지 못함; 눈 맞춤과 신체적 언어 사용이 비정상임 또는 제스처 이해와 사용에서의 결함; 얼굴 표정과 비언어적 의사소통이 전반적으로 결여
3. 관계를 발달시키고 유지하고 이해함에 있어서 결함. 예를 들어, 다양한 사회적 맥락에 맞게 행동을 조정하는 데에 어려움을 보임; 상상놀이를 공유하거나 친구 사귀기에 어려움을 보임; 또래들에 대한 흥미 결여

현재의 심각도에 대한 세분화 :
심각도(severity)는 사회적 의사소통의 손상 및 제한적이고 반복적인 행동 패턴에 근거함

B. 제한적이고 반복적인 행동 패턴이나 관심, 활동이 현재 또는 과거에 다음과 같은 항목들 중 적어도 두 가지 이상으로 표현됨(예시된 내용은 증례 중 하나일 뿐 절대적인 것은 아님).

1. 상동증적, 반복적인 동작 운동, 사물의 사용 또는 언어 사용(예 단순 상동증적 운동; 장난감을 줄 세워 놓음; 사물을 툭툭 던짐; 반향어증; 개인 특유의 문구 사용 등)
2. 같은 방식을 요구함, 일상적 활동을 융통성 없이 고수함, 의례적인 언어적 또는 비언어적 행동 패턴(예 사소한 변화에도 극도로 고통스러워 함; 변화를 어려워함; 사고방식이 경직되어 있음; 의례적인 행동; 매일 같은 길로만 다니려고 하거나 같은 음식만 먹으려고 함)
3. 흥미가 매우 제한적이며 고정되어 있는데, 흥미의 강도나 초점 면에서도 비정상임(예 특이한 사물에 대해 강한 애착 또는 집착을 보임; 흥미가 지나치게 한정되어 있고 반복적임)
4. 감각 입력이 과도하게 활성화되거나 과소 활성화됨. 또는 환경 내에서 특정 감각 양상에 특이한 관심을 보임(예 고통/ 온도에 명백하게 무관심함; 특정 소리, 재질에 혐오 반응을 보임; 사물을 지나치게 냄새 맡거나 만짐; 빛이나 움직임을 주시하고 시각적으로 즐김).

현재의 심각도에 대한 세분화 :
심각도(severity)는 사회적 의사소통의 손상 및 제한적이고 반복적인 행동 패턴에 근거함

C. 초기 발달 기간 동안 증상이 나타나야 함(다만, 제한된 능력을 넘어서는 사회적 요구가 있어야 비로소 명백하게 나타날 수 있음 또는 이후에 학습한 전략을 사용해 가장할 수 있음).

D. 증상이 사회적, 직업적 또는 현재 기능 중 여타의 중요한 영역에서 임상적으로 유의한 손상을 초래함

E. 이러한 장해가 지적장애(지적발달장애) 또는 전반적 발달지연으로 더 잘 설명되지 않음. 지적장애와 자폐스펙트럼 장애는 흔히 동반되어 나타남; 자폐스펙트럼 장애와 지적장애, 사회적 의사소통장애를 함께 진단 내리려면, 예상되는 일반적인 발달수준 이하여야 함

주의

DSM-IV의 자폐성 장애, 아스퍼거 장애, 또는 달리 분류되지 않는 광범위성 발달장애로 확실하게 진단받은 사람이라면 자폐스펙트럼 장애로 진단내릴 수 있다. 사회적 의사소통에 현저한 결함을 보이지만 자폐스펙트럼 장애의 준거의 다른 증상에 해당되지 않는다면, 사회적 의사소통장애에 대해 평가가 이루어져야만 한다.

세분화할 것
지적 손상이 동반됨 또는 동반되지 않음
언어 손상이 동반됨 또는 동반되지 않음
익히 알려진 의학적 또는 유전적 상태나 환경적 요인과 연관됨
(부호화 주의사항 : 관련된 의학적 또는 유전적 상태를 확인하여 추가적으로 부호화할 것)
다른 신경발달장애, 정신장애 또는 행동장애와 연관됨
(부호화 주의사항 : 관련된 신경발달장애, 정신장애 또는 행동장애를 확인하여 추가적으로 부호화할 것)
긴장증이 있음(다른 정신장애와 관련된 긴장증의 준거를 참고할 것)
(부호화 주의사항 : 긴장증의 공병이 확인되면 자폐스펙트럼 장애와 연관된 긴장증에 대해 293.89 [F06.1]을 추가 부호화할 것)

출처 : 한국심리학회(2014. 4). 심리학용어사전. http://www.koreanpsychology.or.kr (https://m.terms.naver.com/entry.nhn?docId=2094296&cid=41991&categoryId=41991)

DSM-5의 자폐스펙트럼 장애는 Kanner의 초기 유아기 자폐증에서부터 통용되는 고기능 자폐, 비전형적인 자폐증이라든지 DSM-IV의 아스퍼거 장애, 달리 분류되지 않는 광범위성 발달장애, 소아기 붕괴성 장애 등을 모두 아우른다(APA, 2013). 자폐스펙트럼 장애는 이와 같이 자폐 관련 장애들을 별개의 독립적인 장애가 아닌 동일한 연속선상에서 자폐 상태의 심각도나 지능 및 심리·사회적 발달의 정도에 따라 발현되는 임상 양상에 차이가 있다고 본다.

특히 사회적 의사소통 및 제한적, 반복적 행동에 따라 심각도를 세 단계로 구분하는데, 수준 3은 "매우 많은 도움과 지지가 필요함", 수준 2는 "상당한 도움과 지지가 필요함", 수준 1은 "도움과 지지가 필요함"이다.

이전 자폐성 장애 진단 준거에서는 핵심 증상 중 하나인 의사소통의 질적인 이상과 관련해 언어 능력의 제한에 초점을 맞추어 기술했으나, DSM-5에서는 사회적 상호작용의 취약성을 더 광의의 개념으로 기술하며 언어적, 비언어적 의사소통 문제 역시 이러한 맥락에서 기

술하고 있다. 또한 반향어를 비롯한 상동증적 언어 사용은 제한적이고 반복적인 행동 패턴 중 한 양상으로 보았다. 한편, 다른 증상 없이 사회적 상황에서 언어적, 비언어적 의사소통의 문제만 보이는 경우에는 의사소통장애(communication disorder) 범주에 속하는 '사회적 의사소통장애(social communication disorder)'로 분류했다.

자폐스펙트럼 장애의 병인이 명확히 확인되지는 않았지만, 의학적 상태(예 간질) 또는 유전적 상태(예 레트 증후군, 취약성 X 증후군, 다운증후군), 환경적 요인(예 태내 알코올 증후군, 출생 시 저체중 등) 등의 취약성이 확인되었으며, DSM-5에서는 이에 따라 자폐스펙트럼 장애의 진단을 세분화하도록 했다. 최근의 신경생물학적 연구를 통해 지속적인 원시적 반사 반응, 거두증(macrocephaly), 뇌 형태 및 세포 구조의 변화, 얼굴 지각을 담당한다고 알려진 방추상안면 영역(fusiformfaceregion)의 반응성 감소 등이 보고되었다(Martin & Volkmar, 2007).

자폐스펙트럼 장애에 대해 약물치료를 포함해 행동 수정 기법, 교육적 개입, 정신치료, 식이 요법 등 다양한 영역의 개입이 이루어지고 있으나, 이와 같은 개입 기법의 효과에 대해 체계적인 검증이 이루어지지는 못했다. 다만, 기본적인 사회적 의사소통 및 대인관계 기술을 습득하기 위한 교육 프로그램, 부적절한 행동 문제를 감소시키고 적응 행동을 증가시키는 데에는 행동 수정 기법이 유용하다. 특히, 이와 같은 프로그램은 매우 구체적이고 행동적 수준에서 이루어져야 하며, 주 양육자가 조력자로 참여하여 장기간 유지할 때 효과적이다(오승아, 2021).

4. 국내 장애 판정 기준

자폐스펙트럼 장애에 대한 국내의 장애 판정 기준을 살펴보면 다음과 같다(보건복지부, 2013).

- 1급 : ICD-10의 진단 기준에 의한 전반성 발달장애(자폐증)로 정상 발달의 단계가 나타나지 아니하고 IQ 70 이하이며, 기능 및 능력의 장애로 인하여 전반적 발달 척도(GAS) 점수가 20 이하인 사람
- 2급 : ICD-10의 진단 기준에 의한 전반성 발달장애(자폐증)로 정상 발달의 단계가 나타나지 아니하고 IQ 70 이하이며, 기능 및 능력의 장애로 인하여 전반적 발달 척도(GAS) 점수가 21~40인 사람
- 3급 : ICD-10의 진단 기준에 의한 전반성 발달장애(자폐증)로 정상 발달의 단계가 나타나지 아니하고 IQ 71 이상이며, 기능 및 능력의 장애로 인하여 전반적 발달 척도(GAS) 점수가 41~50인 사람

자폐성 장애의 판정을 위해서는 의료기관의 정신건강의학과(소아정신건강의학과) 전문의로부터 정확한 진단을 받아야 한다. 이때 해당 전문의는 원인 질환 등에 대해 충분한 치료 후에도 장애가 고착되었음을 진단서, 소견서, 진료 기록 등으로 확인해야 한다.

자폐성 장애는 ICD-10에 근거해 자폐성 장애의 진단명을 확인함과 동시에 전문의의 임상적 판단 또는 자폐증 평정 척도(K-CARS)를 비롯해 다양한 자폐성 척도를 사용한 심각도 평정을 통해 자폐성 장애의 상태를 확인해야 하며, 이로 인한 정신적 능력의 장애 상태를 확인하여 종합적인 등급을 판정한다.

앞에서 기술한 자폐성 장애의 진단 및 재판정 시기는 다음과 같다.

- 전반적 발달장애(자폐증)가 확실해진 시점(최소 만 2세 이상)에서 장애를 진단한다.
- 만 6세 미만에서 지적장애 판정을 받았다면 만 6세 이상~만 12세 미만에서 재판정을 실시해야 한다. 만 6세 이상~만 12세 미만 기간에 최초로 지적장애 판정 또는 재판정을

받았더라도 향후 지적장애 상태의 변화가 예상된다면, 만 12세 이상~만 18세 미만에 재판정을 받아야 한다.

- 수술, 치료, 의료적 조치 등으로 기능 회복이 예상되는 경우 장애 판정을 처치 후로 유보해야 한다. 단, 1년 이내에 국내 여건 또는 장애인의 건강 상태 등으로 인해 수술이나 치료 등을 하지 못하는 경우는 예외로 하되, 필요한 시기를 지정하여 재판정하도록 한다.
- 향후 장애 정도의 변화가 예상되는 경우 반드시 재판정을 받도록 한다. 재판정의 시기는 최초 진단일로부터 2년 이상 경과한 후로 하며, 2년 이내에 장애 상태의 변화가 예상될 때에는 장애 진단을 유보해야 한다.
- 재판정이 필요한 경우 장애 진단을 하는 전문의는 장애 진단서에 그 시기와 필요성을 구체적으로 명시해야 한다(이원혜 경희대학교병원 정신건강의학과, 2014).

DSM-5에서는 자폐 장애가 자폐스펙트럼 장애로 명칭이 변경되었고 자폐 장애 진단 기준에도 여러 가지 변화가 있었다. 첫째, 차원적 접근을 시도하면서 아스퍼거 장애와 달리 분류되지 않는 광범위 발달장애는 자폐스펙트럼 장애로 통합되었다. 둘째, 자폐 장애의 3세 이전 발병 기준이 자폐스펙트럼 장애에서는 초기 아동기로 완화되었다. 셋째, 자폐스펙트럼 장애의 심각도 수준을 추가적으로 명시하였다. 넷째, 지적 손상의 유무, 언어적 손상의 유무, 알려진 의학적이거나 유전적 상태 또는 환경적 요인과 관련성, 기타 신경발달장애, 정신장애 또는 행동장애와의 관련성, 그리고 긴장병의 유무를 명시하였다. 다섯째, 레트 장애와 아동기 붕괴성 장애는 삭제되었다. 여섯째, 사회적 의사소통에 뚜렷한 결함을 가졌으나 자폐스펙트럼 장애의 기준에 맞지 않는 개인은 사회적 의사소통장애로 진단될 수 있다(이순민, 2014).

장애의 정도는 매우 다양하지만 대부분의 환자 및 그 가족의 삶에 미치는 영향은 매우 강력하며 지속적이다. 자폐스펙트럼 장애는 종종 지적장애와 관련이 있으며, 자폐스펙트럼 장애와 지적장애를 구분하는 것은 어려울 수 있다. 자폐스펙트럼 장애 환자 중 약 90% 정도는 감각 이상을 보인다. 일부는 밝은 빛이나 큰소리를 싫어하고 심지어 일부는 특정 직물이나 기타 표면의 까슬까슬한 촉감을 싫어하기도 한다. 소수지만 일부는 인지적으로 특출한 능력을 보인다. 계산이나 음악, 기계적인 기억력에서 특별한 능력을 보이며, 때로는 그 정도가 서번트 증후군 수준에 해당하기도 한다.

영화 「말아톤」(2005)은 실제 자폐스펙트럼의 특징을 아주 잘 표현한 영화이며, 실화를 바탕으로 한 영화로 장애의 특징을 잘 이해해 볼 수 있는 영화였다. 장애 특성상 상동 행동은 완벽히 제거하기 어렵고 상황이나 대상에 적응도를 높이는 것이 가장 적절한 대처법이다. 이 영화에서도 일상적으로 반복되지만 지켜야 할 자조기술에 대한 부분은 계속 언어로 암송하고 반복훈련을 하도록 함으로써 생활에 적응도를 높이도록 하고 있다. 위험에 대한 인지나 자신의 한계 설정에 제한이 있어 운동장을 100번 돌라고 하는 무심코 던진 코치의 말에 심장이 터질지도 모를 정도로 무리하게 지속하는 모습을 보이면서 좋아하는 활동은 열심히 하는구나 하는 감동보다는 이 장애의 특징을 엿볼 수 있는 부분이라 더 걱정스럽기도 했다. 유아의 경우 실제로 자동차에 대한 위험인지가 되지 않아 조금만 주의를 소홀히 하면 도로 한복

판으로 유아가 나가는 경우도 있고 높은 난간에 서 있기도 한다. 그래서 교육이나 치료 시 위험에 대한 교육이나 훈련이 가장 먼저 선행되어야 할 내용이기도 하다.

서번트 증후군을 가진 변호사를 주인공으로 한 드라마 「이상한 변호사 우영우」(2022)

자폐스펙트럼 장애와 관련이 있는 신체적 상태로는 페닐케톤뇨증, 취약 X염색체 증후군, 결절성 경화증, 태아기 문제의 과거력이 있다. 동반되는 정신질환으로는 불안장애(매우 흔함)와 우울증(2~30%), 강박장애(약 1/3), ADHD(50% 이상), 지적장애(약 50%), 뇌전증(25~50%)이 있다. 일부 환자는 초기 불면증이나 수면 욕구의 감소를 보고하며, 심지어 낮에 자고 밤에 깨어 있기도 한다. 최근 연구들에서, 신장, 유방, 결장, 뇌, 피부 관련 암의 원인이 되는 유전자와 자폐증 사이의 관련성이 보고되고 있다.

과거 진단인 자폐 장애, 레트 장애, 아스퍼거 장애, 소아기 붕괴성 장애를 포함하면, 자폐스펙트럼 장애의 전체 유병률은 일반 집단에서 아동 1,000명 중 대략 6명에 해당하며, 일부 연구에서는 이보다 더 높게 보고되고 있다. 최근 그 수는 증가 추세에 있는데, 이는 부분적으로 자폐스펙트럼 장애에 대한 인식이 증가했기 때문인 것으로 보인다. 자폐증은 모든 문화에서, 그리고 모든 사회경제적 집단에서 나타난다. 남아의 비율이 여아보다 2배 정도 높지만(4배에 이르기도 함), 여아가 심각할 가능성이 더 높다(남아 아스퍼거 장애는 여아에 비해 비율이 훨씬 높다). 자폐스펙트럼 장애 환자의 형제자매 역시 동일한 장애가 나타날 위험성이 굉장히 높다.

자폐스펙트럼 장애의 핵심 특징

초기 아동기부터 타인과의 접촉은 환자의 기능과 관련된 모든 영역에 상당한 영향을 미친다. 자폐스펙트럼 장애의 사회적 관계는 경도 손상부터 상호작용이 거의 완전히 불가능한 정도까지 다양하다. 단지 흥미와 경험을 다른 사람과 공유하는 정도가 떨어지는 경우도 있지만, 일부는 아예 타인에게 접근을 시도하지 않거나 타인의 접근에 대해 전혀 반응을 보이지 않는다. 대부분의 사람들이 사용하는 일반적인 신체적 신호(예 눈 맞춤, 손짓, 미소, 고개 끄덕임)를 거의 사용하지 못한다. 타인과의 관계가 손상되어 있어, 다양한 사회적 상황에 맞추어 행동을 조절하는 데 문제를 보인다. 타인에 대한 일반적 관심이 부족하며, (관심이 있다고 하더라도) 좀처럼 친해지기 힘들다.

이들의 활동 및 흥미는 반복적이며 그 초점이 협소하다. 정해진 것에서 조금만 변화가 있어도 저항한다(예 점심시간마다 똑같은 메뉴를 요구하거나, 이미 대답을 들었음에도 질문을 끊임없이 반복함). 특정 동작(예 빙빙 돌기)이나 대상의 한 부분에 몰두한다. 자극(예 고통, 큰소리, 극도의 온도)에 대한 반응이 약하거나, 아니면 반대로 너무 강할 수 있다. 일부는 감각 경험에 비정상적으로 몰두하기도 한다. 시각적 움직이나 특이한 냄새에 몰두하며, 때로는 특정 소리나 특정 직물의 감촉에 두려움을 느끼고 이를 거부하기도 한다. 특이한 말을 하거나 상동증적 행동(예 손뼉치기, 몸 흔들기, 반향어)을 보이기도 한다.

- 놓치기 쉬운 주의사항

  다양한 수준의 자폐스펙트럼 장애가 존재할 수 있음에 주의하자. DSM-IV에서는 별도의 진단 및 진단부호를 부여했으나, 현재는 더 이상 그렇지 않다. 특히 과거 진단되었던 아스퍼거 장애의 경우 상대적으로 가벼운 수준에 해당한다. 아스퍼거 장애 환자 중 다수는 언어적 의사소통은 꽤 양호하지만 타인과 사회적 유대감을 형성하는 데 필요한 기술은 부족하다.

- 기간(초기 아동기부터, 하지만 이후 사회화 요구가 증가는 시기에 증상이 드러날 수도 있음)
- 고통 혹은 장애(직업적/ 학업적, 사회적 혹은 개인적 손상)
- 감별진단(정상 아동도 강한 선호를 갖고, 반복행동을 즐길 수 있다. 지적장애, 상동증적 운동장애, 강박장애, 사회불안장애, 언어장애 또한 고려하라.)

• 부호화 시 주의점

다음의 경우 명시할 것

- 지적 손상을 동반하는 경우/ 동반하지 않는 경우
- 언어 손상을 동반하는 경우/ 동반하지 않는 경우
- 알려진 의학적, 유전적 상태 또는 환경적 요인과 연관된 경우
- 다른 신경발달, 정신 또는 행동장애와 연관된 경우
- 긴장증 동반

심각도를 명시할 것(사회적 의사소통과 제한적 반복적 행동을 구분해서 평가할 필요가 있음)

• 사회적 의사소통

- 1단계(경도) : 대화를 시작하는 데 문제가 있거나 다른 사람과의 대화에 별다른 관심이 없어 보임. '지원이 필요한 수준'으로 부호화함
- 2단계(중등도) : 언어적 및 비언어적 의사소통 모두 현저한 결함이 있음. '상당한 지원을 필요로 하는 수준'으로 부호화함
- 3단계(고도) : 타인의 접근에 거의 반응이 없으며, 이로 인해 기능수준이 현저히 제한적임. 대개 말하기가 몇몇 단어로 제한됨. '매우 상당한 지원을 필요로 하는 수준'으로 부호화함

• 제한적이고 반복적인 행동

- 1단계(경도) : 변화가 있을 경우 적어도 한 가지 활동 영역에서 문제가 발생함. '지원이 필요한 수준'으로 부호화함
- 2단계(중등도) : 변화에 대처하는 데 있어 문제가 쉽게 드러나며, 이로 인해 여러 활동 영역의 기능에 방해가 됨. '상당한 지원을 필요로 하는 수준'으로 부호화함
- 3단계(고도) : 변화를 대단히 힘들어하며, 이러한 행동의 경직성이 모든 활동 영역에 영향을 미침. 심한 고통을 유발함. '매우 상당한 지원을 필요로 하는 수준'으로 부호화함

출처 : 신민섭 외(2018).

관련 기사

왜 4살 형우는 주말 아침에만 키즈카페에 올까

자페스펙트럼 장애 아동, 소셜 로봇 치료 '효과적'

제 5 장

의사소통장애

제5장 의사소통장애

1. 정 의

Van Riper(1973)는 언어장애를 말씨가 보통사람과 현저하게 달라서 듣는 사람이 그 말씨 자체에 주위가 끌려 의사소통에 방해가 되거나 또는 그런 말씨를 쓰는 사람에게 부적응을 일으키는 경우 말은 장애를 입고 있다고 설명하고 있다.

2. 유형 및 특성

언어병리학에서 말하는 언어장애에는 조음장애, 음성장애, 실어증, 유창성 장애가 있고, 구체적으로 기질적인 문제가 주요 원인이 되는 구개열의 조음장애, 뇌성마비로 인한 언어장애가 있다. 또한 아동의 발달이라는 측면에서 언어발달지체, 언어발달장애로 구분하고 있다(황성원 외, 2010).

언어장애에서 또 한 가지 생각해야 할 것은 특수장애가 원인이 되는 유형들이다. 정신지체(지적장애)로 인한 언어장애, 정서장애로 인한 언어장애, 학습장애아의 언어장애, 난청 또는 농(deaf)으로 인한 언어장애, 자폐증으로 인한 언어장애가 이에 속한다. 이들 특수장애로 인한 언어장애는 모두 기질적 장애라고 할 수 있다(언어병리학회, 1994).

의사소통장애(Communication Disorder)에는 표현, 말, 그리고 의사소통의 결함을 포함한다. 말(speech)은 소리의 표현 산출로 개인의 조음, 유창성, 음성 및 울림의 특성이 포함된다. 표현(language)은 상징들(예 구어, 수화, 문어, 그림)의 관습적 체계의 방식, 기능 및 사용을 말한다. 의사소통은 다른 개인의 행동, 생각 또는 태도에 영향을 미치는 언어적, 비언어적 행동(의도적이건 의도하지 않았던 간에)을 포함한다. 말, 표현 및 의사소통능력에 대한 평가는 개인의 문화적, 언어적 맥락, 특히 이중언어 환경에서 자라는 개인의 경우를 고려해야 한다(APA, 2013 재인용)

의사소통장애는 DSM－IV－R과 비교해서 DSM－5에서는 언어장애나 사회적, (실용적) 의사소통장애가 추가되었으며, 음운장애(Phonological Disorder)가 말소리장애로, 그리고 말더듬증(Stuttering)이 아동기 발병 유창성 장애(말더듬)로 명칭이 변경되었다(이순민, 2014).

결론적으로 2013년 개정된 정신질환 진단 및 통계편람(DMS－5)에서는 DSM－IV에서의 의사소통장애를 재분류하면서 아동기에 주로 발현되는 특징에 주목하고 자폐 범주의 장애와 같이 다른 장애와 함께 나타나는 의사소통장애와 구분하였다. DSM－IV에서는 표현성 언어장애, 혼재 수용－표현성 언어장애, 음성학적 장애, 말 더듬기, 달리 분류되지 않는 의사소통장애로 분류되었던 것이 DSM－5와 DSM－5－TR에서는 언어장애(language Disorder), 말소리장애(Speech Sound Disorder), 아동기 발병 유창성 장애(Childhood－Onset Fluency Disorder), 사회적 의사소통장애(Social Communication Disorder) 및 기타 분류된 그리고 분류되지 않는 의사소통장애들(Other Specified and Unspecified Communication Disorder)로 재편되었다(권준수 외, 2024; 오승아, 2015; 2021).

위와 같이 언어장애의 유형을 봐도 알 수 있듯이 언어장애는 말과 언어의 외형적인 현상뿐만 아니라 인간의 개체, 인간이 구성하는 사회, 인간의 생리, 인지, 사회성 발달, 그리고 인간 성장의 모든 요소를 포함하는 인간세계 전체와 관련되어 있다는 것을 알 수 있다.

3. 특 징

의사소통장애는 일반적으로 구어장애와 언어장애로 분류할 수 있다.

<표 5-1> 의사소통장애의 분류

구어장애	말로 표현되는 의사소통에서의 결함을 의미하는 것으로, 정확한 말소리를 내는 데 어려움이 있는 조음장애, 부적절한 속도나 리듬, 동일한 단어의 반복이 특징적으로 나타나는 유창성 장애, 성대 혹은 호흡기관의 이상으로 인한 말소리에서의 이상, 신체적인 결함은 없지만 부적절한 높낮이 또는 길이로 의사소통의 어려움을 동반하는 음성장애로 분류할 수 있다.
언어장애	음운, 형태, 구문 등 의미가 부여된 추상적 상징체계에 의한 의사소통에서의 어려움을 의미한다. 언어장애는 3세 이후에도 자발적으로 언어를 사용하지 않는 증상이 특징적인 무음장애, 기능적 결함이 없음에도 일반적인 언어 사용과는 전혀 다른, 의미가 없거나 상황에 부적절한 말을 하는 음질장애, 정상 아동에 비해 언어발달 속도가 현저히 느린 언어발달 지체, 일정 기간 동안의 정상적인 언어발달 후 사고나 질병 등으로 인한 청각, 뇌기능의 손상으로 언어장애가 생긴 언어발달간섭을 포함한다.

1) 언어장애

언어장애(Language Disorder)는 단어, 문장 구조 및 담화의 이해나 산출에서의 손상 때문에 언어의 습득이나 사용에 어려움을 겪는 장애이다. 언어장애를 가진 아동은 어휘가 제한되어 있거나 짧고 단순한 구조의 말을 주로 사용하며 어순이나 시제가 잘못된 언어적 표현을 사용하며, 단어나 어휘를 부적절하게 사용하고, 문장의 주요 부분을 생략하며, 길고 복잡한 문장을 만들지 못한다. 대화능력에 장애가 있을 수 있다.

DSM-5-TR의 언어장애 진단 기준은 DSM-5의 언어장애 진단 기준과 동일하다.

※ DSM-5-TR의 언어장애 진단 기준

A. 다음을 포함하는 이해력 또는 산출력에서의 결함에 의한, 여러 양상에 걸친 언어의 습득과 사용에서의 지속적인 어려움들(예시 : 구어, 문어, 수화, 또 다른 언어)
  1. 축소된 어휘(단어 지식과 사용)
  2. 제한된 문장 구조(문법과 형태론의 규칙에 바탕을 둔 문장들을 형성하기 위해 단어와 단어 어미를 조합하는 능력)
  3. 담화(한 주제나 일련의 사건들을 설명하거나 묘사하기 위해 어휘를 사용하고 문장을 연결하는 능력)의 손상

B. 언어능력이 그 나이에 기대되는 것보다 상당하게 그리고 정량화하게 못 미치며, 효율적인 의사소통, 사회적 참여, 학업성취, 직업수행, 각각의 또는 복합적인 기능적 제한을 초래함

C. 증상이 초기 발달시기에 시작됨

D. 청력이나 다른 감각 손상, 운동신경 기능장애나 다른 의학적 또는 신경학적 상태에 기인하지 않으며, 지적발달장애(지적장애)나 전반적 발달지연에 의해 더 잘 설명되지 않음

출처 : 권준수 외(2024); 이순민(2014).

2) 말소리장애

말소리를 생성하는 것은 음소(즉, 개별적 소리)를 또렷이 소리 내어 구어를 조합하는 것이다. 말하기 위해서는 말소리에 대한 음성학적 지식, 조음 기관(즉, 턱, 혀, 그리고 입술)의 움직임과 더불어 말하기 위한 호흡과 발성을 조절하는 능력이 모두 필요하다. 발음이 어려운 유아동들은 말소리에 대한 음성학적 지식이나 말하기 위해 다양한 수준의 움직임을 협응하는 능력에서 어려움을 겪을 수 있다. 따라서 말소리장애는 음성학적 장애와 조음장애를 포함한다.

말소리장애는 말소리의 생성이 개인의 연령과 발달단계에 기대되는 수준에 맞지 않고 이런 결함이 신체적, 구조적, 신경학적 또는 청력 손상의 결과로 발생한 것이 아닐 때 진단된다. 발달단계로 보면 연령이 높아질수록 말의 명료도가 높아지는 것이 일반적이다. 예를 들면, 3세 유아의 말은 거의 알아들을 수 있는 반면에 2세 유아의 말은 단지 50% 정도만 이해할 수 있다. 남아가 여아보다 말소리장애가 흔히 나타나며, 남녀비율로는 1.5 : 1에서 1.8 : 1 정도이다.

※ DSM-5-TR의 말소리장애 진단 기준

A. 말소리 생성에 지속적인 어려움이 있어서 언어 명료도를 방해하거나 언어적 의사소통을 막음

B. 효과적인 의사소통, 사회적 참여, 학업성취 또는 직업수행에 각각 혹은 복합적으로 제한을 초래함

C. 증상이 초기 발달시기에 시작됨

D. 뇌성마비, 구개열, 난청 또는 청력 소실, 외상성 뇌손상이나 다른 의학적 또는 신경학적 상태에 기인하지 않음

출처 : 권준수 외(2024); 이순민(2014).

3) 아동기 발병 유창성 장애(말더듬)

개인의 연령에 부적절한 언어능력의 평균 유창성과 시간 패턴에서의 장애가 주요 특징이다. 소리나 음절의 빈번한 반복이나 연장, 그리고 언어의 유창성 곤란의 다른 유형들(단어 내에서의 머뭇거림, 문제가 되는 단어들을 피하기 위해 단어 대체, 과도한 신체적 긴장과 함께 첫음이 막히거나 오랫동안 연장해서 단어를 말함, 단음절로 된 단어 단위 반복)의 증상이 나타난다. 심리적인 원인이 대부분으로 심리치료가 병행되어야 치료적 효과가 있다.

※ DSM-5-TR의 아동기 발병 유창성 장애(말더듬) 진단 기준

A. 개인의 나이와 언어 기술에 적절하지 않은 말의 평균 유창성과 시간 패턴에서의 장애들이 시간이 지나도록 지속되며, 다음 중에서 하나(또는 그 이상)의 빈번하고 뚜렷한 발생으로 특징지어짐

1. 소리와 음절 반복들
2. 모음뿐만 아니라 자음의 소리 연장
3. 깨진 단어(예시 : 한 단어 내의 머뭇거림)
4. 들을 수 있거나 들을 수 없는 차단(말하는 중에 소리를 내거나 아무 소리도 내지 않는 끊김)
5. 우회적으로 말하기(문제가 되는 단어들을 피하는 단어 대체)
6. 과도한 신체적 긴장과 함께 단어들이 산출됨
7. 단음절로 된 단어 단위 반복(예시 : "나-나-나 그를 보았다.")

B. 말하기에 불안감을 야기하거나 효과적인 의사소통, 사회적 참여, 학업성취, 직업수행에 각각 혹은 복합적으로 제한을 초래함

C. 증상이 초기 발달시기에 시작됨
주 : 늦게 시작된 경우들은 성인 발병 유창성 장애로 진단됨

D. 장애는 음성 운동, 감각 결함, 신경학적 손상에 연관된 눌변(예시 : 뇌졸중, 종양, 외상)이나 다른 의학적 상태에 기인하지 않으며, 다른 정신장애에 의해 더 잘 설명되지 않음

출처 : 권준수 외(2024); 이순민(2014).

4) 사회적(실용적) 의사소통장애

화용론(pragmatics) 또는 언어와 의사소통의 사회적 사용에 대한 주요 어려움이 특징이다. 자연스러운 상황에서 언어적·비언어적 의사소통의 사회적 법칙을 이해하거나 따르는 것, 듣는 사람의 욕구와 상황에 따라 언어를 바꾸는 것, 대화 및 이야기를 하는 데에서의 규칙을 따르는 데 결함을 나타낸다(이순민, 2014).

※ DSM-5-TR의 사회적(실용적) 의사소통장애 진단 기준

A. 언어적·비언어적 의사소통의 사회적 사용에서 지속적인 어려움이 있고 다음과 같은 양상이 모두 나타남

1. 사회적 맥락에서 적절한 방식으로 인사하기, 정보 공유하기와 같은 사회적 목적의 의사소통 사용의 결함
2. 놀이터에서와는 다르게 교실에서 말하기, 성인과는 다르게 아동에게 말하기, 과잉으로 격식을 차린 언어 사용을 피하기 등과 같은 문맥 또는 듣는 사람의 욕구에 맞춰 의사소통을 바꾸는 능력에 있어서의 손상
3. 대화에서 교대로 말하기, 제대로 이해받지 못했을 때 재표현하기, 상호작용을 규제하기 위해 언어적·비언어적 신호들을 어떻게 사용하는지 알기 등과 같은 대화와 이야기하기의 규칙들을 따르는 데 어려움
4. 명백하게 진술된 것이 아닌 것(예시 : 추론하기)과 언어의 문자 그대로가 아니거나 애매모호한 의미들(예시 : 관용구, 유머, 은유들, 문맥에 따라 해석이 다양한 의미들)은 이해하기 어려움

B. 효과적 의사소통, 사회적 참여, 사회적 관계들, 학업성취, 직업수행에 각각 혹은 복합적인 기능적 제한을 초래함

C. 증상이 초기 발달시기에 시작됨(하지만 사회적 의사소통에 대한 요구가 제한된 능력을 초과하기 전까지 결함들은 완전히 드러나지 않을 수도 있음)

D. 증상은 다른 의학적이거나 신경학적 상태, 또는 단어 구조와 문법의 분야에 대한 낮은 능력에 기인하지 않으며, 자폐스펙트럼 장애, 지적발달장애(지적장애), 전반적 발달지연이나 다른 정신장애에 의해 더 잘 설명되지 않음

출처 : 권준수 외(2024); 이순민(2014).

4. 원 인

- 선천적 또는 사고, 질병으로 인한 중추신경계
- 뇌 신경 손상
- 구강 기관 또는 얼굴의 기형과 같은 생물학적 원인
- 상황적, 환경적 요인 영향

5. 치료 및 중재

의사소통장애를 가진 아동 또는 성인의 경우 자신의 생각을 표현하는 데 어려움을 겪기 때문에 사회적으로 위축되거나 낮은 자존감을 보일 수 있다. 또한 자폐스펙트럼 장애, 특정 학습장애, ADHD, 지적발달장애 등 다른 장애를 동반하고 있는 경우가 많기 때문에 인지적인 어려움과 학업에서의 부진을 경험할 수 있다.

말실수나 장애 자체에 집중하기보다는 전달하려는 내용에 주목하면서 수용적인 분위기를 조성하고 교사 또는 주변 사람을 통한 모델링, 의사소통 기술 훈련을 제공하는 것이 도움이 된다.

장애의 경중에 따라 사회적인 압박감, 부담 등이 장애를 더욱 심각하게 하는 촉발 요인이 될 수도 있다. 아울러 환경적으로는 신생아가 처음 말을 배우는 과정에서 적절한 자극이나 반응이 주어지지 않을 경우 언어발달이 지체될 수 있다. 정확한 진단과 치료를 위해서는 다양한 원인에 대해서 종합적으로 평가하고 이에 최적화된 개입이 이루어질 필요가 있다.[1]

1) 출처 : 두산백과 http://www.doopedia.co.kr/search/encyber/new_totalSearch.jsp(https://m.terms.naver.com/entry.nhn?docId=3407502&cid=40942&categoryId=31531)

관련 기사

'영유아와 효과적 의사소통' 부모교육 프로그램

영유아 인지 · 언어능력 발달시켜요

의사소통장애 유아의 치료에 있어서 어린이집이나 유치원과 협력 체제의 유지는 중요한 문제이다. 어린이집이나 유치원에서 의사소통장애 유아를 위해 특히 고려할 점은 다음과 같다.

① 유아가 부모와 좋은 인간관계를 갖게 한다

의사소통장애 유아가 있으면 유아 자신뿐만 아니라 부모도 신경질적으로 되는 경우가 많다. 말하는 것은 인간의 여러 가지 활동에 크게 관여하고 있으므로 단순한 의사소통장애 이외의 2차적인 여러 가지 문제를 일으킨다. 특히 심리적인 면에 큰 영향을 준다. 불안정한 심리 상태의 유아와 부모 사이에 교사가 신뢰할 수 있는 인간관계를 형성시키면 유아에게 좋은 영향을 미칠 수 있다.

② 의사소통장애에 관한 지식을 습득한다

의사소통장애 유아의 원인과 실태에 대한 지식을 습득함으로써 올바른 대처방안을 세우고 유아를 지도하는 데 도움이 된다.

③ 교육집단 내에서 지도해야 한다

의사소통장애는 유아를 집단에서 볼 경우에는 빠뜨리게 되는 경우가 많다. 장애의 형태와 치료의 진행 상태에 따라 배려하여야 한다. 특히 의사소통장애로 인해 집단 내에서 소외되지 않고 잘 적응하도록 지도하는 것이 중요하다.

④ 언어치료사와 협력해야 한다

유아교육의 전문가라 할지라도 언어장애에 대해서는 전문가가 아니므로 언어치료사의 의견을 존중하는 태도가 필요하다. 의문점은 항상 확인하고 교육현장에서의 의견을 적극적으로 제시하며 조기에 치료사의 진단과 치료를 받을 수 있도록 배려하여야 한다(박화문 외, 2001).

⑤ 언어활동에의 참여기회의 제공

장애 유아들이 풍부한 언어활동에 참여하도록 격려한다. 장애가 있는 유아들은 또래들과의 상호작용을 가질 기회가 적다. 따라서 그들은 대화기술의 부족을 경험하게 된다. 장애가 있는 유아들의 대화기술을 촉진시키기 위해 인형을 이용하여 말하도록 유도하거나 극놀이에 참여하도록 격려한다.

극놀이에 적극적으로 참여하기 위해서 미리 유아가 놀이영역을 둘러보고 그 영역들에 익숙하도록 한다. 충분히 영역들을 탐구할 시간을 주고 각 유아들이 놀이에서 맡을 역할들을 담당하여 지도하게 한다. 일반 유아 등에게 장애 유아가 지닌 어려움을 소개하고 함께 놀이하며 도움이 필요한 경우 도움을 제공할 수 있도록 장애체험활동을 계획해 본다.

⑥ 장애 유아의 반응격려

장애 유아들이 다른 아동들에게 반응하도록 격려한다.

⑦ 언어모델의 제공

교사는 장애 유아의 모델이 되어야 한다. 교사는 장애 유아들을 관찰하고 그들과 상호작용하면서 유아의 행동을 자연스럽게 묘사하고 서술해 준다. "너는 모래를 파고 있구나", "모래 구멍 안에 있는 건 손이구나" 같은 교사의 서술은 유아의 행동을 묘사해 주고 행동의 의미를 알게 한다. 또한 교사 자신의 하는 행동도 자연스럽게 이야기해 준다. 예를 들면, 유아의 지퍼를 채우면서 "지퍼를 이렇게 양손으로 잡고 길이를 맞추고 있어", "왼손으로 잡고 오른손으로 지퍼를 올리는 거야."

⑧ 단어학습을 위한 경험의 제공

단어의 수를 늘려갈 수 있도록 사물 개념을 위한 단어들을 학습하도록 구체적이고 실질적인 경험을 제공한다. 예를 들면, 간식 시간이 끝난 후 정리하면서 "치우다"를, 간식 먹기 전 손 씻기를 하면서 깨끗하다" 혹은 "닦다"라는 단어를 알려주면 훨씬 쉽게 단어의 의미를 이해할 수 있다. 이때 반복된 일상 경험과 매치하면 빨리 습득 가능하다.

⑨ 흥미로운 언어활동의 제공

언어 사용에 흥미와 즐거움을 줄 수 있는 이야기, 노래, 손유희 등을 사용한다. 특히 책이나 동시 이야기, 노래 등에서 반복되는 재미난 구절은 장애 유아에게 언어의 리듬패턴을 인식하도록 돕는다.

⑩ 언어 사용 기회의 제공

장애 유아들이 배운 언어를 적용하고 사용할 상황을 제공해 준다. 예를 들면, 실외놀이 시간에 공놀이를 하면서 장애 유아가 "공놀이 하자"라고 말했다면 "나는 너랑 공놀이 하고 싶어"라는 식으로 말을 확장시킬 것을 격려한다.

⑪ 다양한 언어의 소개

일반 유아들에게 언어에는 다양한 종류가 있다는 것을 이해하도록 돕는다. 우리 한글 외에 영어, 일본어, 중국어 등과 같은 외국어도 있고 수화와 점자도 있다는 것을 소개한다(강성화 · 김경희, 2008).

다음은 정확한 발음을 위한 훈련 및 부정확한 발음을 예방하기 위한 입 운동이다.

① 입술운동

윗입술과 아랫입술을 입안으로 넣는다.

입술 모양을 둥글게 한다.

위 두 동작을 8회 반복

② 미소 짓기

/u/하듯이 입술을 내민다.

/i/하듯이 미소를 짓는다.

위 동작을 8회 반복

③ 입술 치기

뽀뽀하기

천천히 하던 것을 빨리 하기

④ 입술 개폐

/pa/을 하듯이 입을 크게 벌린다. (최불암 씨 웃음)

빨리 한다. (가능한 한 빨리)

⑤ 억지 웃음과 미소 짓기

입술을 꼭 다문다.

/i/하듯이 웃는다. (8회)

⑥ 미소 짓기와 얼굴 찡그리기

미소를 지으며 입술을 옆으로 벌린다. (8회)

슬픈 표정을 지으며 양 입술을 내린다.

⑦ open says me

입을 크게 벌린다.

반복한다. (8회)

⑧ 입 삐쭉거리기

아랫입술로 윗입술을 덮는다.

윗입술로 아랫입술을 덮는다.

위 동작을 8회 반복

⑨ 편입술 올리기

오른쪽 입술 끝을 위로 올린다. (8회)

왼쪽 입술 끝을 위로 올린다. (8회)

⑩ 혀 탐색 운동

이 훑기

혀 펴기

위아래로 하기

혀 올리기

입술 핥기

턱 내리기

혀 밀기

볼 밀기

위로 밀기

원숭이 입 만들기

제 6 장

특정학습장애

제 6 장 특정학습장애

1. 정 의

특정학습장애는 읽기, 쓰기 및 수학에 관련된 학업기술들을 배우고 사용하는 데 어려움이 있는 장애를 말한다. 미국 「장애인교육법」(IDEA)에서 사용된 용어로, 언어(구어 또는 문어)의 사용과 이해에 관련한 기본적인 심리적 처리 과정에 하나 혹은 그 이상의 장애가 있는 것이다.

이는 듣기, 생각하기, 말하기, 읽기, 작문하기, 철자쓰기, 또는 수학적 계산하기의 불완전한 능력에서 분명하게 나타날 수 있는 장애이며 지각장애, 뇌손상, 미세 뇌기능 이상, 난독증, 발달성 실어증을 포함한다. 그러나 시각, 청각 혹은 운동 감각장애나 정신지체, 정서장애, 또는 환경적·문화적·경제적 결손으로 인한 학습 곤란은 특정학습장애에 포함되지 않는다.

IDEA에서는 학습장애라는 용어를 별도로 사용하는 대신에 특정학습장애라는 용어를 사용함으로써 학습장애는 곧 특정학습장애임을 의미하고 있다. 이 정의는 기본적 심리 과정의 정의에 대한 모호성, 난독증, 미세 뇌기능장애, 지각장애, 발달적 실어증 등과 같은 정의하기 곤란한 용어의 사용, 학습장애 성인의 배제, 학습장애와 다른 장애가 함께 나타날 가능성이 있다는 것에 대한 고려가 없는 것 등이 문제점으로 지적된다. 또한 상황에 따라 학습장애와 특정학습장애는 동일한 의미로 사용되기도 한다. 학자나 기관에 따라 학습장애는 매우 다양하게 정의되고 있다. 우리나라의 경우 학습장애라는 용어가 1994년 「특수교육진흥법」에 등장하였으며, 특정학습장애에 대한 법률적 용어는 사용하고 있지 않다.[1)]

2. 특 성

첫째, 정규 학교교육기간(즉, 발달기간) 중에 핵심 학업기술을 학습하는 데 있어서 지속적인 어려움을 경험하는 것으로 시작되며, 기저의 학습기술 습득의 어려움으로 인해 정상적인 학업기술 습득을 방해할 뿐만 아니라 다른 과목(예 역사, 과학, 사회)의 학습도 방해한다.

둘째, 학습기술에 대한 수행도가 동일 연령 평균보다 낮다.

셋째, 대부분의 학습 문제가 저학년 때 분명해진다.

학령전기에는 특정학습장애와 동반되어 나타날 수 있는 주의집중, 언어 또는 운동기술의 지연이 종종 특정학습장애에 선행하여 나타날 수 있지만 반드시 그런 것은 아니다(김정미 외, 2015). 읽기, 쓰기, 수학의 학습영역에 따른 특정학습장애의 유병률은 미국이나 북아일랜드 등의 학령기 아동에서는 서로 다른 언어, 문화권에 걸쳐 5~15% 정도 나타난다(권준수 외, 2024).

1) 출처 : 특수교육학 용어사전 2009. www.nise.go.kr/main.do?s=nise(https://m.terms.naver.com/entry.nhn?docId=384230&cid=42128&categoryId=42128)

<표 6-1> 학습장애의 특성

학업성취	• 학업성취 문제는 학습장애 주요 특성 • 대부분의 경우 학과목 전반에 걸쳐 성취의 문제 보임 • 읽기능력, 쓰기능력, 수학능력의 어려움
사회·정서적	• 약 75~80% 사회·정서적 문제 보임 • 학습장애 정의에 포함될 정도로 주요 문제로 인식됨 • 학업성취의 어려움, 낮은 자존감, 빈약한 자아개념 → 학습된 무기력/ 사회·정서적 문제 초래 • 사회적 기술 훈련 프로그램 적용의 노력
주의집중 과잉행동	• 과제집중 지시 따르기 등 어려움 • "ADD", "ADHD"(학령기 아동의 3~7%) • DSM-5에서 제시한 ADHD 진단 기준
지각장애	• 시각, 청각, 촉각에 의한 자극인식을 식별하고 해석하는 능력에 미치는 장애 • 자극수용 및 정리, 해석상의 결함 → 학업성취의 부정적인 영향 & 지시 따르기, 사회적 상호작용에 부정적 영향을 미침
인지 기억력	• 인지 : 사고하고 전략을 사용하고 문제를 해결하는 능력 • 기억력의 결함 • 학습전략 사용의 결함 • 단기기억, 작동기억의 결함(학업성취와 관련) • 초인지 결함
동기 귀인	• 학습에 대한 동기의 문제 귀인과 관련·내적 통제소·외적 통제소 • 학습된 무기력 • 교사의 긍정적 반응, 적절한 칭찬, 자극적/ 도전적 환경, 과제완수경험 제공, 효과적 학습전략 습득에 대한 도움 제공 필요

출처 : 이소현·박은혜(2011).

3. 진 단

다음은 DSM−5의 특정학습장애 진단 기준이다.

※ DSM-5의 특정학습장애 진단 기준

A. 이러한 어려움을 목표로 하는 개입들을 제공했음에도 불구하고, 적어도 6개월 이상 지속된 다음 중 하나 이상의 증상이 있는 것으로 나타난 것처럼, 학업기술을 배우고 사용하는 데 어려움이 있음

1. 부정확하거나 느리고 노력이 필요한 단어 읽기(예시 : 단일 단어를 큰소리로 부정확하거나 느리게 그리고 머뭇거리며 읽음, 단어를 자주 추측함, 단어를 발음하는 데 어려움이 있음)
2. 읽은 것의 의미를 이해하는 데 어려움이 있음(예시 : 글을 정확하게 읽을지도 모르나, 순서, 관계, 추론, 또는 읽은 것의 깊은 의미는 이해하지 못할 수 있음)
3. 맞춤법에 어려움이 있음(예시 : 모음이나 자음을 첨가하거나, 빠뜨리거나, 교체할 수도 있음)
4. 쓰기에 어려움이 있음(예시 : 문장들 안에서 다양한 문법적 또는 구두법 실수를 함, 단락 조직을 잘 못함, 생각을 쓴 표현이 명료하지 못함)
5. 숫자 감각, 숫자적 사실(number facts) 또는 계산을 완전히 익히는 데 어려움이 있음(예시 : 숫자, 크기, 관계들에 대한 이해가 부족함, 또래가 하는 것처럼 수학적 사실을 상기하는 대신에 한 자리 숫자들을 더하는 데 손가락으로 계산함, 산수계산 중간에 어떻게 할 줄을 모르고 순서를 바꿔서 할 때도 있음)
6. 수학적 추론에 어려움이 있음(예시 : 계량적 문제들을 풀기 위해 수학적 개념, 사실, 순서를 적용하는 데 심각한 어려움을 가짐)

B. 개별적으로 집행된 표준화된 성취도 측정들과 포괄적인 임상적 평가에 의해 확인된 것처럼, 영향을 받은 학업기술은 개인의 생활연령에 기대되는 것보다 상당히 그리고 수량화할 정도로(quantifiably) 못 미치며, 학업적이거나 직업적 수행, 일상생활의 활동에 커다란 방해가 됨. 17세 이상의 개인에게 손상된 학습 어려움에 대한 문서화된 내력은 표준화된 평가를 대신할 수도 있음

C. 학습 어려움은 학령기 나이에 시작되며, 이러한 영향을 받은 학업기술에 대한 요구가 개인의 제한된 능력을 초과하기 전까지는 완전히 드러나지 않을 수도 있음(예시 : 정기 시험에서처럼 빠듯한 기한에 맞춰서 길고 복잡한 보고서 읽기 또는 쓰기, 과도하게 많은 학업량)

D. 학습 어려움은 지적장애, 교정되지 않은 시력 또는 청력, 다른 정신적 또는 신경학적 장애, 심리사회적 역경, 학습지도의 언어에 숙달되지 못해서, 또는 부적절한 교육적 지도에 의해 더 잘 설명되지 않음

주 : 개인 내력(발달적, 의학적, 가족적, 교육적), 학교 보고서 및 심리교육적 평가의 임상적 종합을 바탕으로 4개의 진단 기준에 충족되어야 함

손상된 학업 분야와 세부 기술을 다음과 같이 명시할 수 있음 :

읽기에 장애가 있음 :

- 단어 읽기 정확성
- 읽는 속도 또는 유창함
- 독해력

주 : 난독증(dyslexia)은 정확하거나 능숙한 단어 인지의 문제, 형편없는 문자 해독, 안 좋은 맞춤법 능력으로 특징지어질 수 있는 학업적 어려움들의 패턴을 일컫는 데 사용되는 대체 용어임. 만일 난독증이 이 특정 패턴의 어려움들을 명시하는 데 쓰인다면, 독해력이나 수학 추론의 어려움과 같은, 다른 존재하는 추가적 어려움을 명시하는 것도 중요함

쓰기에 장애가 있음 :

- 맞춤법의 정확도
- 문법 및 구두법의 정확도
- 글쓰기의 명료성 또는 구성

수학에 장애가 있음 :

- 숫자 감각
- 산술적 사실(arithmetic facts)의 암기
- 정확하거나 능숙한 계산
- 정확한 수학 추론

주 : 계산 불능증(dyscalculia)은 숫자로 된 정보를 처리하거나, 산술적 사실을 배우거나, 정확하거나 유창한 계산을 수행하는 데 어려움의 패턴을 일컫는 데 사용되는 대체용어임. 만일 계산 불능증이 수학적 어려움의 특정 패턴을 명시하는 데 쓰인다면, 수학 추론이나 단어 추론 정확도의 어려움과 같은, 다른 존재하는 추가적인 어려움을 명시하는 것도 중요함

현재의 심각도를 명시할 것 :

- **가벼운 정도** : 하나 또는 두 개의 학업 분야에서 기술을 배우는 데 어느 정도의 어려움이 있으나 심각성이 충분히 가벼운 정도이므로, 특히 학년 중에 적절한 편의나 지지적 도움이 제공되면 개인이 보완하거나 잘 기능할 수 있음
- **중간 정도** : 하나 또는 두 개의 학업 분야에서 기술을 학습하는 데 뚜렷한 어려움이 있어 학년 중 어느 정도 잠깐씩 집중적이고 전문적인 가르침 없이는 숙달되기 어려움. 적어도 하루 중 일부는 학교, 직장, 집에서 약간의 편의나 지지적 도움이 활동을 정확하고 효과적으로 끝마치기 위해 필요할 수도 있음
- **심각한 정도** : 여러 학업 분야에서 기술을 학습하는 데 심각한 어려움이 있어 대부분의 학년 동안에 지속적이고 집중적인 개별화된 전문적 가르침 없이는 이러한 기술들을 배우기 어려움. 학교, 직장, 집에서 적절한 편의나 도움을 배치해도 모든 활동을 효과적으로 끝마치지 못할 수도 있음

4. 동반질환

특정학습장애의 다양한 유형이 일반적으로 중복해서 나타나며(예 수학 및 읽기 어려움을 동반하는 특정학습장애), 기타 신경발달장애(예 ADHD, 의사소통장애, 발달성 협응장애, 자폐스펙트럼장애)나 기타 정신질환(예 불안장애, 우울장애) 또는 행동 문제와 흔히 동반된다.

1) 난독증

듣고 말하는 데에는 어려움이 없지만 문자를 판독하는 데에 이상이 있는 증세로, 지능은 정상이지만 글자를 읽거나 쓰는 데 어려움이 있는 증세를 말한다. 이 증세를 가진 대다수 환자들은 낱말에서 말의 최소 단위인 음소를 구분하지 못한다. 어느 언어권에서나 난독증 환자가 생길 수 있지만, 비교적 발음체계가 복잡한 영어권에서 많이 발생하는 경

향이 있다. 또한 비슷한 단어가 적은 언어권 나라일수록 그 발병률이 낮다. 유명한 과학자인 아인슈타인도 난독증이 있었던 것으로 알려져 있다.

발달상의 문제로 인한 선천성 난독증과 사고 후 뇌 손상으로 인한 후천성 난독증 등 두 가지 유형으로 나눌 수 있다. 선천성 난독증을 가진 어린이는 정상적인 어린이들보다 말을 더디게 배우거나 발음상 문제가 나타나고, 숫자를 익히거나 단어를 맞추는 데 어려움을 겪으며, 글자를 거꾸로 적는다. 간혹 색깔과 형태를 혼동하기도 한다.

후천성 난독증은 주변성 난독증과 중심성 난독증으로 구분하는데, 주변성 난독증의 종류와 증세는 다음과 같다.

① 무시 난독증 : 단어의 처음 반이나 마지막 반을 잘못 읽거나 놓치며, 시야의 한쪽 반을 무시하는 경향이 있다.
② 주의성 난독증 : 낱자는 잘 읽지만, 단어 안의 낱자를 명명하는 데에는 매우 서툴다.
③ 낱자단위읽기 난독증 : 단어 안의 각 낱자를 하나하나 읽어보고 나서야 단어를 인식할 수 있다.

중심성 난독증의 종류와 증세는 다음과 같다.

① 표층성 난독증 : 비단어는 정확하게 읽지만 단어는 잘 읽지 못하거나 규칙화시켜서 읽는다.
② 음운성 난독증 : 단어는 잘 읽지만 임의로 만들어 낸 비단어는 잘 읽지 못한다.
③ 심층성 난독증 : 읽으려고 하는 단어 대신 의미적으로 관련된 단어를 읽는다.
④ 의미 없이 읽기 난독증 : 문자열의 의미는 알지 못하면서도 그 문자열을 소리 내어 읽을 수 있다.

아직은 완치할 수 있는 치료법이 없으며, 각 치료법마다 장점과 한계가 있다. 선천성의 경우 읽기의 기초를 쉽게 배우는 5~7세에 치료하는 것이 가장 효과가 크지만, 환자의 부모들

은 지진아로 오해하는 경우가 많기 때문에 치료시기를 놓치기 쉽다.[2)]

다음은 난독증에 대한 흥미로운 기사이다.

관련 기사

'난독증' 소녀, 해리포터의 마법으로 치료했어요!

위 그림 왼쪽 포스터는 난독증 아동의 교육을 다룬 인도 영화 「지상의 별처럼」(2007)이며, 오른쪽 사진은 미국의 세계적 여배우인 제니퍼 애니스톤이다. 그녀도 20대에 지독한 난독증을 겪었으나 열정으로 극복했다고 한다.

---

2) 출처 : 네이버지식백과/두산백과(2016).

관련 기사

"내 자녀도 혹시 난독증?" 유초등생 난독증 주의보… 예방 · 치료법은?

입학 후 눈에 띄는 학습장애, 유아기에도 나타날 수 있다

5. 치 료

현재 학습장애의 가장 효과적인 일차적인 치료는 교육이다. 어떤 교육을 할지에 대한 결정은 조기진단 여부 및 아동의 발달단계에 따라 달라진다. 조기에 발견하고 집중적인 치료와 교육을 적절하게 시작한다면 대부분 극복할 수 있거나 어려움이 최소화될 수 있다. 따라서 집중적이고 개인의 수준에 맞춘 특수교육이 가장 효과적이라고 볼 수 있다. 학습장애에 적용 가능한 입증된 약물은 없다. 만약 주의력결핍 과잉행동장애(ADHD)가 동반되어 있으면 중추신경자극제(각성제)는 학업 수행을 약 25~40% 이상 효과적으로 향상시킬 수 있다. 그러나 중추신경자극제가 학습장애와 연관된 인지 결함을 직접적으로 수정해 준다는 증거는 아직 미약하다(국가정신건강정보포털, 2021).

제 7 장

경계선 지능 (느린 학습자)

제 7 장 경계선 지능(느린 학습자)

1. 정 의[1)]

IQ가 70~85 사이에 해당하고 전체 인구의 약 13.5% 정도의 인구분포를 보이는 이들을 '경계선 지능을 가진 느린 학습자'라고 부른다. 학습속도가 느리고 학교와 일상생활에서 부적응을 보인다(김민원, 2023; 김은성, 2019; 류은진 · 옥 정, 2021; 박은미 · 하정숙, 2021; 윤수진 · 탁진, 2022; 윤신희 외, 2022; 장세희, 2018; 하정숙 · 김자경, 2018).

느린 학습자는 경계선 지능(IQ 71~84)과 그와 유사한 특성으로 사회적 상황에서 어려움을 겪는 사람들이다(김선재, 2021; 이선희 외, 2018).

박찬선(2021)에 의하면 느린 학습자는 한 번에 배울 수 있는 양이 적고 배우는 속도도 느린 이들로 경계선 지능과 학습장애 학생들을 의미한다.

포괄적인 기준을 적용하여 경계선 지적 기능 학습자(BIF : Borderline Intellectual Functioning)와 발달장애 학습자(지적장애, 자폐성 장애)로 그 범위를 상정한다(김유리 외, 2019).

느린 학습자는 문해력이 부족한 사람 모두를 의미하는 광의의 개념으로 발달장애, 경계선 지능의 스펙트럼에 위치한 이들뿐 아니라 이주민, 문자 학습을 경험한 적 없는 노인 연령층

1) 한승민(2024)의 「느린학습자 자녀를 둔 어머니들의 모호한 상실 경험에 관한 질적 연구」(연세대학교 대학원 석사학위논문)에서 발췌한 내용으로 정리하였다.

등 한국어 활용 역량이 원활하지 못한 이들을 포괄하는 용어이다(양경언, 2021).

느린 학습자는 지적 능력의 결함으로 인해 인지적, 학업적, 사회·정서적으로 어려움을 보이는 학습자를 의미하며 지적 능력 범주에서 지적장애에 해당하지는 않지만 평균적인 지능보다 낮은 지능(IQ 71~84)을 지니고 있다(김동일 외, 2022; 박현숙·최현기, 2014).

느린 학습자는 IQ 71~84에 해당되는 경계선 지능을 지닌 아동으로, 장애인과 비장애인 사이에 있는 경계선 지능인이며 학습속도가 느리다(민진욱·김태은, 2022; 한진희·김화수, 2023).

느린 학습자란 일반학생과 특수교육대상자 어느 범주에도 속하지 않는 경계선급 지능 아동이다(김자경 외, 2018).

2. 특 성[2)]

느린 학습자는 일반적으로 IQ 70~85의 범위에 해당하는 경계선 지능을 가진 아동을 포함하며, 이들은 학습속도가 느리고, 학업이나 일상생활에서 어려움을 겪는다. 하지만 이러한 어려움이 장애로 진단될 정도는 아닌 경우가 많다.

먼저, 자폐범주성 장애와 특정학습장애, 경계선 지능은 느린 학습자와 유사한 특성을 공유하지만, 이들 각각은 고유한 진단 기준과 특성을 지니고 있어, 통합적인 접근이 필요하다. 특히, 느린 학습자는 일반적으로 학습속도가 느리고, 사회적 상호작용이나 학업성취에서 어려움을 보이는 경향이 있으며, 이로 인해 특수교육대상자로 분류되지 않지만 일상생활에서는 상당한 어려움을 겪는다(한승민, 2024).

2) 한승민(2024)의 「느린학습자 자녀를 둔 어머니들의 모호한 상실 경험에 관한 질적 연구」(연세대학교 대학원 석사학위논문)에서 발췌한 내용으로 정리하였다.

느린 학습자의 특성은 일반적으로 추상적 개념을 이해하는 데 어려움을 겪고, 사회적 상황에서 적절한 대처 능력이 부족하며, 학업적인 실패를 경험하면서 자아존중감이 저하될 수 있다.

느린 학습자를 이해하기 위해 느린 학습자의 주요 구성 범주이자 밀접한 연관성을 가지고 있는 경계선 지적 기능, 지적장애, 자폐범주성 장애, 특정학습장애의 내용을 다시금 정리하여 제시하였다. 경계선 지능은 느린 학습자의 대부분을 차지하며, 지적·적응 기능의 제약이 심한 느린 학습자는 지적장애, 사회성의 제약이 심한 느린 학습자는 자폐범주성 장애, 학습의 제약이 심한 느린 학습자는 특정학습장애와 경계가 불분명할 수 있다.

1) 경계선 지적 기능

경계선 지적 기능(Borderline Intellectual Functioning)이 국내에서 처음 부각된 시기는 2014년이지만 해외에서 처음 언급된 시기는 1960년대 즈음이다(Peltopuro, et al., 2014). 미국 지적장애 및 발달장애협회(AAIDD : American Association on Intellectual and Developmental Disabilities)는 1959년과 1961년에 정신지체를 다섯 가지로 분류하였는데, 그중 가장 낮은 수준의 정신지체를 경계선급 정신지체(borderline mental retardation)로 이름 붙이고 이들을 지능의 정규분포에서 표준편차 −1과 −2 사이의 IQ 70~84인 자로 규정하였다(박윤희 외, 2022). 즉, 논의 초기에는 현재의 경계선 지능이 지적장애의 범주 내에 속하였다. 그러나 이 기준대로라면 전 인구 중 지적장애의 비중이 약 16%에 해당하였기에 1973년 매뉴얼부터는 표준편차 -2 아래로 지적장애 기준을 변경하였으며, 그 이후 경계선 지능은 어떠한 진단 분류에서도 제외되었다(박윤희 외, 2022; Peltopuro, et al., 2014). 이후 1983년에 동일 기관에서 발간된 정신지체분류 매뉴얼(Classification in Mental Retardation, AAMD)은 경계선 지능(borderline intelligence)을 지체와 평균 지능 사이의 수준에서 기능하는 자들로 느린 학습자로도 불린다(Grossman, 1983 : 163)고 언급하였다. 현재 흔히 이용되는 느린 학습자의 원어가 이때 등장한 것으로 추측된다.

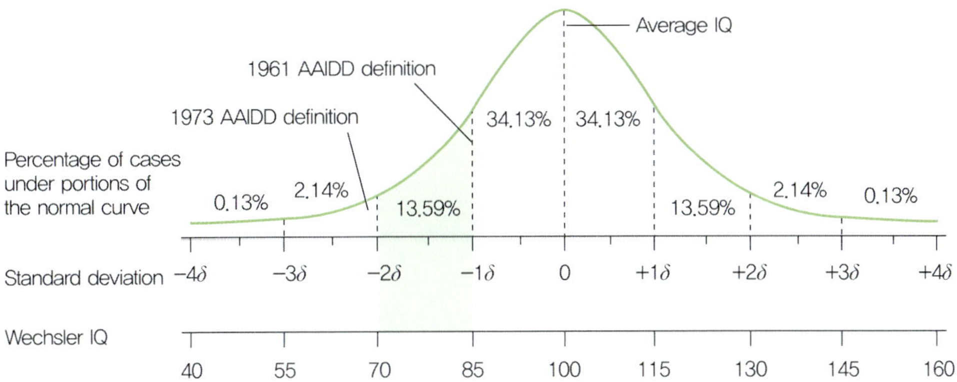

[그림 7-1] 정규분포곡선 : 지능의 이론적 분포

출처 : Gargiulo & Bouck(2017), p. 17 재구성.

현재 국내에서는 경계선 지능, 경계선 지적 기능, 경계선급 지능, 느린 학습자, 경계선 지적 지능, 경계선 지적 발달 등의 용어가 혼재되고 있다(박윤희 외, 2022 : 45). 이들이 지칭하는 대상은 표준화된 지능검사에서 표준편차 -1과 -2 사이의 IQ(71~84/ 70~85/ 70~84)에 해당하는 자로 정규분포곡선을 기반으로 보았을 때 전체 인구의 약 13.59%를 차지한다. 이 기준은 세계적으로 권위 있는 기관인 미국정신의학협회(APA : American psychiatric Association)에서 발간하는 정신장애 진단 및 통계편람(DSM)을 기반으로 하는데, DSM-Ⅲ(1980 : 332), DSM-Ⅳ(1994 : 684), DSM-TR(2000 : 740)은 경계선 지능을 'IQ 71~84의 범위인 자'로 규정하였다. 그러나 DSM-Ⅳ(1994 : 45), DSM-Ⅳ-TR(2000 : 48)은 "IQ 점수는 검사 도구에 따라 약 5점의 측정오차가 있을 수 있다"고 추가로 명시하였는데, 현재 국내의 장애진단방식은 IQ를 엄격한 절사점으로서 기계적으로 사용하고 측정오차를 고려하거나 임상적 판단을 포함하지 않아(박윤희 외, 2022) 또 다른 지원의 사각지대를 발생시킬 수 있다.

더 나아가 <표 7-1>에 언급되어 있듯 가장 최근에 발간된 DSM-5(2013)와 DSM-5-TR(2022)에서는 경계선 지능 진단 기준에 대한 IQ 언급 없이 임상에서 진단 시의 초점만을 제시하였다 즉, DSM-5는 적응적 기능의 역할을 강조하며 IQ는 "안내(guide)"의 역할로 사용될 수 있다는 점을 시사한다(Peltopuro, et al., 2014 : 419-420). 따라서 경계선 지능으로 범주를 한정하는 것은 학문적 동향에 맞지 않을 뿐더러 기능적 효과가 없다.

<표 7-1> 경계선 지적 기능 진단 기준 변화

구 분	경계선 지적 기능 진단 기준(Borderline Intellectual Functioning)
DSM-Ⅲ (1980)	이 범주는 주의나 치료의 중점이 경계선 지적 기능, 즉 IQ가 71~84 범위인 경우에 사용될 수 있다. 경계선 지적 기능과 정신지체(IQ 70 이하)를 감별 진단하는 것은 특정 정신장애가 동반되는 경우에 특히 어렵고 중요하다 예를 들어, 감별분류형 혹은 잔류형의 조현병을 진단받고 적응 기능의 장애가 두드러진 경우 경계선 지적 기능의 존재를 간과하기 쉬워 잠재적 적응 기능의 수준과 질을 잘못 평가할 수 있다.
DSM-Ⅳ (1994)	이 범주는 임상적 관심의 초점이 경계선 지적 기능, 즉 71~84 범위의 IQ와 관련 있을 때 사용할 수 있다. 특정 정신장애(예 조현병)가 공존하는 경우 경계선 지적 기능과 정신지체(IQ 70이하)를 감별 진단하는 것은 특히 어렵다.
DSM-Ⅳ-TR (2000)	IQ 점수는 검사 도구에 따라 약 5점의 측정오차가 있을 수 있다. 따라서 IQ 점수가 71~75인 개인이 정신지체 기준을 충족하는 적응 행동에 상당한 결함이 있는 경우 정신지체로 진단할 수 있다. 경도 정신지체와 경계선 지적 기능을 구별하려면 사용 가능한 모든 정보를 신중하게 고려해야 한다.
DSM-5 (2013)	이 범주는 개인의 경계선 지적 기능이 임상적 관심의 초점이거나 개인의 치료 또는 예후에 영향을 미치는 경우에 사용할 수 있다. 경계선 지적 기능과 <u>경도 지적장애(지적발달장애)</u>를 구분하려면 특히 환자의 표준화된 검사 절차 준수에 영향을 줄 수 있는 정신장애(예 조현병 또는 심한 충동성을 동반한 주의력결핍 과잉행동장애)가 동반된 경우 지적 기능 및 적응 기능과 그 불일치에 대한 신중한 평가가 필요하다.
DSM-5-TR (2022)	이 범주는 개인의 경계선 지적 기능이 임상적 관심의 초점이거나 개인의 치료 또는 예후에 영향을 미치는 경우에 사용할 수 있다. 경계선 지적 기능과 <u>경도 지적발달장애(지적장애)</u>를 구분하려면 특히 환자의 표준화된 검사 절차 준수에 영향을 줄 수 있는 정신장애(예 조현병 또는 심한 충동성을 동반한 주의력결핍 과잉행동장애)가 동반된 경우 지적 기능 및 적응 기능과 그 불일치에 대한 신중한 평가가 필요하다.

출처 : 한승민(2024).

2) 지적장애

지적장애(Intellectual Disability)는 발달시기 동안에 지적 기능과 적응 기능에 결함이 있는 상태이다. 이때 지능지수는 표준화된 지능검사(평균 100, 표준편차 15)에서 표준편차 -2 이하를 의미하여 해당 기준은 오차범위를 포함해 IQ 65~75(70±5) 범위에 속한다(APA, 2022). DSM-5-TR의 자세한 진단 기준은 다음과 같다.

<표 7-2> 지적장애 진단 기준(DSM-5-TR)('주의점', '현재의 심각도'를 명시할 것 부분 제외)

지적발달장애(지적장애)는 발달시기에 시작되며, 개념, 사회, 실행 영역에서 지적 기능과 적응 기능 모두에 결함이 있는 상태를 말한다. 다음의 세 가지 진단 기준을 충족해야 한다. A. 임상적 평가와 개별적으로 실시된 표준화된 지능검사로 확인된 지적 기능(추론, 문제해결, 계획, 추상적 사고, 판단, 학업, 경험학습)의 결함이 있다. B. 적응 기능의 결함으로 인해 독립성과 사회적 책임의식에 필요한 발달학적, 사회문화적 표준을 충족하지 못한다. 지속적인 지원 없이는 적응 결함으로 인해 다양한 환경(가정, 학교, 직장, 지역사회)에서 한 가지 이상의 일상 활동(의사소통, 사회적 참여, 독립적 생활) 기능에 제한을 받는다. C. 지적 결함과 적응 기능의 결함은 발달시기 동안에 시작된다.

지적장애의 심각도는 경도, 중등도, 고도, 최고도로 나뉘는데, 모든 심각도가 느린 학습자와 중첩되는 것은 아니며, 그중 가장 낮은 심각도에 해당하는 경도 지적장애가 느린 학습자와 중첩될 수 있다. DSM-Ⅳ-TR(APA, 2000)까지는 경도 지적장애(원문은 경도 정신지체로 표기)의 범위를 IQ 50~55에서 70으로 언급하였지만 DSM-5(APA, 2013)부터는 그 심각도를 적응 기능에 기초하여 정의한다. 경도 지적장애의 개념적, 사회적, 실행적 영역을 정리한 표는 다음과 같다.

<표 7-3> 경도 지적장애 영역 축약(DSM-5-TR)

분 류	내 용
개념적 영역	• 학령전기 아동에서는 개념적 영역의 차이가 뚜렷하지 않을 수 있다. • 학령기 아동과 성인에서는 읽기, 쓰기, 계산, 시간이나 돈에 대한 개념과 같은 학업기술 습득에 어려움이 있다. • 연령에 적합한 기능을 하기 위해서는 하나 이상의 영역에서 도움을 필요로 한다.
사회적 영역	• 전형적인 발달을 보이는 또래들에 비해 사회적 상호작용이 미숙하다. • 의사소통, 대화, 언어가 연령 기대수준에 비해 좀 더 구체적인 수준에 머물러 있거나 미숙하다. • 연령에 적합한 방식으로 감정·행동을 조절하는 데 어려움이 있다. 이러한 어려움은 사회적 상황에서 또래들의 눈에 띄게 된다. • 사회적 상황에서의 위험에 대한 이해가 제한적이다. 사회적 판단이 연령에 비해 미숙하여, 다른 이들에게 속거나 조종당할 위험이 있다.
실행적 영역	• 연령에 적합하게 자기관리를 할 수 있다. • 복잡한 일상생활 영역에서는 또래들에 비해 약간의 도움을 필요로 한다.

경도 지적장애는 개념적으로 학업기술 습득에 어려움이 있어 도움을 필요로 하고, 사회적 영역에서는 사회적 상호작용이 미숙하고 감정과 행동을 조절하는 데 어려움이 있어 위험요소에 대한 이해가 제한적이다. 실행적 영역에서는 연령에 맞게 자기관리를 할 수 있지만 약간의 도움을 필요로 한다. 즉, 지적 기능과 적응 기능에 결함이 있는 것은 맞으나 그 결함의 정도가 심각하지 않다는 뜻이다. DSM-5-TR(APA, 2022)에서 경계선 지적 기능과 경도 지적장애를 구분하기 위한 신중한 평가를 요한 것처럼 두 상태를 명확히 구분하는 것은 간단하지 않다. 따라서 명확히 진단되거나 명명될 수는 없으나 지적·적응 기능의 측면에서 상대적으로 낮은 기능을 보여 정보를 통합적으로 이해·추론·적용하는 데 어려움이 있는 경우 느린 학습자에 해당할 수 있다.

3) 자폐범주성 장애

자폐범주성 장애(Autism Spectrum Disorder)는 그 범주가 매우 넓지만, 사회적 의사소통에서의 어려움과 제한적이고 반복적인 행동이 진단에 필수적이다. 느린 학습자가 보이는 모습은 자폐범주성 장애의 가장 낮은 심각도인 '지원이 필요한 수준'과 유사하거나 낮은 수준일 수 있다. 본 연구에서 성인기는 주요 초점이 아니기 때문에 아동 관련 기술을 위주로 축약하였다.

'지원이 필요한 수준'의 내용은 사회적 상호작용의 시작에 어려움이 있고, 사회적 접근에 대한 비전형적인 반응이나 성공적이지 않은 반응을 보인다는 점과 융통성 없는 행동이 한 가지 또는 그 이상의 분야의 기능을 확연히 방해한다는 점이다. 예를 들어, 활동 전환이 어렵고, 조직력과 계획력에 문제가 있어 독립적 수행을 방해한다는 것이다(APA, 2017 : 49).

자폐범주성 장애의 주요 진단 기준은 <표 7-4>와 같다.

<표 7-4> 자폐범주성 장애 진단 기준 축약(DSM-5-TR)

A. 현재 또는 과거력상에서 다양한 분야에 걸쳐 나타나는 사회적 의사소통 및 사회적 상호작용의 지속적인 결함으로 다음과 같은 모든 특징이 나타난다.
- 사회적, 감정적 상호작용의 결함
- 사회적 상호작용을 위한 비언어적인 의사소통 행동의 결함
- 관계 발전, 유지, 이해의 결함

B. 현재 또는 과거력상에서 제한적이고 반복적인 행동이나 흥미 활동이 다음 항목들 가운데 적어도 두 가지 이상 나타난다.
- 상동증적이거나 반복적인 운동성 동작, 물건 사용, 말하기
- 동일성에 대한 고집, 일상적인 것에 대한 융통성 없는 집착, 의례적인 언어나 비언어적 행동 양상
- 강도나 초점에 있어서 비정상적으로 극도로 제한되고 고정된 흥미
- 감각 정보에 대한 과잉 또는 과소 반응, 환경의 감각 영역에 대한 특이한 관심

4) 특정학습장애

특정학습장애(Specific Learning Disorder)는 학습의 어려움에 대해 적절히 개입함에도 불구하고 어려움이 있는 상태로, 생활연령에서 기대되는 수준보다 현저하게 낮으며 일상생활을 방해하는 경우를 의미한다(표 7-5 참고). 특정학습장애의 종류에는 난독증, 난산증이 포함되며, 이러한 어려움으로 인해 경계선 지능과 유사한 의미로 여겨지기도 했다. 예를 들어, 김애화 등(2018)은 '학습부진' 범주에 경계선 지능을 포함하며, '학습부진' 학생으로 명명되고 있는 느린 학습자(경계선 지능 학생)라고 명시하였다. 경계선 지능 학습자가 작업기억 손상으로 지시 수행을 완수하는 데 어려움을 겪고 이를 포함한 전반적인 수행 능력에 결함이 있는 것은 맞으나, 그 결과가 학습부진으로 결론 내려지지는 않는다. 그러나 분명히 경계선 지능과 특정학습장애는 유사한 특성이 있고, 중복 진단이 가능하며, 그 구체적인 설명은 <표 7-6>에 제시되어 있다.

<표 7-5> 특정학습장애 진단 기준 축약(DSM-5-TR)

A. 학습기술을 배우고 사용하는 데 있어서의 어려움이 있으며, 이러한 어려움에 대한 적절한 개입을 제공함에도 불구하고 아래에 열거된 증상 중 적어도 한 가지가 최소 6개월 이상 지속된다.

- 부정확하거나 느리고 힘겨운 단어 읽기
- 읽은 것의 의미를 이해하기 어려움
- 철자법의 어려움
- 쓰기의 어려움
- 수 감각, 단순 연산값 암기 또는 연산 절차의 어려움
- 수학적 추론의 어려움

B. 보유한 학습기술이 개별적으로 실시한 표준화된 성취도 검사와 종합적인 임상 평가를 통해 생활연령에 기대되는 수준보다 현저하게 양적으로 낮으며, 학업적 또는 직업적 수행이나 일상생활의 활동을 현저하게 방해한다는 것이 확인되어야 한다.

<표 7-6> 경계선 지능과 특정학습장애

경계선 지능 (○) 특정학습장애 (○)	경계선 지능 (○) 특정학습장애 (×)	경계선 지능 (×) 특정학습장애 (○)
71~84 IQ의 범위를 가지고 있으며, 학습 문제가 지적 손상과 연관된 수준보다 과도한 경우에 진단된다.	71~84 IQ의 범위를 가지고 있으며, 학습기술을 배우고 사용하는 데 있어서 어려움이 두드러지지 않는다.	정상 수준의 지적 기능(적어도 지능지수가 70±5)을 가지고 있지만 학습기술을 배우고 사용하는 데 있어 어려움이 두드러진다.

한승민(2024)은 종합적으로 느린 학습자를 경계선 지적 기능(IQ 71~84)을 포함하는 범주로서 전형적 발달인보다 낮은 지적·적응 기능, 사회성, 학습 능력 등을 보여 정보를 통합적으로 이해·추론·적용하는 데 어려움이 있는 학습자로 정의한다. 느린 학습자의 지적·적응적 특성은 다음과 같다. 느린 학습자의 상대적으로 낮은 IQ는 이들이 제한된 인지능력을 갖는다는 점을 의미한다(Peltopuro, et al., 2014). 따라서 이들의 어려움은 교육현장과 같이 추론능력, 논리력 등 상위인지능력이 필요한 시공간에서 크게 부각된다(Masi, et al., 1998). 그러나 이들은 일상생활 전반에 걸쳐 더욱 포괄적인 지적·적응적인 어려움이 있으며 이러한 점에서 여러 학자는 느린 학습자가 모든 영역에서 낮은 기능성(profile)을 갖는다고 언급한다(정희정·이재연, 2005; Macmillan, et al., 1998). 구체적으로 느린 학습자는 작업기억(working memory)이 부족하여 추상적인 개념을 이해하기 어렵다(Shaw, 2010). 즉, 구체적인 개념을 배운 후 이를 확대하여 추상화 및 일반화하는 것에 한계가 있으며(Shaw, 2010), 규칙은 학습할 수 있을 지라도 변칙, 즉 다른 관점에서 유동적인 시야를 갖는 것에 어려움을 갖는다(Masi, et al., 1998). 더 나아가 기존 정보에 연결시켜 새로운 정보를 습득하는 능력이 부족하여 체계적인 지식 조직이 어렵다(Masi, et al., 1998). 이러한 지적·적응적 특성은 부차적인 문제를 유발할 수 있다. 일례로 DSM-5-TR(APA, 2022)은 지적장애와 흔히 동반되는 정신질환과 신경발달장애로 주의력결핍 과잉행동장애(ADHD), 불안장애 등을 언급한다. 느린 학습자가 지적발달수준까지 지적·적응적 기능에 상당한 제약을 가지고 있지 않은 경우가 많으나 이

미 여러 연구가 경계선 지능의(Fernell & Gillberg, 2020; Handen, et al., 1997; Voigt, et al., 2006) 우울, 불안 성향(정희정 · 이재연, 2008), 낮은 자아존중감(Masi, et al., 1998), 더 나아가 정신건강 문제(Masi, et al., 1998; Peltopuro, et al., 2014)를 언급한 바가 있다는 점에서 이들의 중복장애나 동반질환을 유의해야 한다.

둘째로 사회적 특성은 다음과 같다. 느린 학습자 아동은 사회적/ 반사회적 행동, 놀이 행동, 사회적 정보 처리, 감정 인식, 사회적 참여 등 전반적인 행동 영역에서 전형적 발달 아동과 차이를 보인다(Peltopuro, et al., 2014). 상황을 적절히 파악하고 대처하는 능력이 취약하며 언어로 자신의 상황을 이해시키지 못하는 경우가 많다 보니 사회적 어려움을 직면할 가능성이 크다. 더 나아가 연령이 높아질수록 어휘력도 지체되어, 사회적으로 미성숙하고 위축되어 있으며, 감정조절 등에서도 어려움을 보인다(정희정 · 이재연, 2008). 따라서 느린 학습자는 또래관계를 원만히 맺지 못할 가능성이 크며, 이로 인한 이차적인 어려움을 경험할 가능성 역시 배제할 수 없다.

셋째로 학업에 있어 느린 학습자 아동은 만연한 학업의 어려움이 있으나 그 어려움의 정도가 장애 진단 기준을 충족하지 못하는 경우가 많다(Fenning, et al., 2007). 특히 학교에서 이들의 어려움은 지적장애만큼 심하지 않아 특수교육대상자가 되지 못하지만, 일반 교실에서는 두드러질 만큼 높은 실패율을 갖고 있기에 '틈(chasm), 덫(trap), 격차에 빠진 집단(fall into the gulf)'이라고 일컬어진다(Shaw, 2010). 느린 학습자의 학습동기가 부족하고 포기를 쉽게 한다는 연구도 존재하지만(Shaw, 2010), 이는 느린 학습자의 기질적인 특성이 아니라, 노력하지만 실패하고 좌절하는 일련의 과정을 거치며 동기가 하락했을 가능성이 크다(정희정 · 이재연, 2008). 더욱이 이들은 학습에 있어 전형적 발달 아동보다 긴 시간과 구체적인 교수가 필요한데(Shaw, 2010), 이러한 환경이 조성되지 않았을 가능성이 있으며, 학업실패로 인한 인지적 무능감이 부정적 자기효능감과 같은 낮은 자아개념으로 이어질 수 있다는 점을 주의해야 한다(Masi, et al., 1998).

3. 지 원

1) 경계선 지능인 생애주기별 지원방안

경계선 지능 학생들은 유치원 시기부터 성인기인 30대까지 도움을 필요로 한다. 시기별로 필요한 지원이 다르기에 생애주기에 맞는 지원방안을 연구해야 한다. 간략하게 정리하면 다음과 같다.

- 유치원 시기 : 언어 발달지원, 신체운동 발달지원, 부모교육
- 초등학교 저학년 시기 : 기초학습지도, 신체운동 발달지원
- 초등학교 고학년 시기 : 문해력 지도, 사회적응을 위한 기초소양(사회성, 성 문제, 돈 관리 등)
- 중학교 시기 : 자기주도 학습지도, 친사회적 행동지도, 여가 및 취미활동 지도, 사회적응력 지도
- 고등학교 시기 : 적극적 의사소통 능력 지도, 진로설계, 사회적응력 지도
- 성인기 : 직업생활을 위한 지도, 사회적응력 지도, 의사소통 능력 지도, 심리・정서관리 지도, 신체건강 지도

위의 내용은 그간의 임상경험을 통해 경계선 지능인들에게 꼭 필요하다고 생각되는 것들을 시기별로 정리한 것이다. 안타까운 것은 이러한 내용을 적절하게 지도할 수 있는 방법을 부모나 교사가 모르는 경우가 많다는 것이다. 그 때문에 실질적으로 이를 어떻게 가르치는 것이 효과적인지에 대한 교사와 부모를 위한 교육이 필요하다.

경계선 지능 학생들에 대한 관심이 그 어느 때보다 뜨거워진 요즘이다. 다양한 노력과 시도들이 전국적으로 생겨나고 있기에 기쁘고 고무적이라고 생각한다. 하지만 이럴 때일수록 더 섬세하고 체계적인 설계가 필요하다. 오직 경계선 지능 학생들의 입장에서 이들이 발달을

제대로 이룰 수 있도록 서로가 협력하고 신뢰하여 다각화된 접근이 이루어질 수 있도록 정책과 프로그램을 설계하고 체계화시키기를 바라는 마음이다.

4. 지도를 위한 팁

경계선 지능 학생들은 사실 부모나 교사 입장에서 지도하기 쉽지 않다. 언어능력과 이해력이 부족하여 대화를 길게 이어가기 어렵고 묻는 말에 대한 대답도 시원하게 하기 어려운 경우가 많다. 또한 일반 학생들과 겉으로 보기에 큰 차이가 없어 일반 학생들과 구별되게 배려하는 것도 적절하지 않다. 그렇기에 부모나 교사는 경계선 지능 학생들을 지도하는 데 혼란을 겪을 수밖에 없다. 이에 몇 가지 이들과 대화하거나 지도할 때 도움이 될 만한 정보를 소개한다.

① 쉽고 간결한 대화법 사용하기

경계선 지능 학생은 대화할 때 되도록 쉽고 간결한 화법을 사용해야 한다. 특히 왜 대화하는지 모르고 부모나 교사에게 불려 가면 야단맞고 있다고 느낄 때가 많기 때문에, 서두에서 왜 이 대화를 하는지 명시적으로 말해줘야 한다.

예 "너에게 친구 사귀는 법을 알려주려고 대화하자고 한 거야."
"네가 속상한 것 같아서 선생님이 얘기하고 싶었어." 등

② 구체적인 행동법 알려주기

경계선 지능 학생은 교실에서 어리게 행동할 때가 많다. 이러한 행동이 관찰되면 따로 불러서 어떻게 행동하기를 기대하는지 구체적으로 알려주어야 한다.

③ 교실에서 경계성 지능 학생의 행동 이해시키기

교실에서 다른 친구들에게 경계선 지능 학생들을 어떻게 이해시켜야 할지 모르겠다고 하는 교사들이 많은데, 이들을 특별하게 구별해서는 안 된다. 친구들 앞에서 경계선 지능 학생의 좋은 점을 칭찬해 주어야 하며, 잘못된 점은 다른 친구들과 똑같이 야단치면 된다. 문제는 반복적으로 야단을 치게 되는 경우인데, 이럴 때 다른 학생들이 "저 친구는 왜 저렇게 행동하는 거예요?"라고 물을 수 있다. 이럴 때는 "저 친구도 노력하고 있는 건데, 아직 연습이 덜 된 거란다. 앞으로 잘할 것 같으니 기다려 보자."라고 해주면 된다. 이러한 방식은 모든 학생에게 고르게 적용될 수 있다(행복한교육 2024년 가을 호 : https://happyedu.moe.go.kr/happy/bbs/selectHappyArticle.do?bbsId=BBSMSTR_000000005152&nttId=39102).

제 8 장

틱장애
(tic disorder)

제 8 장 틱장애(tic disorder)

1. 정 의

틱은 아이들이 특별한 이유 없이 자신도 모르게 얼굴이나 목, 어깨, 몸통 등의 신체 일부분을 아주 빠르게 반복적으로 움직이거나 이상한 소리를 내는 것을 말한다. 즉, 갑작스럽고 빠르며 반복적, 비율동적, 상동적인 움직임이나 소리를 내는 것이다. 전자를 운동틱(근육틱), 후자를 음성틱이라고 하는데, 이 두 가지의 틱 증상이 모두 나타나면서 전체 유병기간이 1년을 넘는 것을 뚜렛병(Tourette's Disorder)이라고 한다. 틱은 나타나는 근육군과 양상에 따라서 단순틱과 복합틱으로 구분되고, 단순 운동틱은 순간적인 눈 깜박임, 목 경련, 얼굴 찡그림이나 어깨 으쓱임 등으로 나타난다.

2. 원 인

현재까지 진행되어 온 연구를 살펴보면, 유전적 요소와 환경적 요소 간의 상호작용으로 인하여 질병이 발생하는 것으로 알려져 있다.

유전적인 요인, 뇌의 구조적/ 기능적 이상, 뇌의 생화학적 이상, 호르몬, 출산 과정에서의 뇌 손상이나 세균감염과 관련된 면역반응 이상 등이 틱의 발생과 관련이 있는 것으로 알려져 있다. 그 밖에도 학습 요인, 심리적 요인 등이 틱의 발생과 악화에 관련 있다. 예를 들어, 아주 가벼운 일시적인 틱은 주위의 관심이나 환경적 요인에 의해 강화되어 나타나거나, 특정한 사회적 상황과 연관되어 나타날 수 있다. 가족이 틱의 증상을 오해하고 창피를 주거나 벌을 주어서 증상을 제지해 보려고 한다면 아이는 정서적으로 불안해져 증상이 오히려 악화된다. 그러나 심리적인 원인만으로 틱이 발생하는 것은 아니다.

1) 신경생물학적 원인

(1) 도파민 계통의 이상

도파민 수용체를 차단하는 약물을 사용하게 되면 일시적으로 틱의 증상을 호전시킬 수 있고, 도파민 분비를 증가시키는 약을 쓰면 틱 증상이 악화되는 것으로 보아 도파민 체계의 이상이 병의 원인으로 추측된다.

(2) 뇌영상 연구

각종 뇌영상 연구결과를 살펴보면, 뇌의 피질－선조체－시상－피질 회로의 이상이 틱 장애의 발생과 연관이 있는 것으로 생각된다.

2) 유전적 원인

가족력으로 부모가 어릴 때 틱 증상을 보인 경우가 많다. 유전적 소인이 있는 경우에는 특히 남자에서 틱 장애가 많이 발견되고 여자에게 강박장애가 흔히 관찰된다. 일란성 쌍둥이의 경우 뚜렛병은 54~89%의 일치율을 보이게 되며, 만성 틱장애까지 포함될 때 일치율이 94~100%에 이르는 것으로 보아 상당한 유전적 원인을 가지고 있는 것으로 본다.

3) 환경적 요인

출산 과정에서 뇌 손상이나 뇌의 염증, 출생 시 체중, 산모의 스트레스 등도 틱장애와 관련이 있다는 보고가 있다.

4) 심리적 요인

틱 증상은 스트레스에 민감하므로 정서적으로 불안할 때 증상이 악화되는 경향이 있다. 따라서 틱 증상에 대해 벌을 주거나 야단을 치는 경우 더 악화된다. 가정 불화, 학교 시험, 흥분되는 휴일, 친구와의 갈등, 신학기 등의 시기는 증상을 악화시킬 수 있다. 그러나 틱이 악화되었다고 해서 반드시 이런 원인이 있는 것은 아니다. 지나치게 심리적인 요인을 강조하여 생각하면 오히려 유아동의 정상적인 발달을 저해할 수 있다. 즉, 유아동이 당연히 지켜야 하는 규칙이나 책임을 스트레스를 주지 않기 위해 아이가 해야 할 일을 하지 않도록 방치할 수 있게 된다.

3. 증 상

틱 증상의 공통적인 특징은 불수의적이고, 시간에 따라서 강도나 빈도가 변할 수 있다는 것이다. 스스로 노력하면 일시적으로 억제가 가능하기도 하지만 기본적으로 불수의적인 특징을 가지고 있다. 스트레스나 불안, 피로감, 지루함 또는 흥분상태 등에서는 증상이 악화될 수 있고 휴식, 수면 중, 한 가지 일에 몰두할 때는 증상이 일시적으로 호전을 보이기도 한다. 하지만 일부 유아동은 수면 중에도 틱 증상이 발생하는 것으로 보고되고 있다.

즉, 틱 증상은 불수의적인 것으로서 고의로 그러는 것이 아니다. 일부러 아이가 그런 행동을 보이는 것이 아니므로 부모나 교사는 아이에게 화를 내거나 나무라는 것은 좋지 않다.

시간의 경과에 따라 증상의 정도가 변한다. 파도가 밀려오듯이 갑자기 증상이 심해졌다가 며칠 뒤에는 잠잠해지는 식으로 증상의 정도에 변화가 많다. 증상을 보이는 해부학적 위치도 어느 날은 눈을 깜빡이다가 며칠 후에는 코를 킁킁거리는 식으로 변할 수 있다.

틱장애는 대개 7세경에 발병하는 것으로 알려져 있다. 운동틱은 유아기(때론 2세에도)에 처음 나타난다. 틱 양상은 대개 운동틱으로 발생하게 되며 2년 경과한 시점에서 음성틱을 동반하게 되는 것으로 알려져 있다. 가장 흔한 초기 증상으로는 눈을 깜박거리는 등의 안면 증상이다.

시간이 지나면서 신체의 아래쪽에서 틱 증상이 발현하게 되고 보다 복잡한 운동으로 발전하기도 한다. 틱 증상은 한 가지 틱이 없어지면 새로운 다른 틱 증상이 발생하는 양상을 보인다. 따라서 각 증상이 틱 증상인지에 대해서 혼란스러운 경우가 있다.

약 25~50%에서 틱 발생 전에 과잉행동, 산만함, 지속적인 주의력의 어려움 등이 나타나기도 한다. 10세 이상이 되게 되면 아이들은 대개 틱 증상 전에 전조 증상을 보고한다. 전조감각 충동은 전형적으로 뭔가 죄는 느낌, 터질 것 같은 느낌, 하지 않으면 안 될 것 같은 불편감 등을 경험하는 것 등이다. 예를 들어, 기침소리 같은 음성틱을 하기 전에 목이 아파오거나 간지러운 느낌, 목을 움직이는 틱을 하기 전에 목이 뻣뻣하게 굳거나 수축하는 느낌 등을 호소하게 된다. 간혹 전신이 달아오르는 듯한 느낌을 이야기하는 유아동도 있다. 각각의 틱은 1초 이상 지속되는 경우가 드물며 틱은 짧은 틱 사이의 간격을 두고 한꺼번에 삽화적으로 발생하는 경향이 있다(권준수 외, 2024).

틱은 반복적이고 빠르며, 비율동적인 갑작스러운 음성이나 신체 움직임이다. 실제로 너무 빨라 그대로 눈 깜짝할 사이에 일어날 수 있다. 복합틱은 여러 가지 단순틱이 빠르게 연속적으로 일어나며, 자연히 더 길게 나타난다. 틱은 흔하다. 틱 단독으로 발병할 수도 있고, 뚜렛장애의 증상으로 나타날 수 있다.

틱은 가끔씩 나타나는 경련부터 일련의 운동 및 음성이 반복적이고 폭발적으로 나타나는 것까지 그 수준이 다양하며, 특히 후자의 경우 학교 교실에서 큰 혼란을 일으키기도 한다.

일반적으로 틱은 얼굴 위쪽(얼굴 찡그리기나 눈 주위 근육의 경련)에 나타나지만, 복부긴장이나 어깨, 머리 손발 경련처럼 다양한 부위에서 나타날 수 있다. 음성틱은 이보다 다소 늦게 시작되는 경향이 있다. 단순 음성틱은 짧게 큰소리 내기, 헛기침, 킁킁대기, 단음절 말을 중얼거리거나 외치는 모습을 보인다.

틱으로 인해 유아동은 자신의 몸과 정신과정을 통제할 수 없다는 느낌을 받는다. 그렇지만 일부 환자들은 나이가 들면서 틱을 함으로써 틱을 하고 싶은 욕구를 완화시키는 긴장－완화 기제를 발달시킨다(병적 도벽에서도 긴장－완화의 기제가 있지만 이와는 다르다). 틱은 불수의적이지만 때때로 일시적이나마 이를 억제할 수 있으며, 보통 수면 중에는 보이지 않는다. 틱장애는 지속적이라고 표현되지만 시간이 지나면 그 강도가 변하며, 갑자기 몇 주간 완전히 사라지기도 한다. 아프거나 피곤하거나 스트레스를 받으면 종종 그 빈도가 증가한다.

유아동기 틱은 흔하며, 남아는 약 10%, 여아는 약 5%의 유병률을 보인다. 대부분은 운동틱으로, 아동이 성장하면서 사라지며, 대개 진단평가를 받아야 할 정도로 심하게 발전하지 않는다. 틱이 성인기까지 지속되는 경우는 유병률 자체는 낮지만 남성에서 더 많다. 틱이 성인기에 처음 발병하는 경우는 드물며, 발병하더라도 주로 코카인이나 기타 마약으로 인해 나타난다. 성인 환자의 틱은 변하지 않는 경향이 있으며, 유아동기 틱보다 덜 심하지만 그 강도가 다양하다. 성인기 예후는 다양한 요인으로 인해 악화될 수 있는데, 동반질환인 정신장애나 만성적인 신체질환, 가정에서 지원 부족, 향정신성 약물 사용이 이러한 요인에 해당한다.

진단과 상관없이 틱은 매우 유사하게 나타난다(신민섭 외, 2018).

근육틱과 음성틱을 각각 단순형과 복합형으로 나누어 예를 들어 정리해 보면 다음과 같다.

- 단순 근육틱 : 눈 깜박거리기, 얼굴 찡그리기, 머리 흔들기, 입 내밀기, 어깨 들썩이기
- 복합 근육틱 : 자신을 때리기, 제자리에서 뛰어오르기, 다른 사람이나 물건을 만지기, 물건 던지기, 손 냄새 맡기, 남의 행동을 그대로 따라 하기, 자신의 성기 부위 만지기, 외설적인 행동하기

- 단순 음성틱 : 킁킁거리기, 가래 뱉는 소리 내기, 기침소리 내기, 빠는 소리 내기, 쉬 소리 내기, 침 뱉는 소리 내기
- 복합 음성틱 : 사회적인 상황과 관계없는 단어를 말하기, 욕설 뱉기, 남의 말을 따라 하기

4. 유병률

틱은 소아에서는 매우 흔한 질병이다. 전체 아동의 10~20%가 일시적인 틱을 나타낼 수 있는데, 증상은 7~11세에 가장 많이 나타난다. 일과성 틱은 학령기 아동의 5~15%에서 나타나는데, 만성 틱은 그중 1%의 아동에게 발생한다.

5. 진 단

공식적 진단 체계인 DSM-5-TR(Diagnostic and Statistical Manual of Mental Disorders, 5th edition Text Revision)에서 틱장애는 뚜렛장애, 만성운동 또는 만성음성 틱장애, 일과성 틱장애, 그리고 달리 명시되는 틱장애 또는 달리 명시되지 않는 틱장애의 다섯 가지 진단범주로 구성된다. 다음은 그중 세 가지의 틱장애와 각각의 진단 기준을 요약하여 제시하였다.

1) 뚜렛장애

뚜렛장애는 1895년 프랑스 신경학자인 Georges Gilles de la Tourette에 의해 처음 소개되었다. 뚜렛장애는 신체의 다양한 부분에서 보이는 많은 틱이 포함된다. 보통 머리 부분에서 운동틱을 보인다(눈 깜빡임이 종종 처음 증상으로 나타난다). 어떤 환자들은 복합 운동틱을 보인

다(예 무릎을 크게 구부리기). 일반적으로 뚜렛장애 환자의 운동틱의 위치와 강도는 시간이 지남에 따라 변화하는 양상을 보인다.

음성틱은 뚜렛장애에서 특징적으로 나타나며, 이는 전문가(신경학자보다는 주로 정신건강임상가)의 주의를 끄는 부분이기도 하다. 음성틱은 짧은 큰소리, 딸깍 소리, 기침, 으르렁거리기, 이해할 수 있는 단어 등 놀라울 정도로 다양한 형태로 나타난다. 환자 중 소수지만 상당수(10~30%)가 욕설증을 동반하기도 한다. 욕설증은 외설적인 말, 혹은 다른 가족이나 지인이 견딜 수 없는 말을 내뱉는 것을 말한다. 정신적 욕설증(침투적인 외설적 사고) 역시 나타날 수 있다.

현재 뚜렛장애는 드물지 않다고 알려져 있으며, 아동의 경우 뚜렛장애의 유병률은 1%에 달하고, 남아가 여아보다 2~3배 더 많다. 다른 민족/ 인종 집단에 비해 아프리카계 미국인에게 더 적게 나타나는데, 그 이유는 밝혀지지 않았다. 관련 증상으로는 머리 흔들기, 피부 뜯기로 인한 자해가 있다. 뚜렛장애는 가족력이 미치는 영향이 강력하다. 일란성 쌍둥이의 경우 50%, 이란성 쌍둥이의 경우 10% 이상의 일치율을 보인다. 종종 틱이나 강박장애의 가족력이 있기 때문에 임상가들은 뚜렛장애와 조기 발병 강박장애 사이에 유전적 관련성이 있을 것이라고 추측하고 있다(신민섭 외, 2018).

진단 기준은 다음과 같다.

① 여러 가지 운동틱과 한 가지 또는 그 이상의 음성틱이 장애의 경과 중 일부 기간 동안 나타난다. 두 가지 틱이 반드시 동시에 나타나는 것은 아니다.

② 틱은 1년 이상의 기간 동안 거의 매일 또는 간헐적으로 하루에 몇 차례씩(대개 발작적으로) 일어난다.

③ 18세 이전에 발병한다.

④ 장해는 코카인 같은 자극적 물질이나 일반적인 의학적 상태(예 헌팅턴 병, 바이러스성 뇌염)의 직접적인 생리적 효과로 인한 것이 아니다(권준수 외, 2024).

2) 만성운동 또는 만성음성 틱장애

① 한 가지 또는 여러 가지의 운동틱 또는 음성틱(갑작스럽고 빠르고 반복적, 비율동적이며, 같은 행동을 계속 반복하는(상동증) 동작 또는 음성)이 장애의 경과 중 일부 기간 동안 존재하지만, 두 장애가 함께 나타나지는 않는다.

② 틱은 1년 이상의 기간 동안 거의 매일 또는 간헐적으로 하루에 몇 차례 일어나고, 이 기간 동안에 틱이 없는 기간이 연속적으로 3개월 이상 지속되지는 않는다.

③ 18세 이전에 발병한다.

④ 장해는 코카인 같은 자극적 물질이나 일반적인 의학적 상태(예 헌팅턴 병, 바이러스성 뇌염)의 직접적인 생리적 효과로 인한 것이 아니다.

⑤ 뚜렛장애의 진단 기준에 맞지 않아야 한다.

다음의 경우 명시할 것 :

운동틱만 있는 경우

음성틱만 있는 경우(권준수 외, 2024).

3) 일과성 틱장애

① 한 가지 또는 여러 가지의 운동틱 또는 음성틱이 나타난다.

② 틱은 처음 틱이 나타난 이후로부터 12개월 이상 지속되지 않는다.

③ 18세 이전에 발병한다.

④ 장해는 코카인 같은 자극적 물질이나 일반적인 의학적 상태(예 헌팅턴 병, 바이러스성 뇌염)의 직접적인 생리적 효과로 인한 것이 아니다.

⑤ 뚜렛장애, 만성운동 또는 만성음성 틱장애의 진단 기준에 맞지 않아야 한다(권준수 외, 2024).

6. 공존질환

많은 의학적, 정신의학적 상태가 틱장애와 공존하며, 특히 주의력결핍 과잉행동장애(ADHD), 파괴적 행동, 강박장애 등이 흔히 나타난다. 또한 시덴함 무도병, 상동증적 운동장애와 같은 기타 운동장애나 자폐스펙트럼 장애 및 특정학습장애와 같은 신경발달장애가 동반되기도 한다. 우울, 불안 혹은 물질사용 장애가 생길 위험도 높다(권준수 외, 2024).

7. 검 사

틱장애로 진단하기 위해서는 감별 진단을 위해 다른 신경과적·내과적 문제가 없는지 충분히 살펴보아야 하고 증상에 따라 감별 진단을 위해 뇌 자기공명영상 촬영, 혈액 검사, 그리고 뇌파 검사 등의 검사를 시행한다.

또한 우울장애, 주의력결핍 과잉행동장애, 반항성 도전 장애 등의 다른 정신과적 문제가 공존하는 경우가 많아 이 부분에 대해서도 세심한 진단적 고려가 요구된다.

8. 치 료

현재까지는 임상적으로 문제가 되는 중등도 이상의 틱장애 치료에 약물치료가 가장 효과적이라고 알려져 있다. 일과성 틱장애가 아닌 만성 틱장애, 뚜렛병의 경우에는 대개 약물치료가 시행된다. 약물치료 기간은 환자의 증상의 호전 정도에 따라 다르지만, 대개 12~18개월 정도 복용한 뒤에는 양을 줄이기도 한다. 틱은 분명 만성적인 질병이지만 전체적으로 예후는 좋은 편이다. 음성틱은 완전히 사라지는 경우가 많고 근육틱 역시 호전되는 경우가 많기 때문이다.

대개 7~15세 사이에 가장 증세가 심하지만 일반적으로 증상의 악화와 완화가 반복되면서 점차 약해진다. 뚜렛병의 경우 30~40%는 완전히 증상이 없어지며, 30%는 증상이 있더라도 심하지 않은 정도가 된다. 하지만 나머지 아동들은 성인이 되어서도 증상이 지속될 수 있다.

틱장애와 뚜렛장애의 치료는 크게 약물치료, 행동치료, 가족교육의 세 범수로 나뉜다.

1) 약물치료

학교, 사회에서의 기능수준을 고려하여 결정해야 한다. 만약 틱 증상으로 인해 아이가 학업성취에 영향을 받고 친구들의 놀림을 받는 등 적응상에 어려움이 있다면 약물치료를 고려하여야 한다. 약물치료는 틱 증상을 억제하는 데 상당한 효과가 있다. 일반적으로 뚜렛장애, 만성 틱장애의 경우에는 약물치료를 선호하지만, 증상이 심하지 않은 일과성 틱장애에서는 비약물치료를 시행하는 것이 추천된다. 대개 약물치료 기간은 12~18개월 동안 유지하는 것으로 알려져 있으며, 증상이 조절된 후 감량을 고려한다. 사용되는 약물들은 다음과 같다.

(1) 전형적 항정신제

할로페리돌(haloperidol), 피모짓(pimozide)

(2) 비전형적 항정신제

리스페리돈(risperidone), 올란자핀(olanzapine), 아리피프라졸(aripiprazole), 쿼티아핀(quetiapine), 클로자핀(clozapine), 설피라이드(sulpiride)

2) 행동치료

틱장애와 뚜렛장애에 사용되어 온 행동치료에는 이완훈련, 자기 관찰, 습관반전 등이 있다. 행동치료 중 아동에게 직접 가르칠 수 있는 습관반전의 방법은 다음과 같다.

틱 증상을 하기 전 전조 감각충동을 느낄 수 있어야 한다. 대개 10세 이후면 전조 감각충동을 느낄 수 있으며 아이에게 직접 틱을 하기 전 느끼는 감각에 대해서 물어보면 알 수 있다. 틱에 대한 경쟁적 반응을 실시하게 해야 한다. 즉, 예를 들어 고개를 뒤로 젖히는 운동 틱을 갖고 있는 경우 고개를 숙이는 행동을 의도적으로 하게 한다. 이때 반드시 틱을 한 근육을 사용하지 않고 자신이 편하게 생각하는 다른 부분의 행동(주먹 쥐기, 눈 질끈 감기)으로 대치해도 된다. 위와 같은 경쟁적 반응이 주변으로부터 덜 병적으로 보이는 행동이라는 긍정적 반응을 얻어야만 한다. 훈련은 매일 시간을 정해서 1주일은 열심히 해야 한다. 모든 가족이 알고 충분히 격려하여야 한다.

3) 가족교육

가족들의 틱 증상에 대한 자세한 관찰이 필요하긴 하지만, 틱 자체에 대해서는 무시하는 태도를 보이는 것이 좋다. 아동의 틱 행동에 대해서 부모가 가지고 있는 불안감은 문제가 될 수 있으니 스스로 조절해야 한다. 틱 자체에 신경을 쓰기보다는 아이가 틱 증상으로 생활에 영향을 받지 않고 자신감 있게 생활을 할 수 있는 것에 훨씬 더 신경 써야 한다. 틱 때문에 스트레스를 줄여주기 위해서 아이가 마땅히 해야 할 일들을 줄여주는 것은 바람직하지 않다. 아이가 스스로의 스트레스 조절법을 익히도록 도와줘야 한다.

9. 경과 및 합병증

틱의 경과는 매우 다양하다. 대개 만 2세부터 13세 사이에 시작되는데, 7~11세 사이에 발병하는 경우가 가장 많다. 눈을 깜박거리는 증상부터 시작하는 경우가 가장 흔하지만 시간이 경과하면서 어느 날은 눈을 깜빡이다가 며칠 후에는 코를 킁킁거리는 식으로, 한 가지 증상이 없어지고 다른 증상이 새로이 나타나기도 한다. 수일 혹은 수개월에 걸쳐 저절로 증상이 생겼다가 없어졌다 하는 경우도 많다.

파도가 밀려오듯이 갑자기 증상이 심해졌다가 며칠 뒤에는 잠잠해지는 식으로 증상의 정도도 시시각각 달라진다. 일시적인 틱은 대개 저절로 사라지지만, 일부는 만성 틱장애나 뚜렛병으로 발전하기도 한다.[1]

관련 기사

우리 아이가 틱장애? 절대 야단쳐선 안 돼요

틱장애 환자 증가, 유아·청소년기에서 많이 발생..이유는?

1) 출처 : 국가정신건강정보포털 의학정보(2021). https://www.mentalhealth.go.kr/portal/main/index.do (https://m.terms.naver.com/entry.nhn?docId=2120045&cid=51004&categoryId=51004)

| Tip |

틱 증상은 일부러 혹은 고의로 증상을 만들어내는 것이 아니며 뇌의 이상에서 비롯되는 병이므로 아이를 나무라거나 비난하기, 놀리기, 지적하기 등은 피하는 것이 좋다. 초기에 가장 효과가 좋은 대책은 증상을 무시하고 증상에 대해 관심을 주지 않는 것이다.

틱장애 아동뿐만 아니라 함께 생활하는 다른 아이들을 위해서라도 병에 대해 충분히 이해한 학교 선생님과의 협조가 필요하다. 친구들이 틱 아동을 받아들이지 않고 따돌리게 되면 사회성에 문제가 생기는 경우가 많으므로 선생님이 교실 내에서 긍정적이고 지지적인 환경을 제공해 주는 것이 많은 도움이 되기 때문이다.

출처 : 네이버백과사전. 서울대학교병원 의학정보, 서울대학교병원(2015).

제 9 장

주의력결핍 과잉행동장애 (ADHD)

제 9 장 주의력결핍 과잉행동장애 (ADHD)

1. 정 의

ADHD는 'Attention Deficit Hyperactivity Disorder'를 줄인 말로 우리말로 '주의력결핍 과잉행동장애'라고 부르는데, 아동, 청소년의 정신건강 문제에 있어 가장 흔하고 익숙한 진단명이다. 여기서 오해하지 말아야 할 것은 진단명이기 때문에 '장애'라는 단어를 붙이지만, 이때의 의미는 우리가 흔히 알고 있는 '장애'와는 달리 '질환의 이름'을 의미한다는 사실이다.

동등한 발달수준에 있는 아동에 비하여 주의력과 과잉행동의 정도가 심하게 일탈되며 그러한 정도가 장애의 진단 기준을 충족시킬 때 내려지는 진단명이다. 정신장애의 진단 및 통계 편람-제4판(DSM-IV)에 따르면 대개 7세 이전에 발견되며, 적어도 아동이 속하는 두 가지 이상의 상황(가정 · 학교 · 유치원 · 작업장)에서 존재하여야 한다.

① 주의력 결핍 우세형

② 과잉행동 · 충동성 우세형

③ 복합형

④ 주의력결핍과 과잉행동 증상이 뚜렷하게 나타나기는 하지만 진단 기준을 충족시키지는 않는 기타 유형으로 분류할 수 있다(특수교육학 용어사전, 2009).

그러나 DSM－5에서는 주의력결핍 과잉행동장애의 증상을 부주의와 과잉행동－충동성으로 두 부분으로 나누어서 진단 기준을 제공하였으며, 각 증상마다 세부적 예시를 들었다. 그리고 DSM－IV－TR에서는 기준 B에서 부주의 또는 과잉행동－충동 증상이 7세 이전에 있다고 되어 있었으나 DSM－5에서는 12세 이전으로 나이가 변경되었다. 또한 DSM－5에서는 후기 청소년과 성인의 주의력결핍 과잉행동장애에 대한 진단 기준이 추가되었다(이순민, 2014). 이제 더 이상 유아동기에만 출현하는 장애로 한정되지 않는다는 의미다.

주의산만, 충동성, 흥분성 및 지나친 활동을 보이는 장애로서 또래 및 학업의 곤란을 경험하고 어른의 요구에 따르지 못하는 특징을 보인다. 학습문제, 정서문제 및 대인관계에 어려움이 나타날 수 있다.

- 학습문제 : 지적 잠재력에 비해 학교 성적이 낮고, 과제 수행능력이 부족하며, 학교 활동의 참여율이 낮아지게 됨
- 정서문제 : 지속적으로 꾸중이나 부정적인 피드백을 경험하게 되면서 자아존중감이 낮아지고 좌절감 및 우울감, 반항적 태도나 행동을 보임
- 대인관계 : 상대방에 대한 배려가 부족하면서 문제아로 인식되기도 하고, 또래와의 관계가 원활하지 않을 수 있음. 교사나 부모와의 관계가 악화되기도 함

2. 진 단

※ DSM-5-TR의 주의력결핍 과잉행동장애 진단 기준

A. 다음의 (1) 그리고/또는 (2)로 특징지어지는 것처럼, 기능 또는 발달을 방해하는 부주의 그리고/또는 과잉행동－충동성의 지속적 패턴

1. 부주의 : 다음 아홉 가지 증상 가운데 여섯 가지(또는 그 이상)가 발달수준에 부합되지 않고 사회적 및 학업적/직업적 활동에 직접적으로 부정적 영향을 주는 정도로 적어도 6개월 동안 지속됨

   주 : 증상들이 단지 저항하는 행동, 반항, 적개심 또는 과제나 지시를 이해하지 못한 것을 보여주는 징후는 아님. 후기 청소년이나 성인(17세 이상)에게는 적어도 다섯 가지 증상들이 요구됨

   a. 흔히 세부적인 면에서 면밀한 주의를 기울이지 못하거나, 학업, 작업, 기타 활동 중에 부주의한 실수를 저지름(예시 : 세부 사항을 간과하거나 놓침, 작업이 정확하지 못함)
   b. 흔히 과업이나 놀이 활동에 주의집중을 지속하기 어려움(예시 : 강의, 대화, 긴 독서 중에 집중을 유지하기가 어려움)
   c. 흔히 다른 사람이 직접 말을 걸 때 경청하지 않는 것으로 보임(예시 : 뚜렷하게 집중을 방해하는 것이 없음에도 불구하고 정신이 다른 곳에 가 있는 것처럼 보임)
   d. 흔히 지시를 완수하지 못하고, 학업, 잡일, 또는 작업장에서의 임무를 수행하지 못함(예시 : 과업을 시작하지만, 곧 초점을 잃고 쉽게 옆길로 빠짐)
   e. 흔히 과업과 활동을 체계화하지 못함(예시 : 순차적인 과업을 처리하는 데 어려움, 자료와 소지품을 정리하는 데 어려움, 지저분하고 정리되지 않은 업무, 형편없는 시간 관리)
   f. 흔히 지속적인 정신적 노력을 요구하는 과업에 연관되기를 피하고, 싫어하고, 꺼림(예시 : 학업 또는 숙제, 후기 청소년이나 성인에게는 보고서 준비, 서식 작성하기, 긴 서류 검토하기)
   g. 흔히 과업이나 활동하는 데 필요한 물건들을 잃어버림(예시 : 학교 자료, 연필, 책, 지갑, 열쇠, 서류, 안경, 핸드폰)
   h. 흔히 외부의 자극에 의해 쉽게 산만해짐(후기 청소년이나 성인에게는 관련 없는 생각들이 포함될 수 있음)
   i. 흔히 일상적 활동을 잊어버림(예시 : 잡일을 함, 심부름을 함, 후기 청소년과 성인에게는 전화 회답하기, 고지서 납부하기, 약속 지키기)

2. 과잉행동과 충동성 : 다음 증상 가운데 여섯 가지(또는 그 이상)가 발달수준에 부합되지 않고 사회적 및 학업적/직업적 활동에 직접적으로 부정적 영향을 주는 정도로 적어도 6개월 동안 지속됨

   주 : 증상들이 단지 저항하는 행동, 반항, 적개심, 또는 과제나 지시를 이해하지 못한 것을 보여주는 징후는 아님. 후기 청소년이나 성인(17세 이상)에게는 적어도 다섯 가지 증상들이 요구됨

a. 흔히 손발을 가만히 두지 못하거나 톡톡 두드리고, 혹은 자리에 앉아서도 몸을 꿈틀거림
b. 흔히 앉아 있도록 요구되는 상황에서 자리를 떠남(예시 : 교실, 사무실이나 다른 작업장, 또는 자리에 앉아 있는 것이 요구되는 다른 상황에서 자기 자리를 떠남)
c. 흔히 부적절한 상황에서 바삐 뛰어다니거나 기어오름
주 : 청소년이나 성인에서는 안절부절못하는 느낌으로 제한될 수 있음
d. 흔히 조용히 여가 활동에 참여하거나 놀지 못함
e. 흔히 마치 '전동기로 움직이는 것'처럼 행동하며, '끊임없이 바쁨'(예시 : 음식점, 회의에서처럼 긴 시간 동안 가만히 있는 것이 불가능하거나 편안하지 않음, 안절부절못하거나 따라가기 어렵다고 다른 사람들이 느낄 수 있음)
f. 흔히 지나치게 수다스러움
g. 흔히 질문이 채 끝나기 전에 불쑥 대답함(예시 : 사람들의 문장을 자신이 끝맺음, 대화 중에 자기 차례를 기다리지 못함)
h. 흔히 순서를 기다리지 못함(예시 : 줄을 기다리는 동안)
i. 흔히 다른 사람의 활동을 방해하고 간섭함(예시 : 대화, 게임, 활동에 참견함, 허락을 구하거나 받지 않고 다른 사람의 물건을 쓰기도 함, 청소년이나 성인은 다른 사람이 하는 것을 함부로 침범하거나 탈취할 수도 있음)

B. 여러 부주의 또는 과잉행동-충동 증상들이 12세 이전에 있었음

C. 여러 부주의 또는 과잉행동-충동 증상들이 두 가지 이상의 환경에서 존재함(예시 : 집·학교·직장에서, 친구들 또는 친척들과 함께 있을 때, 다른 활동 중에)

D. 사회적·학업적·직업적 기능에 지장을 주거나 이러한 기능의 질을 낮춘다는 확실한 증거가 있음

E. 증상들이 정신분열증 또는 다른 정신병적 장애의 경과 중에만 오직 발생하지 않으며, 다른 정신장애(예시 : 기분장애, 불안장애, 해리성 장애, 성격장애, 물질 중독 또는 금단)에 의해 잘 설명되지 않음

다음 중 하나를 명시할 것 :

- **복합형** : 지난 6개월 동안 기준 A1(부주의)과 A2(과잉행동-충동)에 모두 부합하는 경우
- **부주의 우세형** : 지난 6개월 동안 기준 A1(부주의)에는 부합하지만, A2(과잉행동-충동)에는 부합하지 않는 경우
- **과잉행동-충동 우세형** : 지난 6개월 동안 기준 A2(과잉행동-충동)에는 부합하지만, A1(부주의)에는 부합하지 않는 경우

만약 해당된다면 명시할 것 :

- **부분관해** : 이전에는 모든 기준이 부합되었으나, 지난 6개월 동안에는 부합하는 기준이 적을 때, 그리고 그 증상이 여전히 사회적 및 학업적/직업적 기능에 손상을 초래할 경우

현재의 심각도를 명시할 것:

- **가벼운 정도** : 진단을 내리는 데 필요한 것 이상의 증상이 만일 있다 하더라도 거의 없으며, 증상은 사회적 또는 직업적 기능에 가벼운 손상 이상을 초래하지 않음
- **중간 정도** : 증상이나 기능적 손상은 '가벼운 정도'와 '심각한 정도'의 사이에 존재함
- **심각한 정도** : 진단을 내리는 데 필요한 것 이상의 증상이 많거나 특별히 심각한 여러 증상들이 존재하거나 또는 증상이 사회적 또는 직업적 기능에 뚜렷한 손상을 초래함

출처 : 권준수 외(2024); 이순민(2014).

3. 특 징

DSM-5-TR에 제시된 진단 기준을 유아동에 공통적인 특징으로 정리해 보면 다음과 같다. 기본적인 지능은 정상수준이며 다른 일차적인 장애에 근거하지 않아야 한다. 주로 주의력 부족, 충동성, 과잉행동이 핵심 증상이지만 사실은 집중 효율성의 저하나 반응 억제의 어려움 등과 같은 '실행 기능의 저하'가 가장 특징적이다.

<표 9-1> 주의력결핍 과잉행동장애의 핵심 특징

주의력결핍	• 학교과제와 다른 활동에서 부주의한 실수를 함(예 알림장을 끝까지 적어 오지 못하거나 한 문장을 완성하기도 어렵다든가 하는 식) • 놀이활동에서 집중이 곤란함(예 친구들이 소꿉놀이하면 소꿉놀이 기구를 만지작거리다 5초도 안 되어서 이내 옆 블록을 만지고 다시 그리기 도구를 만지작거리고) • 상대편의 말을 경청하기 어려움(예 대화 시에 집중해서 처음부터 끝까지 들어야 의미 파악이 되는데 그러기가 어려워서 지시 따르기가 어렵다. 심부름을 시키면 잘 하지 못한다)

	• 활동을 체계적으로 하는 데 어려움을 가지고 있음(예 언제나 정리가 안 되어 있어 늘 물건이 제자리에 없고 계산을 할 때 물건 보여주고 돈 주고 거스름돈 받고 하는 식의 절차가 어려울 때도 있다) • 인내를 요하는 과제를 회피함 혹은 싫증냄(예 자리에 앉아서 경청을 하면서 활동을 이어가는 경우 쉽게 지루해지고 주리를 틀 듯 몸을 움직이고 팔다리를 꼼지락거리거나 흔드는 경우가 많다) • 물건을 자주 잃어버림(예 신발주머니, 장갑, 목도리, 모자 등은 거의 매일 잃어버리고 다니고 필기구도 마찬가지인 경우가 많다) • 외부 자극에 쉽게 산만해짐(예 집중도가 짧아서 책을 펴고 5초도 안 되어서 밖에 소리가 나면 쳐다보고 다른 친구들이 하는 행동에 금세 자기가 하던 일을 중지한다든가 하는 식) • 일상적인 일을 흔히 잊음(예 양치질을 빼먹거나 머리 빗는 걸 잊는다거나 매일 하는 일상들을 자주 잊어버림)
과잉행동	• 몸을 움직이지 않거나 가만히 있지 못함 • 자리를 자주 이탈함 • 걷기보다는 뛰는 등 과다하게 움직임 • 말이 많음 • 마치 모터를 단 듯이 쉴새 없이 행동함
충동성	• 질문이 채 끝나기도 전에 대답함 • 차례나 규칙을 지키기 어려움 • 다른 사람을 방해함

출처 : 잔트만아동청소년상담센터(2024).

주의력결핍 과잉행동장애의 핵심 특징 부언 및 주의사항

종종 교사가 ADHD 아동을 발견하고 평가에 의뢰한다. 이들은 쉴새 없이 움직이며, 안절부절못하거나 꼼지락거리는 행동으로 수업을 방해한다. 의자에서 뛰어내리고, 끊임없이 말하며, 다른 사람을 방해하고 자신의 순서를 기다리거나 차분히 노는 것이 불가능해 보인다.

실제로 과잉행동은 ADHD 사례의 절반에 불과하며, 또 다른 ADHD 측면으로는 주의력결핍에 있다. 이들은 일이나 놀이에 주의를 기울이고 유지하는 것을 힘들어한다. 쉽게 주의가 분산되기 때문에(그래서 숙제하기처럼 정신적 노력을 유지할 필요가 있는 것을 좋아하지 않으며, 회피한다),

세부사항을 간과하고 부주의한 실수를 저지른다. 조직화 기술이 빈약하기 때문에, 과제나 기타 자료를 분실하거나 집안일이나 약속을 이해하지 못한다.

이러한 행동은 학교, 가족관계, 사회적 생활과 같은 삶의 여러 측면에 영향을 미친다. 연령이 증가하면서 이러한 행동은 다소 개선되기도 하지만 10대나 그 이후에도 지속적으로 나타날 수 있다.

• 놓치기 쉬운 주의사항
  - 기간 및 기타 인구통계학적 특징(6개월 이상, 12세 이전 발병)
  - 고통 혹은 장애(직업적/학업적, 사회적 혹은 개인적 손상)
  - 감별진단(지적장애, 불안장애 및 기분장애, 자폐스펙트럼 장애, 품행장애, 적대적 반항장애, 간헐적 폭발장애, 특정학습장애, 파괴적 기분조절부전장애, 정신병적 장애, 기타 정신질환 및 성격장애)

• 부호화 시 주의점

다음 중 하나를 명시할 것(과거 6개월 동안)
- F90.0[314.00]. 주의력결핍 우세형 : 부주의 진단 기준은 만족하나, 과잉행동/충동성 진단 기준은 만족하지 않음
- F90.1[314.01]. 과잉행동/충동 우세형 : 과잉행동/충동성 진단 기준은 만족하나, 부주의 진단 기준은 만족하지 않음
- F90.2[314.01]. 복합형 : 양쪽 진단 기준 모두 만족

다음의 경우 명시할 것
- 부분관해 상태 : 일부 증상이 사라져 더 이상 진단 기준을 완벽히 만족하지 않지만, 학업적, 직업적 기능에서의 손상은 지속되는 상태가 (대개 성인기까지) 지속되는 경우

현재의 심각도를 명시할 것
- 경도 : 상대적으로 증상이 적음
- 중등도 : 경도와 고도에 비해 증상이 중간 정도임
- 고도 : 진단에서 요하는 것보다 훨씬 더 많은 증상을 경험

4. 증 상

- 매사에 급하고 참을성과 인내심이 부족한 모습으로 중요한 일이 무엇인지 모르고 당장 눈앞에 하고 싶은 일만 하여 중요한 일을 마치지 못하는 것
- 정서적으로 미숙해서 감정과 충동 조절이 어려운 모습
- 정리정돈이 잘 안되고 제한된 시간 안에 일을 마치지 못하는 모습
- 무언가를 시작하려는 동기를 가지기가 어렵고 자신의 행동의 문제가 무엇인지 모르며, 문제의식이 없고 하나의 목표를 위해 다른 일을 끝내지 못하는 등과 같은 여러 가지의 모습
- 단순히 '산만한 것'만의 문제가 아니라 이런 인지, 정서, 행동 조절과 관련된 전반에서 어려움을 보임

5. 원 인

ADHD 발생은 70%가량은 유전적 원인, 30%가량은 환경적 원인과 관련되어 있다. ADHD의 다양한 모습들을 이해하기 위해서는 우리 뇌의 앞쪽 부분에 해당하는 전두엽에 대해서 알아야 한다. 우리 앞 이마의 안쪽에 위치하고 있는 전두엽은 오케스트라의 지휘자와 같은 역할을 하는 뇌의 한 부위로 사람을 가장 사람답게 만드는 실행기능을 담당한다. 이 전두엽은 20대 초반까지 꾸준히 자라면서 발달한다. 최근의 연구결과들을 보면 ADHD가 다양하고 복합적인 원인에 의해 생기지만 뇌의 기능적, 구조적인 차이와 연관되고 뇌 발달의 성숙 지연, 특히 전두엽 발달의 성숙 지연과 관련되어 있다고 본다(Shaw, et al., 2007). 즉, 실행센터 노릇을 하는 전두엽은 계획을 세우고, 여러 가지 일에 우선순위를 세워 처리하고, 시간을 관리하고, 충동과 감정을 조절하고, 반응을 억제하는 등 다양한 실행기능과 관련되어 있다.

6. 검 사

<표 9-2> C. K. Conners의 주의집중력 결핍 평정 척도(교사용)

날짜 :　　　　　이름 :

위 아동에 대해 평소 원에서 관찰할 때, 다음과 같은 행동이 어느 정도 나타나는지 해당하는 부분에 ✓표시하시오.

번호	문항	전혀 없다	약간 있다	조금 많다	아주 많다
1	잠시도 가만히 있지 못하고 불편한 듯 움직인다.	0	1	2	3
2	분위기에 적절치 못한 소리를 낸다.	0	1	2	3
3	자기가 요구하는 것은 당장 들어 달라고 졸라댄다.	0	1	2	3
4	조심성이 없고 뻔뻔스럽다.	0	1	2	3
5	쉽게 화를 내고 기분대로 행동을 바꾼다.	0	1	2	3
6	비판을 받으면 과도하게 민감한 반응을 나타낸다.	0	1	2	3
7	주의산만하여 집중시간에 문제가 있다.	0	1	2	3
8	다른 아이들을 방해한다.	0	1	2	3
9	혼자 꿈을 꾸는 듯이 멍청하게 있을 때가 많다.	0	1	2	3
10	쉽게 뾰루퉁하고 새침해진다.	0	1	2	3
11	기분이 쉽게 그리고 심하게 변한다.	0	1	2	3
12	잘 싸운다.	0	1	2	3
13	선생님이나 다른 어른들에게 아첨을 잘한다.	0	1	2	3
14	잠시도 가만히 앉아 있지 못한다.	0	1	2	3
15	쉽게 흥분하고 충동적이다.	0	1	2	3
16	선생님의 주의를 지나치게 요구한다.	0	1	2	3
17	반 아이들에게 인기가 없다.	0	1	2	3
18	다른 아이들이 하자는 대로 잘 이끌린다.	0	1	2	3

19	놀이를 할 때 정직에 대한 개념이 없다.	0	1	2	3
20	리더십이 없다.	0	1	2	3
21	시작한 과제를 끝내지 못한다.	0	1	2	3
22	유치하고 덜 성숙하다.	0	1	2	3
23	잘못했을 때 우기고 남에게 덮어 씌운다.	0	1	2	3
24	다른 학생들과 어울리지 못한다.	0	1	2	3
25	다른 학생들에게 협조하지 않는다.	0	1	2	3
26	별 노력 없이 쉽게 실망한다.	0	1	2	3
27	선생님의 말을 잘 따르지 않는다.	0	1	2	3
28	공부를 잘 못한다.	0	1	2	3

I Tip I

ADHD 자녀 대하기

"도대체 뭐가 문제일까요? 제가 아이를 키우는 방식에 문제가 있었을까요?"

ADHD 자녀를 둔 부모들이 하소연하는 말 중의 하나이다. 많은 부모들이 아이를 키우는 양육방식이 ADHD를 일으키는지 궁금해하지만 현재까지의 연구결과로는 양육태도와 ADHD와의 연관성은 그리 많지 않다. 그렇지만 ADHD 여부를 떠나 비일관적이고 가혹하게 아이를 대하는 태도나 아이의 마음과 몸에 상처를 주는 학대, 방임 등은 아동·청소년의 발달에 큰 영향을 줄 수 있다. 심한 경우 마음의 후유증이 커져 아이들이 다양한 어려움을 겪기도 한다.

ADHD를 가진 아이들은 자주 지적을 받고 야단을 들으며 친구들의 놀림을 받기도 한다. 자신감이 떨어지고 '나는 안 돼'라는 생각이 들어 울적하고 의기소침해지고, 매사에 불안해지기 쉽다. 이런 속상함이 때론 화로 표현되기도 한다. 스스로의 잠재능력을 발휘하지 못하고 상처가 깊어져 다양한 문제들이 나타날 수도 있다. ADHD의 모습이 아이들의 건강한 성장 발달을 위해서라도 적극적으로 나서서 꼭 도와주어야 하는 이유 중의 하나이기도 하다.

ADHD는 사실 진단하기가 간단하지 않다. 집중력 검사 하나만으로는 속단할 수가 없다. 그 이유는 ADHD는 단순히 산만한 것만의 문제가 아닐 뿐만 아니라, 다양한 상태가 같이 겹쳐서 나타나기 때문이다. ADHD 단독으로 있을 경우는 30% 정도밖에 되지 않으며, 70%가량은 ADHD 이외에도 우울, 불안 문제, 틱 증상, 학습장애 등의 다양한 문제들을 동반하고 있다. 이러한 문제들이 함께 수반되어 있을 때 ADHD를 가진 아이가 보이는 모습은 매우 다양하므로 진단과정에서 세심한 전문지식과 임상 경험이 필요하다.

집중력이 떨어지는 이유도 너무나 다양한 원인들이 있기 때문에 잘 구별하는 것이 매우 중요하다. 피곤하거나 흥미가 없어도 집중을 못 할 수 있고, 자신의 실력과 맞지 않는 주제일 때에도 집중하기가 힘든 것이 사실이다. 또 아이가 심리적으로 우울하거나 불안하면 집중력이 떨어질 수밖에 없다. 따라서 집중을 잘하지 못하고 산만하다고 해서 "넌 ADHD야"라고 섣부르게 판단해서는 안 된다. 같은 이유로 겉으로 보기에 집중을 잘해 보인다고 해서 다른 어려움이 있는 것을 간과해서도 안 될 것이다. 또한 ADHD는 초등학생 때, 청소년기, 어른이 되었을 때의 모습이 모두 다르다는 사실도 알아두면 좋다.

ADHD는 전체 아동·청소년의 5~7%가 진단될 정도로 비교적 흔한 상태이고 전 세계적으로도 비슷한 비율의 아이들이 있다. 한국의 경우 2006년도 조사 결과에서 대략 6.5%가량이 ADHD로 진단되었다. 이 수치에 근거해 도움이 필요한 아동·청소년을 추정한 뒤 실제 치료를 받고 있는 아이들의 비율을 보면 대략 11% 정도만이 치료를 받고 있다고 볼 수 있다. 2009년도 미국의 ADHD를 가진 아이들이 50%가량 치료받고 있는 것을 비교해 볼 때, 여전히 한국에서는 ADHD가 과소 진단되고 있고, 도움을 받지 못하는 아동·청소년들이 많다는 것을 알 수 있다.

ADHD라고 해서 몹쓸 '정신병'에 걸린 것도 아니고, 신체적 장애와 같이 치명적 뇌 결함이 있는 것도 아니다. 다만, 뇌 회로가 일반적인 아이들보다 조금 다르게 작동할 뿐이다. 긍정적으로 생각해 보자. 에디슨, 윈스턴 처칠, 레오나르도 다 빈치의 경우도 어린 시절에는 ADHD의 모습이 많이 있었다! 아이들이 ADHD 증상을 보인다고 해서 너무 걱정할 필요는 없다. 인내심과 이해, 꾸준한 치료를 통해 얼마든지 나아질 수 있기 때문이다.

ADHD 진단 자체에 회의를 품거나 약물치료에 대한 우려로 부정적인 시각들이 있지만, 한 해 수천 건의 과학적 연구결과로 ADHD를 가진 아이들을 이해하고 치료하기 위한 다양한 발전이 이뤄지고 있다.

아이들이 건강하게 잘 커갈 수 있도록 ADHD라는 방해요소는 줄이면서 아이 본연의 장점과 잠재능력을 잘 키울 수 있도록 하기 위해서는 어른들의 관심이 필요하다. ADHD 아이들은 흙 속에 묻힌 보석과도 같다. 흙을 잘 걷어내어 아이들이 지닌 열정, 에너지, 창조적인 기질들이 빛날 수 있도록 도와주는 것은 어른들의 몫이다.

출처 : 대한신경정신의학회. https://m.terms.naver.com/entry.nhn?docId=2109879&cid=51011&categoryId=51011

| Tip |

아이가 어떤 일을 끈기 있게 지속적으로 한다면 칭찬과 격려를 해주기

처음에는 아이들이 좋아하는 물건이나 과제를 제시하고 점차적으로 아이들이 덜 좋아하는 것을 하도록 계획을 짠다.
지시는 분명하고 구체적이어야 하며 소위 잔소리처럼 불필요한 군더더기 말을 줄인다. 아이가 이해할 수 있도록 설명해 주는 것은 좋지만 한두 번 정도로 끝내야 한다. 너무 부모나 어른이 말을 많이 하는 것은 오히려 아이가 지시에 집중하지 못하게 하며 건성으로 듣게 한다.
즉, 말에 있어서의 "Stop"을 잘해야 한다.

7. 치 료

ADHD에는 약물치료가 효과적이다. 80% 정도가 분명한 호전을 보이는데, 집중력, 기억력, 학습능력이 전반적으로 좋아진다. 또 과제에 대한 흥미와 동기가 강화되어 수행능력이 좋아진다. 더불어 주의산만함, 과잉활동과 충동성은 감소되고, 부모님과 선생님에게도 잘 따르고 긍정적인 태도를 보이게 된다. 하지만 약물치료로만으로 모든 것이 해결되는 것은 아니다. 병에 대한 정확한 정보를 얻고 아이를 도와줄 수 있게 하는 부모교육, 아동의 충동성을 감소시키고 자기조절능력을 향상시키는 인지행동치료, 기초적인 학습능력 향상을 위한 학습치료, 놀이치료, 사회성 그룹치료 등 다양한 치료가 아이의 필요에 맞게 병행되는 것이 좋다.[1)]

1) 출처 : [네이버 지식백과] 주의력결핍 과잉행동장애 [attention deficit / hyperactivity disorder] (서울대학교병원 의학정보, 서울대학교병원)

관련 기사

어릴 적 ADHD 제때 치료 안 하면 어른 되어도 정신질환 겪을 확률 높아

ADHD, 방치하면 반항장애·자살·중독 위험

주의력결핍과잉행동장애(ADHD), 전두엽 자극해주면 개선 가능

서초 '영·유아 플라자' 개장

제 10 장

적대적 반항장애

제 10 장 적대적 반항장애

1. 정 의

반항, 불순종, 적대감 등 권위적 대상을 향한 지속적인 부정적 행동 패턴을 하는 장애로 규칙을 어기거나 타인의 권리를 침해하는 반사회적 행동이나 공격적인 행동은 두드러지게 나타나지 않는 질환이다. 학령전기에 시작되어 8세 이후에 뚜렷해진다. 어른과 논쟁하고, 화를 잘 내며, 반항적이고 버릇이 없으며, 보복적인 행동을 함으로써 어른들을 자주 화나게 한다.

2. 원 인

적대적 반항장애의 원인은 다양하다. 생물학적·유전적·환경적 요인이 복합적으로 작용할 수 있다. 하지만 의학적 관점에서는 일부 ADHD의 동반질환으로 생각하는 경우도 있다. 또는 추가조사와 치료를 필요로 하는 기저 문제가 있음을 나타내는 것일 수 있다고도 한다.

첫째, 신경생물학적인 선천적 요인, 양육 환경, 생활습관 등의 환경적인 요소가 적대적 반항장애 아동의 행동적 패턴에 영향을 미친다. 성급하고 까다로운 기질인 영유아는 부정적인 기분상태, 새로운 환경에의 부적응, 불규칙적인 식사와 수면문제를 나타낸다. 이런 생물학적 선천적 요인이 부모문제, 즉 부모의 범죄행위, 정신 병리적인 행동, 부부 갈등, 엄격하고 비일관적인 양육방법과 같은 환경적 요인과 결합하여 적대석 반항징애를 야기시킨 것으로 보인다.

둘째, 가족관계에서 오는 스트레스 때문일 수 있다. 천성이 까다로운 아기는 잘 달래지지 않아서 부모는 좌절을 한다. 이에 부모는 자녀를 믿지 않고, 야단만 치게 된다. 이때 아동은 무력감, 부족함, 좌절과 분노를 경험한다. 성장하면서 침묵, 반항, 말 안 듣기 등으로 어른을 대하게 된다. 부모는 자녀가 말을 잘 듣게 하기 위해서 잔소리하고, 꾸짖고, 신체적 체벌을 가하는 등의 행동을 하는데 이는 적대적인 행동의 빈도와 강도를 증가시킨다.

셋째, 부적응적인 학교생활에 기인한 것일 수 있다. 학교에서는 이러한 형태의 수동적·공격적·반항적 행동이 교사와 다른 아이들을 화나게 만든다. 아동은 학교에서 야단맞고, 처벌·비난을 받게 되는데, 그러면 이를 남의 탓으로 돌리고 비난하고 화를 낸다. 이러한 아동은 때로는 학업 실패 및 사회적 고립을 경험하게 된다. 이는 만성적인 비난과 함께 아동으로 하여금 낮은 자존심을 갖게 만든다.

넷째, 후천적인 요인, 자폐증, 틱장애/ 뚜렛장애, 강박장애, 주의력결핍 과잉행동장애 등 뇌와 관련된 학습장애, 행동장애 등의 복합적인 양상을 보이는 경우 많다.

다섯째, 우울증, 강박증 또는 조증의 일부로도 생길 수 있다.

여섯째, 일부 분리불안장애 아동들도 반항적인 행동을 보일 수 있다. 끈질기게 달라붙는 애착 행동이 적대적 반항으로 될 수도 있다.

일곱째, 다른 가족의 행동장애, 물질남용, 정서장애와도 관련이 있다.

3. 특 징

적대적 반항장애는 행동조절과 정서조절 문제를 가진 경우다. 핵심 특징은 분노, 과민한(쉽게 화를 내는) 기분, 논쟁적, 반항적 행동 또는 보복적 특성이 빈번하고 지속적으로 일어나는 것이다. 적대적 반항장애에서는 전형적으로 행동 문제뿐만 아니라 분노, 과민한 기분 증상도 함께 보인다. 이런 장애를 가진 사람은 자기 자신이 화를 잘 내거나 반항적이라고 생각하지는 않는다. 대신 자신의 이런 행동을 부당한 요구나 분위기에 대한 반응이라고 생각한다. 이런 증상은 보통 취학 전에 나타나며 초기 청소년기 이후에 발병하는 경우는 매우 드물다(김정미 외, 2015).

여기서는 DSM-5-TR의 진단 기준을 명시하였다. 분명 유아동기에도 빈번히 나타나는 장애이고 집단활동 시 상당히 어려움을 야기시키는 장애이기에 특별히 내용을 담았다.

적대적 반항장애를 다시 정리하면 화나거나/민감한 기분, 시비를 걸거나/반항하는 행동, 또는 악의에 차 있거나 앙심을 품은 것의 빈번하고 지속적인 패턴을 특징으로 한다.

- 초기에는 불복종, 떼쓰기로 시작되어 쓸데없는 언쟁, 비협조적 또는 도전적인 행동으로 발전함
- 친숙한 관계에서 빈번히 나타남
- 심한 분노발작, 수동공격적인 행동, 고의적으로 귀찮게 굴기, 언어적 공격성을 보이나 심각한 신체적 공격성은 나타나지 않음

4. 진 단

다음은 DSM-5-TR의 진단 기준이다.

※ **DSM-5-TR의 진단 기준**

A. 적어도 6개월 동안 다음 항목들 중에서 네 가지(혹 그 이상)의 분노/과민한 기분, 논쟁적인/반항하는 행동, 보복적인 양상들이 지속됨. 이런 증상은 형제나 자매 외에 한 명 이상의 다른 사람과의 상호작용에서 나타나야 함

분노/과민한 기분

(1) 자주 욱하고 화를 낸다.

(2) 자주 과민해지고 쉽게 짜증을 낸다.

(3) 자주 성내고 분노한다.

논쟁적인/반항하는 행동

(4) 자주 어른들과 논쟁한다.

(5) 자주 어른의 요구나 규칙을 무시하거나 거부한다.

(6) 자주 고의적으로 사람들을 괴롭힌다.

(7) 자주 자신의 실수나 잘못을 남의 탓으로 돌린다.

보복적인 특성

(8) 지난 6개월 내에 적어도 두 번 이상 악의에 차 있거나 앙심을 품고 있다.

주의 : 이 행동이 동일 연령이나 동일 발달수준의 개인들에게서 전형적으로 관찰되는 것보다 더욱 빈번하게 발생할 때에만 규준에 맞는다고 간주함. 5세 이하의 유아인 경우에는 최소한 6개월 동안 거의 매일 나타나야 함. 5세 이상의 아동은 6개월 동안 일주일에 최소한 한 번 이상 나타나야 함

B. 행동상의 장해가 개인 자신에게 또는 자신과 직접적인 관련이 있는 사회적 맥락(예 가족, 또래 집단, 동료) 내에 있는 다른 사람에게 고통을 주며, 그 결과 사회적, 학업적, 직업적 그리고 다른 주요한 영역에서의 기능에 부정적인 영향을 줌

C. 이 행동들이 정신병적 장애, 약물사용장애, 우울장애 또는 양극성 장애의 경과 중에만 나타나는 것이 아님. 또한 파괴적 기분조절부전장애의 진단 기준에 부합하지 않아야 함

현재의 심각도를 명시할 것 :

– 가벼운 정도 : 증상이 단지 한 가지 상황(예 집, 학교, 직장, 또래집단)에서만 나타나는 경우

– 중간 정도 : 증상이 적어도 두 가지 상황에서 나타나는 경우

– 심각한 정도 : 증상이 세 가지 이상의 상황에서 나타나는 경우

출처 : 권준수 외(2024).

5. 비순종/ 반항의 원인

1) 부모-자녀 관계

부모들이 사용해 온 비효율적, 비일관적, 비변별적인 아이 다루기 방법으로, 종종 지나치게 엄격하면서도 비일관적인 훈육 방법 및 아동의 행동에 대한 주시 감독의 부족과 함께 나타난다.

손상된 아동과 가족의 통제 실제(첫 번째 요인)와 함께, 다른 세 가지의 서로 다른 인과적 영향력들이 유아동들의 적대적 행동에 대한 네 가지 요인 모형을 구성한다.

2) 유아동 특성들

두 번째 요인은 특정한 기질과 인지 특성을 가진 유아동들이 다른 유아동들보다 강제적-공격적 행동을 표출하고 비순종을 획득하게 되는 경향이 확실히 더 많다는 인식의 증가를 가져왔다. 특히 정서적으로 민감하게 반응하고(높은 감수성), 쉽게 짜증을 내며, 습관이 불규칙하고, 지나치게 활동적이거나 부주의하고 충동적인 유아동들은 그 같은 부정적인 기질 특성을 가지고 있지 않은 유아동들보다는 파탄적 행동장애들을 보이고 반항과 강제 행동을 나타낼 가능성이 더 많은 것으로 보인다.

3) 부모 특성들

세 번째 요인, 즉 부모 쪽의 유사한 기질적·인지적 특성들 때문에 증가되기도 한다. 미숙하고, 경험 없고, 충동적이거나, 부주의하고, 우울하고, 적대적이고, 거부적이며, 또는 다른 식의 부정적 기질을 가지고 있는 부모들은 반항적이며 공격적인 자녀를 가지게 되는 경우가 훨씬 더 많다.

4) 상황적 요인들

네 번째 요인은 가족 내적, 외적으로 가족을 둘러싼 더 큰 상황적 사건들을 포함하는 것으로, 이는 유아동의 반항 행동과 공격성 및 이후의 비행의 위험성을 증가시키는 데 영향을 미칠 수 있다.

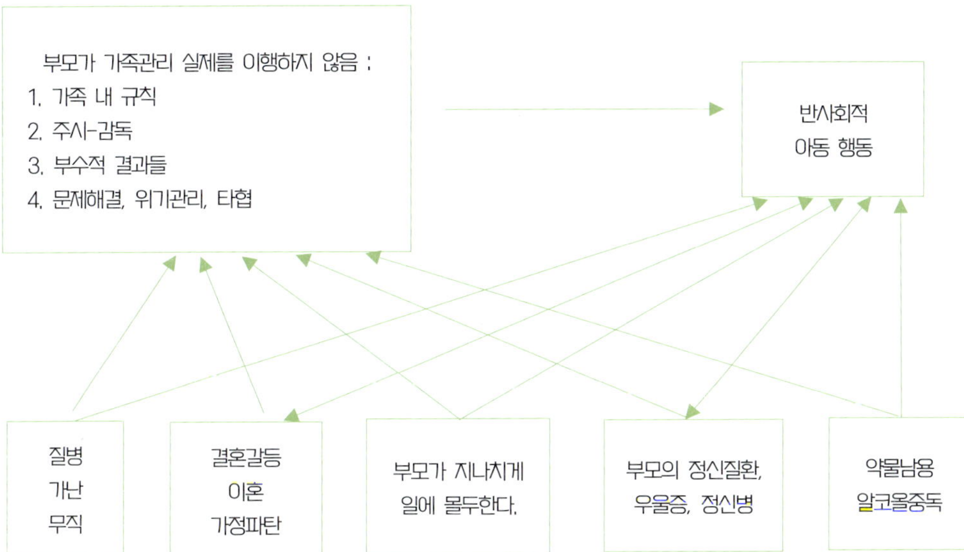

[그림 10-1] 가족의 통제 실제, 위기, 유아동의 반사회적 행동 간의 관계

출처 : 안동현 · 김세실(1997).

6. 대 처

흔히 말 안 듣는 아이 하면 연상되는 장애이다. 유아기의 무조건 반항하는 아이에 대해 다음과 같은 일화를 통한 구체적인 대처법을 살펴보도록 한다.

- 일화 : 작은아이의 울음소리에 아이들 방으로 달려갔더니 작은아이가 바닥에 엎드린 채 울고 있고 큰아이는 아직도 씩씩거리며 작은아이를 내려다보고 있다. 작은아이를 일으키며 보니 코피가 조금 흐른다. 왜 그랬냐고 그랬더니 말하기 싫다는 듯 “몰라요”라고만 한다. 일단 작은아이를 진정시키기 위해서 휴지 좀 가져다주겠냐고 했더니 “싫어요”라고 한다. 몇 번을 이야기해도 들은 척도 안 한다.

위 일화 속의 아이처럼 무조건 반항하는 것이 아닌 경우가 많다. 일단 어떤 문제든 엄마가 너무 예민하게 대처하지 않는 것이 문제를 악화시키지 않는 태도이다. 발달기에, 특히 5세 이전까지는 자기중심적인 것이 발달 특징이다. 그래서 자기 위주로 생각하고 판단하고 그런 부분들이 엄마가 보기에는 반항하는 것으로 보일 수도 있다. 예를 들어, 자기가 낮잠을 자지 않았으므로 낮이 아니라고 하는 아이들이다.

또한 어떤 지시나 명령을 했을 때 잘 따르지 않았다면 엄마의 지시가 효과적이지 못했을 수도 있다. 즉, 유아가 지시를 명확히 이해하지 못했거나 엄마가 지시를 명확히 하지 않았거나일 수 있다. 그러므로 지시를 할 때는 뜻하는 바를 확실히 하는 것이 좋다. 그리고 한꺼번에 너무 많은 지시를 하지 말아야 한다. 또한 유아가 엄마에게 집중할 수 있도록 유아와 눈을 맞추거나 유아의 얼굴을 돌려 세워 엄마의 얼굴을 쳐다보게 하는 것이 좋다. 지시를 하기 전에 불필요한 잡음이나 방해물은 제거하는 것이 좋다. 유아가 TV를 시청하거나 스마트폰 게임을 하고 있는데 지시를 내린다면 유아에게 지시내용이 전달되기 어려워서 결과적으로 순종적이지 않은 것으로 보일 수 있다. 지시를 내린 다음 유아에게 지시사항을 반복해 보게 하는 것도 좋은 방법이다.

유아가 엄마의 지시를 잘 따랐을 때 관심을 보여주고 유아의 순종적인 행동에 긍정적인 평가를 해주어야 한다. 일단 아이가 바쁘지 않은 시간을 골라 “엄마에게 휴지 좀 갖다주렴” 혹은 “엄마 로션을 이리 가져올래?”라는 식으로 유아에게 지시나 요구를 하고 따르게 한다. 그런 다음 잘 따라 하면 “엄마가 시킨 대로 해주니까 너무 좋구나. 네가 휴지를 가져다줘서

얼마나 깨끗해졌는지 좀 보렴. 네가 휴지를 가져다주다니 참 착하다" 이런 식의 칭찬을 해준다.

1~2주 정도 시간을 내서 집중적으로 이런 순종훈련을 시키면 어느 정도 반항적인 부분이 많이 해소될 것이다.

때로는 지시한 내용과 정반대로만 행동하는 청개구리형의 아이도 있다. 성말 반힝하는 것처럼 보이는 아이들이다. 이런 아이들의 경우에도 위의 순종훈련이 효과적일 것이다(황성원 외, 2010).

7. 치료 및 중재

유아동 개인의 특성, 유아동이 처한 환경을 고려하여 치료를 진행하는 것이 바람직하다.

- 약물 및 뇌파치료

품행장애처럼 약물치료를 진행하는 것이 효과적이다.

특히 주의력결핍 과잉행동장애 · 강박장애 · 불안상애 등과 같은 다른 질환과 함께 있을 때만 약물치료를 한다.

뇌의 각성 수준을 조절하는 뇌파훈련을 한다.

- 개인 심리치료 및 상담

더 효과적인 분노조절을 통해 반항행동을 줄이도록 도움을 준다.

새로운 대상관계를 형성하도록 돕는다. 방어적인 태도와 부정적인 행동 인식을 줄이고, 타인에 대한 신뢰로운 감정을 향상시킨다.

아동의 자존감, 자율성 회복 치료 과정을 거쳐 정서적 안정과 생활의 적응력을 높인다.

- 행동치료

바람직한 행동, 적절한 반응에 대해 체계적인 행동수정과 사회기술훈련을 실시한다. 타인에게 긍정적인 피드백을 주고받을 수 있도록 연습한다.

규칙, 타인과의 상호협력, 규범을 지킬 수 있도록 돕는다.

- 미술치료

정서적 불안감, 분노감과 같은 무의식적 반응을 미술작품으로 표현함으로써 내면의 안정감을 회복시킨다.

대상관계에 대한 어긋난 인식, 공격적이고 파괴적인 내면의 욕구를 긍정적인 작품으로 표현하는 활동으로 전환하여 자아개념을 회복하게 한다.

- 인지학습치료

아동이 자기통제, 인내를 하고, 더 사려 깊고 효율적인 문제해결을 위한 전략을 사용하도록 도움을 준다.

왜곡된 사고과정을 재구조화하여 불안, 우울, 반항적인 태도를 경감시킨다.

사람들에 대한 부정적 태도, 불평, 불만사항들을 정리하여 상황에 대한 잘못된 인식을 수정하고 상황 파악 능력을 향상시킨다.

자신의 불만족스러웠던 생활이 나아질 수 있는 다양한 방법을 모색, 실천하여 일상적 자신감, 만족감이 학업, 또래관계, 진로탐색에까지 긍정적 영향을 미칠 수 있도록 한다.

- 부모상담

부모가 자녀를 더 잘 이해할 수 있도록 부모, 자녀 간에 긍정적인 상호관계를 유지하고 높이는 것을 목적으로 한다.

대화나 칭찬의 기술, 행동수정기법, 긍정적 관계를 유지하는 법 등에 대한 부모상담은 부모와 자녀의 관계개선을 높여준다(고태순 · 차영은 · 장세희, 2013).

8. 관련 연구

김세영(2017)의 적대적 반항장애를 동반한 ADHD 아동의 아동중심 놀이치료 사례연구를 통해 적대적 반항장애 아동의 치료에 대한 또 다른 치료 개입의 한 가지 방법으로 아동중심 놀이치료를 소개하고자 한다.

적대적이고 반항적인 아동의 경우 단기적인 인지행동적 접근에 거부감을 보일 수 있음을 언급하며, 오히려 상징적인 놀잇감을 통해 자신의 억압된 정서를 자유롭게 표출하고 카타르시스와 치료적 관계를 경험하는 아동중심 놀이치료가 용이한 접근이 될 수 있다고 주장하였다. Chae(2005) 역시 아동의 공격성과 우울감 등 부정적 정서의 표출 및 완화에 아동중심 놀이치료가 효과적이며, Kenny와 Winick(2000)은 외상 경험이 있는 아동상담에서 아동중심 놀이치료 기법을 탄력적인 비언어적 의사소통의 수단으로 적용하는 것이 효과적이라고 제시하고 있다(S. Kim, 2016). 요컨대 아동중심 놀이치료는 부정적 정서와 관계적 트라우마를 경험하는 적대적 반항장애를 동반한 ADHD 아동에게 정서적·관계적 측면에서 효과적인 개입이 될 것으로 예측할 수 있다.

이와 관련해 H. S. Kim(2013)은 초등학교 3학년 남아 대상의 사례연구에서 부모훈련을 병합한 비지시적 놀이치료 접근이 적대적 반항장애를 동반한 ADHD 아동의 공격성 완화 및 관계 문제 개선에 효과가 있음을 보고하였다. 실제 임상 현장에서도 통상적인 치료(usual care)로 아동중심 놀이치료는 ADHD 또는 적대적 반항장애 아동에게 보편적으로 적용되고 있는 실정이다(J.-S. Lee, et al., 2006). 이에 본 연구에서는 놀이치료에 적합한 단일사례연구(single-case design)를 통해(Ray, 2008; 2010; S. Lee, 2014; Urquiza, 2010), 적대적 반항장애를 동반한 ADHD 아동에게 아동중심 놀이치료가 실시되는 과정 및 아동의 변화 양상을 살펴보고자 한다.

한편 놀이치료에서 치료효과에 기여하는 핵심적인 요소는 놀이이다. 따라서 놀이치료의 과정을 이해하기 위해서는 놀이 자체에 대한 객관적인 분석이 필수적으로 이루어질 필요가 있다(S. Lee, 2014). 특히 VanFleet, Sywulak과 Sniscak(2011)은 놀이치료의 과정을 보다 면밀히 이해하기 위해 놀이주제를 탐색할 것을 제안하였다. 놀이주제란 놀이치료 과정에서 나타나는 놀이의 주된 내용으로(Ray, 2010), 놀이주제에는 좌절된 아동의 내적 욕구나 심리적 상태가 반영되어 나타날 수 있고(Drewes, Bratton, & Schaefer, 2011), 치료자의 입장에서는 놀이주제 분석을 통해 아동의 문제를 개념화할 수 있다(Benedict & Hastings, 2002; Woo, 2005). 또한 놀이패턴과 반복적인 주제의 이해를 통해 진행단계의 전환과 아동의 변화를 감지할 수 있으며(Benedict, 2003; Benedict & Hastings, 2002; K. Kim & Yun, 2015), 아동의 심리적 상태 및 욕구 충족을 파악할 수 있다(VanFleet, et al., 2011). 즉, 놀이주제에 대한 탐색은 아동의 심리적 경험 및 치료과정을 보다 객관적으로 이해하고, 촉진적인 치료관계를 형성하는 데 도움이 되는 일이라 볼 수 있다. 이와 관련해 S. Lee(2014)는 치료효과와 연결될 수 있는 놀이주제, 구성, 놀이방식 등에 대한 측정을 통해(Baggerly & Bratoon, 2010; Phillips, 2010) 놀이치료의 과정과 놀이 자체에 대한 객관적인 이해를 넓히려는 시도의 필요성을 제기한 바 있다. 이에 본 연구에서는 적대적 반항장애를 동반한 ADHD 아동에 대한 아동중심 놀이치료 과정에서 나타나는 단계별 놀이주제 및 흐름 또한 탐색해 볼 가치가 있을 것으로 보고, 상기 연구들과의 비교가 가능하도록 Benedict 등(1998)의 놀이주제 분류체계를 근거로 놀이치료 단계에서의 놀이주제를 정리해 보고자 한다.

정리하면 이 연구에서는 적대적 반항장애를 동반한 ADHD 아동에게 아동중심 놀이치료를 실시하고 진행과정 및 내용을 살펴보아 아동중심 놀이치료를 통한 아동의 변화를 확인하고자 한다. 나아가 단계별로 나타나는 주된 놀이주제 및 흐름을 파악함으로써 적대적 반항장애를 동반한 ADHD 아동의 아동중심 놀이치료에서 나타나는 치료과정 및 특성에 대한 이해를 높이고자 한다. 이는 적대적 반항장애를 동반한 ADHD 아동에 대한 아동중심 놀이치료의 적용 가능성을 확인하고, 치료과정을 보다 면밀히 이해하는 데 기여하는 의미 있는 일이 될 것이다.

1) 연구대상의 기본정보

아동은 치료 시작 당시 만 7세 1개월인 초등학교 1학년 남아로, 심각한 충동성, 주의산만 및 집중력 부족과 폭력적인 언행으로 인해 담임교사와 학급의 학부모들, 그리고 학교 측으로부터 심리치료를 권고받았다. 모의 보고에 따르면 아동은 외동으로 부모 및 조부모와 함께 살고 있으며, 배우의 직업을 가진 모의 상황으로 인해 만 1세 이후 줄곧 조모와 함께 시간을 보내며 성장하였다. 아동의 모 역시 아동기부터 이어진 성인 ADHD 소견이 있었으며, 연구기관 내원 당시 우울증으로 약물치료를 받고 있었다. 아동의 모는 아동이 걸음마기 이전부터 과도한 활동량이 두드러져 따라다니기 힘들었으며, 만 3세경에는 부주의, 충동성 등의 행동 특성과 관련해 기관보육시설에서 통제가 어렵다는 호소로 어린이집을 3회 이상 옮기는 등 불안정한 환경변화가 있었음을 보고하였다. 이후 놀이치료 시작 당시까지 과잉행동, 주의산만, 충동성 및 공격성으로 인해 또래관계를 형성하지 못하였으며, 학원이나 체육교실 등의 교육기관에 줄곧 적응하지 못해 강제로 퇴출되는 경험을 반복하였다. 아동의 모는 아동의 영유아기 행동 특성에 대해 자신의 ADHD가 유전된 것으로 생각하며 죄책감을 느끼고 있었다. 아동은 만 6세에 정신건강의학과에서 ADHD로 진단을 받고 약물치료를 1년가량 진행하였으나, 뚜렷한 증상의 완화를 경험하지 못하고 중단했던 것으로 보고된다.

2) 연구도구

(1) 아동중심 놀이치료

놀이치료 과정 아동에게 Rogers의 인간중심상담이론에 기반하고 있는 Axline(1969)의 아동중심 놀이치료를 실시하였다. 놀이치료는 놀이치료 및 아동상담 관련 전문 자격을 보유한 연구자가 직접 실시하였으며, 주 1회씩 총 62회기의 놀이치료를 1년 5개월에 걸쳐 연구자가 속한 상담소의 놀이치료실에서 진행하였다. 세션은 40분간의 놀이치료 실시 후, 모와 면담 또는 전화통화로 20분의 부모상담을 진행하는 구조로 구성하였다.

놀이치료 목표 아동에 대한 사례개념화를 바탕으로 다음과 같이 아동중심 놀이치료의 목표를 설정하였다. 첫째, 치료자와의 일관되고 안정된 관계경험을 통해 정서적 안정감 및 신뢰감을 형성하도록 돕는다. 둘째, 내면의 부정적 감정을 안전한 놀이상황 가운데 수용 가능한 방법으로 발산하고 해소하도록 돕는다. 셋째, 수용 및 공감적 지지를 통해 자존감을 높이고 긍정적 자아상을 형성하도록 돕는다. 넷째, 이를 바탕으로 자기조절능력 향상과 사회적 상황에 대한 적절한 대처능력을 형성하도록 돕는다. 다섯째, 부모상담을 통해 부모의 아동에 대한 이해를 높이고, 일관되고 안정적인 양육 환경이 제공되도록 돕는다.

(2) 놀이주제 분류체계

놀이치료에서 나타난 놀이주제를 파악하기 위하여 Benedict 등(1998)의 놀이주제 분류체계(BPTAS : Benedict Play Therapy Analysis System)를 사용하였다. 놀이주제는 '힘과 공격성', '가족과 양육', '통제와 안전', '탐색과 숙달', '성적인 놀이'의 다섯 가지 영역으로 분류되며, 각 영역은 세부 주제들을 포함한다. 놀이주제를 인식하는 기준은 회기 내에 반복되는 특정한 놀이, 다양한 놀잇감으로 유사하게 반복하는 놀이, 강렬한 정서가 표현되는 놀이, 여러 회기에 걸쳐 연결되는 놀이, 갑작스러운 변화가 나타나는 놀이로, 아동에게 특정한 의미가 있는 놀이활동이 이에 해당한다(Benedict, et al., 1998).

3) 연구절차

본 사례는 교육복지우선지원사업으로 해당 지역 교육지원청의 지원 가운데 아동의 학교 교감, 담임교사 및 지역사회전문가의 추천, 그리고 아동 모의 합의하에 연구자가 속한 상담소로 의뢰되었다. 놀이치료 시작 전, 연구자는 아동, 아동의 모, 담임교사와 각각 개별면담을 진행하였으며, 이 과정에서 아동에 대한 놀이치료가 연구과정으로 진행되는 것에 대해 아동과 모에게 동의를 구하였다. 이때 연구 참여에 동의하지 않더라도 놀이치료는 동일하게 진행

됨을 안내하였다. 아동에게는 구두로 익명성 보장의 원칙하에 놀이치료의 기록과 녹취, 이후 연구 자료의 사용 및 자료 보관과 폐기에 대해 이해할 수 있는 수준으로 설명하였으며, 아동의 이익과 자유의사를 최우선으로 하여 연구 참여 여부에 대한 동의를 구하였다. 그리고 모에게도 동일한 과정을 통해 서면으로 동의를 구하였으며, 아동이 속한 학교의 지역사회전문가에게 연구진행 여부를 알리고 연구를 시작하였다. 이후 놀이치료의 모든 회기는 아동과 모의 동의하에 녹취하였으며, 진행과정 및 놀이주제 양상의 분석을 위해 매회 놀이치료가 종료된 직후 연구자가 회기별 기록지를 상세히 작성하였다. 회기별 기록지의 내용에는 아동이 선택한 놀이, 놀이에서의 정서, 몰입의 정도, 놀이와 관련한 의미 있는 대화, 다른 회기와의 차이 또는 특징적인 점, 놀이내용 평가, 치료자와의 상호작용 등(Bratton, Landreth, & Homeyer, 1993)이 포함되었다.

4) 자료분석

수집된 자료에 대한 분석은 2단계에 걸쳐 진행되있다. 우선 아동중심 놀이치료가 진행되는 과정에서 1차적으로 녹음자료의 축어록 또는 완전어록을 작성하여 매월 놀이치료 슈퍼비전을 진행하였으며, 이를 통해 아동중심 놀이치료의 실시과정을 점검하고 단계별 흐름과 내용을 분석하였다. 이때 놀이치료 회기에 나타나는 아동의 반응에 따라 놀이치료 단계를 분류할 것을 제안한 Nordling과 Guerney(1999)의 견해를 수용하여, 놀이치료 과정을 '친밀감 형성 단계', '공격 단계', '퇴행 단계', '종료 단계'로 구분하고 정리하였다.

다음으로 단계별 놀이주제 양상과 흐름을 분석하기 위해 아동중심 놀이치료가 종료된 이후, 1차 분석에 사용한 축어록 및 완전어록을 포함한 녹음자료와 회기별 기록지를 바탕으로 놀이주제 분류체계(BPTAS)에 따라 놀이주제를 분석하였다.

이때 놀이주제의 최종 분류는 신뢰도와 타당도 확보를 위해 삼각검증법(triangulation; Mathison, 1988)으로 연구자와 아동상담 및 놀이치료 전문가 2인이 함께 모여 자료를 반복적으로 검토하는 가운데 모든 자료에 대해 세 명의 의견이 일치되는 방향으로 합의하여 분류하였다.

5) 연구결과

(1) 놀이치료 단계별 진행과정

본 연구의 놀이치료 진행과정은 1~5회기 친밀감 형성 단계, 6~27회기 공격 단계, 28~57회기 퇴행 단계, 58~62회기 종료 단계로 구분된다(Nordling & Guerney, 1999). 단계별 진행과정 및 결과는 다음과 같다.

① 친밀감 형성 단계(1~5회기)

이 시기에 아동은 놀이치료실을 탐색하고 치료자와 라포(rapport)를 형성하였다. 1~2회기에는 놀잇감을 둘러보며 "이거 우리 집에도 있어요.", "이마트에서 샀어요. 선생님은 어디서 샀어요?"라고 묻는 등 치료자와 놀잇감에 관심을 보였다.

3~5회기에는 찰흙으로 핫케이크를 만들어 초를 1개 꼽고 소중히 간직하거나 텐트에 들어가 치료자를 초대하고, 트랜스포머 로봇을 이용한 선과 악의 싸움놀이를 시작했다.

② 공격 단계(6~27회기)

아동은 안전한 공간, 안전한 관계를 바탕으로 점차 다양한 주제의 놀이를 진행하였으며, 주 호소와 관련한 문제행동들이 놀이치료실 및 놀이과정에서 나타나기 시작했다. 6~27회기 전반에 걸쳐 로봇을 변신시키는 '트랜스포머' 놀이, '죽음의 아파트'라는 제목의 연재만화 그리기, 학교를 꾸미고 그곳에서 짜증이 난 학생을 탈출시키는 놀이, 폭주족이지만 착하고 학교를 잘 안 다니는 학생이 주인공으로 등장하는 학교놀이, '고스트 라이더'라는 영웅을 통해 치료자를 구해주는 놀이, 공룡과 괴물의 싸움놀이 등을 진행하면서 본격적인 공격 단계의 모습을 보였다.

③ 퇴행 단계(28~57회기)

퇴행 단계로 접어들면서 아동은 '스머프 마을' 등을 소재로 이야기를 꾸미고, 역할놀이를 통해 지지와 수용을 반복적으로 경험하는 놀이양상을 보였다. 28~32회기에는 치료자에게 검은 고양이 역할을 시키고 마을을 꾸며 아동의 마을과 치료자의 고양이가 서로 상호작용하는 놀이를 진행하였으며, 33~36회기에는 스머프 마을을 꾸미고 가가멜이 ADHD라고 하며, "가가멜이 결국 마음을 바꿔 가가멜의 성에도 꽃이 피었어요."라고 하거나, "가가멜에게는 왜 사랑과 평화가 없을까요?"라고 하며 가가멜이 스머프를 도와주는 놀이를 반복적으로 진행했다. 37~57회기에는 지속적인 스머프 마을 놀이와 함께 공룡과 괴물의 싸움, 집과 새로운 마을 꾸미기, 노래 부르기, 자신이 좋아하는 게임 이야기 나누기, 스머프로 친구 사귀기 놀이가 이루어졌다.

퇴행 단계에서도 중간중간 짜증을 내며 놀잇감을 던지는 행동은 간헐적으로 있었으며, 우발적으로 욕을 하거나 화를 내는 모습을 보이기도 했다. 그러나 이전과 달리 충동적으로 분노 표출 행동을 한 뒤에는 곧 스스로 수습하는 모습을 보이기 시작했다.

④ 종료 단계(58~62회기)

합의하에 종결을 계획하고 진행하는 가운데 아동은 스스로 자신의 놀이를 정리하였다. 58~59회기에는 도둑잡기 등의 규칙이 있는 게임놀이와 스머프들에게 이제껏 가가멜에게 스트레스 받은 것들을 이야기해 보도록 시키며 관계를 개선하는 놀이를 진행하였다. 60회기에 아동의 보고 및 놀이치료 과정에서의 변화 양상, 모의 보고, 학교의 보고를 토대로 아동과 종결에 대한 이야기를 나누었으며, 아동과 합의를 통해 2회기 뒤 종결을 계획하였다. 종결을 준비하며 아동은 로봇 변신 놀이, 기차놀이, 종이인형 만들기 놀이 등을 진행하였다.

이 과정에서 충동적으로 반말이나 공격적인 행동을 보이기도 했으나, 스스로 이를 인식하고 사과하거나 적절히 대처하는 모습을 일관되게 보였다. 또한 부탁, 수용 등 상황에 맞는 적절한 정서, 행동 및 언어적 표현이 증가한 모습이 확인되었다. 그리고 자신이 사용한 놀잇감을 정리하는 모습이 나타나기도 했다. 이에 62회기, 아동의 변화와 성장을 정리하고 축하하며 놀이치료를 종결하였다.

(2) 놀이주제 변화

단계별로 놀이치료 과정에서 나타난 놀이주제의 빈도를 분석한 결과는 다음과 같다.

친밀감 형성 단계에서 나타난 놀이주제는 통제와 안전 14회(50.0%), 탐색과 숙달 7회(25.0%), 가족과 양육 4회(14.3%), 힘과 공격성 3회(10.7%)의 순이었다. 공격 단계에서는 통제와 안전이 38회(40.0%), 힘과 공격성 34회(35.8%), 탐색과 숙달 13회(13.7%), 가족과 양육 10회(10.5%), 퇴행 단계에서는 통제와 안전 40회(34.5%), 힘과 공격성 38회(32.8%), 가족과 양육 29회(25.0%), 탐색과 숙달 9회(7.7%) 순으로 확인되었다. 그리고 종료 단계의 놀이주제는 가족과 양육 6회(30.0%), 통제와 안전 및 탐색과 숙달이 각각 5회(25.0%), 힘과 공격성 4회(20.0%)로 나타났다. 연구의 결과를 정리하고 논의하면 다음과 같다.

첫째, 아동중심 놀이치료가 진행되는 가운데 본 연구대상 아동의 주 호소 문제가 해소 또는 완화되었다. 놀이치료의 과정, 학교 및 부모의 보고를 통해 확인된 변화를 살펴보면, 아동의 공격적이고 반항적 행동이 감소하고 긍정적 자기보고 및 안정적인 정서표현이 증가하는 가운데 긍정적 자아상 및 자존감이 형성된 것으로 확인되었다. 또한 스스로 의지를 가지고 자신의 행동을 적응적으로 조절하고자 시도하거나 규칙을 수용하는 등 통제력이 증가한 모습을 보였다. 사회적 상황에 적절히 대처하며 자신의 감정과 욕구를 언어적으로 표현하거나 사회적으로 수용 가능한 방법으로 표출하고 충족하는 등 사회적 기술과 적응적 모습도 향상되었다. 그리고 모와 안정된 관계를 형성하는 것에서 나아가 학교에서 친구를 사귀고 갈등에 적절히 대처하며 관계를 잘 유지해 나가는 등 대인관계능력이 향상되면서 주변으로부터의 긍정적 피드백이 증가하였다. 이는 ADHD 유아에게 아동중심 놀이치료를 적용하여 효과를 보고한 K. Kim과 Yun(2015)의 연구와 일치하는 결과로, 이상의 변화는 아동중심 놀이치료의 치료적 요인과 긴밀하게 연결된다.

아동중심 놀이치료는 치료적 관계를 중요시한다(Landreth, 1993). 안전한 환경 가운데 아동이 중심이 되어 치료의 방향을 주도하고 책임을 경험하는 과정 안에서, 아동은 자기 통제력과 내적 성장을 경험하게 된다. 또한 치료자와의 치료적 신뢰 관계 및 수용과 존중 경험은, 아동이 내면의 부정적 감정을 해소하고 왜곡이나 거부 없이 세상을 바라보며 타인과 다시 연결되도록 돕는다. 즉, 아동중심 놀이치료의 핵심적 가치와 이를 통한 이동의 내적 성장 과정은 ADHD 아동의 부주의, 충동성 등의 1차적 문제 완화는 물론, 부정적 자아상 및 낮은 자존감, 사회적 관계 및 학교 부적응 등의 2차적 문제 해소와도 밀접하게 맞닿아있는 것으로 볼 수 있다(E. K. Lee, 2016; Landreth, 2012; Ray, 2010).

특히 본 연구에서는 실제 임상 및 교육 현장에서 빈번히 관찰되는(D. Kim, An, & Koo, 2016) 적대적 반항장애를 동반한 ADHD 아동에 대한 아동중심 놀이치료의 긍정적 효과를 확인하였다. 아동중심 놀이치료의 치료적 요인과 과정은 적대적 반항장애를 동반한 ADHD 아동의 심리·행동적 문제의 완화 및 성장과 적응에 도움이 되는 것으로 생각해 볼 수 있다. 이를 입증한 이 연구의 결과는, 최근 더욱 강조되고 있는 비약물 중재(Koh & Jeong, 2013)를 고려함에 있어 아동중심 놀이치료만으로는 긍정적 변화를 이끌어 내기에 역부족이라는 일부의 우려(S. Kim, 2016)와 달리, 적대적 반항장애를 동반한 ADHD 아동의 경우 아동중심 놀이치료 역시 효과적인 방안이 될 수 있음을 보여준다.

둘째, 본 연구대상 아동의 아동중심 놀이치료 단계에서 나타난 놀이주제의 내용을 살펴보면, 친밀감 형성 단계에서 아동은 케이크를 만들어 1개의 초를 꽂고 소중히 다루거나 텐트에 들어가 치료자를 초대하는 등 치료자와의 치료적 관계 구축 및 자아 형성과 관련한 놀이(Green, Crenshaw, & Langtiw, 2009)로 치료의 시작을 알렸다. 그리고 선과 악으로 편을 구분해 싸우는 놀이 가운데 낮은 자존감과 통제력, 자신에 대한 이분화(긍정적·부정적)된 이미지를 내어놓으면서(J. S. Lee, 2012) 중기 전반에 해당하는 공격 단계로 접어들었다. 공격 단계에서 아동이 주로 선택한 놀이는 피겨를 사용한 학교놀이로, 짜증이 난 학생을 학교에서 탈출시키거나 치료자에게 아동을 지지하고 수용하며 돌보아주는 교사 역할을 지시했다. 아동의 주 호소 및 발달력을 고려할 때 이는 아동이 실제 생활에서 경험한 부정적 정서와 관계에 대한 은유적 표현인 동시에 심리적 결핍을 충족해 나가는 과정(Green, et al., 2009)으로 볼 수 있다. 놀이치료가 진행되면서 놀이에 나타나는 주인공의 이미지는, 폭주족이고 학교를 잘 안 다니지만 착한 학생으로 묘사되는 등 점차 부정적 자기와 긍정적 자기가 통합되어 가는 양상(J. S. Lee, 2012)을 띠었다. 그리고 자신이 '고스트 라이더'라는 영웅적 인물이 되어 세상을 구하는 놀이를 반복하면서 힘과 통제력을 확인하고 자아를 강화시켜 나가는 모습(Benedict & Hastings, 2002)을 보였다. 그러나 한편으로는 공룡과 괴물의 싸움을 주제로 한 놀이가 병행되는 등 불안정한 자아 및 위협적으로 여겨지는 외부 환경으로 인한 불안정감(Benedict & Hastings, 2002)도 공존하는 양상이었다. 이렇게 분열과 통합이 공존하는, 혼돈 및 보상적 재경험을 반복하는 과정을 지나 공격 단계의 후반에서 퇴행 단계로 전환되는 시점에는, 집과 마을을 꾸미고 엄마 공룡과 자식 공룡을 짝지어 주는 등 안정감을 구축하고 긍정적 양육과 모자관계의 형성을 바탕으로 자아를 강화시키는 놀이(Benedict & Hastings, 2002)의 비중이 높아졌다.

퇴행 단계에서 아동은 스머프 마을을 꾸미고 치료자에게 고양이 역할을 시켜 자신을 돌보게 하거나 친구가 되는 놀이를 반복하면서 자아를 강화시켜 나가는 모습(Benedict & Hastings, 2002)이었다. 또한 부정적 자기상에 해당하는 가가멜이 좋은 마음을 갖게 되어 가가멜의 성에 꽃이 피거나, 긍정적 자기상을 나타내는 스머프와 가가멜이 친구가 되어 하나의 마을을 꾸미는 등 자신의 부정적, 긍정적 이미지를 통합하고 성장(J. S. Lee, 2012)하는 데 주력하였다. 그러나 한편으로는 공룡과 괴물의 싸움놀이 등 다소 불안정한 상태를 보여주는 놀이(Benedict & Hastings, 2002)도 여전히 간간이 등장하였다.

이후 새로운 마을 꾸미기, 스머프로 친구 사귀기 놀이의 비중이 높아지는 가운데 자아강화가 안정적으로 이루어지면서, 노래 부르기나 자신이 좋아하는 게임 이야기 나누기 등 현실놀이(Green, et al., 2009)가 나타나기 시작하였다. 이에 자연스레 종료 단계로 접어들어 종결을 준비하게 되었다.

종료 단계에서는 자신의 긍정적, 부정적 자기상을 상징적으로 표현하는 스머프와 가가멜이 서로 마음을 터놓고 대화하며 통합해 나가는 자기통합의 놀이(J. S. Lee, 2012)와 함께, 규칙이 있는 게임놀이 등 현실놀이(Green, et al., 2009)가 잦아졌다. 그리고 로봇 변신 놀이, 기차놀이, 종이인형 만들기 놀이 등 자기 통제력과 유능감, 에너지를 확인하는 놀이(Green, et al., 2009)가 이루어지는 가운데 아동의 놀이치료 과정은 마무리되었다.

셋째, 놀이치료의 단계별로 놀이주제의 빈도 양상을 살펴본 결과 일정한 흐름이 확인되었다. 초기에 해당하는 친밀감 형성 단계에서는 통제와 안전 및 탐색과 숙달 주제의 놀이가 주로 이루어졌다. 그리고 중기의 전반이라 볼 수 있는 공격 단계에서는 힘과 공격 주제의 놀이 비중이 압도적으로 많아지고, 이후 중기의 후반부인 퇴행 단계에 접어들면서 가족과 양육 주제의 놀이 빈도가 높아졌다. 그리고 말기의 종료 단계에서는 다시금 탐색과 숙달 주제의 놀이가 증가하는 양상으로 확인되었다. 이러한 흐름은 학대로 인한 PTSD(Post-Traumatic Stress Disorder) 아동(Y. Lee, 2016), 습관적 자위행동을 보이는 아동(Kwon & Lee, 2015) 등 다른 주 호소로 놀이치료를 진행한 연구들에서도 유사하게 나타나는 경향으로, 놀이치료 진행 과정에서 일반적인 단계별 놀이주제의 변화 양상이 존재할 가능성을 생각해 볼 수 있다.

놀이치료 초기 단계에서는 일반적으로 새로운 놀잇감과 놀이환경을 살펴보고 적응하는 가운데 탐색과 숙달 주제가 주로 나타날 수 있다(Benedict, et al., 1998). 이후 치료환경에 적응하게 되면서 아동의 치료과정은 중기로 넘어가게 되고, 이때 아동은 치료자와 형성한 라포를 바탕으로 안심하고 자기 마음을 표현하는 가운데 공격적이고 힘을 분출하는 놀이주제를 보일 수 있다(Jung, 2008), 이러한 격랑의 시기를 넘어서면서 아동의 놀이주제는 자연스럽게 스스로 자신을 돌보고 양육하거나 치료자에게 돌봄을 요청하는 등 애착과 양육으로 전환되기도 한다(Nordling & Guerney, 1999). 그리고 퇴행적 놀이가 잦아들면서 마지막으로 다양한 유형의 숙달 주제가 등장하는 종료 단계에 접어들게 된다(VanFleet, et al., 2011). 이 연구에서도 탐색과 숙달 주제의 놀이는 친밀감 형성 단계와 종료 단계, 즉 초기와 말기에 주로 나타났다. 특히 친밀감 형성 단계에는 탐색 주제의 놀이, 종료 단계에서는 숙달 주제의 놀이 빈도가 높았다. 그리고 힘과 공격 주제의 놀이는 공격 단계에 접어들면서 나타나기 시작해 점차 증가하다가 이후 퇴행 단계에서부터 서서히 감소하여 종료 단계에서는 현저히 줄어든 양상을 보였다. 가족과 양육 주제의 놀이는 퇴행 단계부터 증가하여 종료 단계까지 높은 빈도로 확인되었다.

정리하면 적대적 반항장애를 동반한 ADHD 아동의 놀이치료 진행 과정은 초기 탐색과 숙달 주제의 놀이에서 힘과 공격 주제의 놀이가 증가하는 가운데 중기로 접어들고, 이후 힘과 공격 주제 놀이의 상대적 감소와 가족과 양육 주제 놀이의 증가 양상을 거쳐, 말기에 이르러서는 다시금 탐색과 숙달 주제의 놀이가 증가하는 일정한 흐름이 있을 것으로 생각해 볼 수 있다. 그렇다면 치료자는 아동이 보이는 놀이의 주제를 인식하고 이해하는 과정을 통해 놀이치료의 진행 단계, 전환, 아동의 심리적 변화 등을 보다 기민하게 감지할 수 있을 것이다. 그리고 그에 맞춰 아동의 성장을 도울 수 있는 보다 효과적인 개입 방안도 동시적으로 모색해 볼 수 있을 것이다.

관련 기사

어린 나이에 외상 겪거나 임신 중 스트레스 받고 태어난 아이....
적대적 반항장애, 주의력결핍 등 위험 높아

적대적 반항장애 소아, 10년 만에 2배 이상 증가

톡하면 화내고 폭력까지... 내 아이도 혹시 '반항장애'?

아동—청소년 10명 중 3명 반항장애 '의심'

유아기 ADHD 방치 땐 '적대적 반항장애'로 이어진다

제 11 장

파괴적 기분조절부전 장애

제 11 장 파괴적 기분조절부전장애

1. 정 의

흔히 감기처럼 우울은 쉽게 누구나 걸리고 자주 걸리며 평생 면역도 안 되는 증상이다. 흔히 우울증은 슬픔, 좌절, 불행, 죄책, 공허, 고독, 무가치, 허무감 등의 정서적인 증상과 부정적이고 비관적인 생각, 자기 비하적인 생각, 주의집중 곤란, 판단의 어려움 등의 인지적 증상을 보이게 된다. 또한 행동적인 증상과 신체 생리적인 증상이 동반된다.

슬픔·공허함, 또는 짜증나는 기분이 존재하며, 개인의 기능 역량에 중대한 영향을 미치는 신체적·인지적 변화를 동반한다. 기간, 시기 또는 추정하는 병의 원인에 따라 우울장애를 구분할 수 있다. 우울장애에는 12세까지의 아동에게 진단될 수 있는 파괴적 기분조절부전장애가 DSM-5에서 새로 추가되었으며 지속적인 화남과 극도의 행동조절곤란이 빈번한 삽화로 보이는 경우에 해당된다. 이 장애를 가진 아동은 청소년기나 성인기가 되면서 양극성 장애보다는 단극성 우울장애나 불안장애의 증상을 나타낸다(오승아, 2021; 이순민, 2014).

2. 특 징

파괴적 기분조절부전장애는 만성적이며 심각한 지속적인 과민성을 특징으로 한다. 이 심각한 과민성은 임상적으로 빈번한 분노폭발 사이에 존재하는 만성적이고 지속적인 짜증이나 화로 나타난다. 첫째, 분노폭발은 보통 좌절감에 대한 반응으로 나타나며, 언어적 분노이건 소유물, 자신 또는 다른 사람에 대한 공격의 형태로 나타나는 행동적 분노일 수 있다. 이런 분노폭발들은 발달적으로 부적절해야 하며, 학교나 집에서와 같이 적어도 두 가지 상황에서 적어도 1년 동안 1주일에 3회 이상 자주 나타나야 한다. 둘째, 짜증을 내거나 화난 기분은 하루의 대부분, 거의 매일 존재하며, 다른 사람도 알아챌 수 있는 아동의 특징이어야 한다(APA, 2013 재인용).

- 일화 : 다음은 한 아이의 일상 모습이다. 어린이집에서 귀가한 아이는 가방을 거칠게 내려놓는다. 식탁에 앉아 간식을 먹는데 음료수 뚜껑이 잘 열리지 않자 식탁에 엎드려 어깨를 들썩인다. 엄마는 아이를 보고도 아무런 반응이 없다. 다음날 아이는 신나게 어린이집 가방을 메고 나간다. 아이는 어린이집에 가야 한다는 것을 안다. 견디는 중인 거다. 엄마가 속상해 할까봐.

짜증, 반항이 잦은 아이는 우울증을 의심해야 한다. 아이들은 감정을 정확하게 표현하는 능력을 갖추지 못했다. 그런 능력은 대체로 청소년기를 지나며 얻게 되는 것이다. 이들은 우울한 기분을 모호한 신체적 이상의 호소, 괜한 짜증, 유난히 겁을 많이 내기 같은 증상들로 표현하여 부모를 어리둥절하게 만든다. 심한 우울증을 앓고 있는 아이들도 어른처럼 우울하고 슬퍼 보이기보다는, 산만하고 게으르며 화를 많이 내는 아이로 변한 것처럼 보일 수 있다.

아이가 우울하다는 것을 알아챌 수 있는 신호들로는 예전에 즐기던 일에 대한 흥미를 잃거나, 쉽게 지치거나, 수면과 식욕이 달라지거나, 집중을 못 하거나, 반항적으로 되거나, 나이에 어울리지 않는 절망적인 혹은 죽음에 대해 생각하는 것들을 들 수 있다. 또한 변화무쌍한 감정을 보일 수도 있다.

아동기 우울증의 원인은 유전적 영향도 크지만, 서로 싸우거나 헐뜯는 부모, 엄격한 규율, 냉담한 부모, 우울증을 앓는 어머니 등이 가장 흔하다.

위의 일화에 등장하는 아이의 어머니도 치료는 받지 않았지만 시댁과의 갈등 때문에 심한 우울증을 앓았다. 아이에겐 관심이 필요했다.

자신의 삶에 집중하고 있는 부모에게 "저 여기 있어요, 저 좀 봐 주세요!"라고 외치듯 아이는 부모가 원하는 행동을 미리 척척 알아서 했다. 부모에게 인정받고 싶었던 것이다. 하지만 부모는 오히려 그런 아이의 성실한 태도를 당연한 것으로 여겼고, 아이는 점점 지쳐갔다. 성공적인 맞벌이 부부의 아이에게 흔히 있는 일이었다(동아일보 김창기 소아신경정신과 전문의 · 의사, 2004. 5. 9; 황성원 외, 2010).

3. 진 단

DSM-5의 파괴적 기분조절부전장애 진단 기준은 다음과 같다.

※ DSM-5-TR의 파괴적 기분조절부전장애 진단 기준

A. 상황이나 화를 내는 이유에 비해 강도나 기간이 극도로 지나친, 언어적(예시 : 언어적 분노) 그리고/또는 행동적(예시 : 사람이나 소유물을 향한 신체적 공격)으로 나타나는 극심하고 반복되는 분노폭발들

B. 분노폭발들은 발달적 수준에 부합되지 않음

C. 분노폭발들은 평균적으로 일주일에 3회 이상 발생함

D. 분노폭발들 사이의 기분은 하루의 대부분, 거의 매일 지속적으로 짜증이 나거나 화가 나고, 다른 사람들(부모, 교사, 또래)에 의해 관찰될 수 있음

E. 기준 A~D는 12개월 이상으로 존재함. 그 기간 동안 개인은 기준 A~D의 모든 증상 없이 연속 3개월 이상 지속된 기간이 없음

F. 기준 A와 D는 세 가지 환경(예시 : 집에서, 학교에서, 또래와) 중에서 적어도 두 가지에서 존재하며, 이 중에서 적어도 한 가지에서 심각함

G. 6세 이전이나 18세 이후 첫 번째 경우에는 진단이 내려지지 않음

H. 병력이나 관찰에 따르면, 기준 A~E의 발병 연령은 10세 이전임

I. 조증이나 경조성 삽화의 모든 증상 기준에 부합된 하루 이상 지속된 별개의 기간이 있은 적이 없음

주 : 매우 긍정적인 사건이나 이를 예측하는 상황에서 발생되는 것과 같은, 발달적으로 적절한 기분 향상은 조증이나 경조증의 증상으로 간주해서는 안 됨

J. 행동들은 주요 우울장애의 삽화 중에만 오로지 발생하지 않으며, 다른 정신장애(예시 : 자폐스펙트럼 장애, 외상 후 스트레스 장애, 분리불안장애, 지속적 우울장애(기분부전증)에 의해 더 잘 설명되지 않음

주 : 이 진단은 비록 주요 우울장애, 주의력결핍 과잉행동장애, 품행장애, 물질사용 장애를 포함한 장애들과는 공존할 수 있지만, 반항장애, 간헐적 폭발장애, 양극성 장애와는 공존할 수 없음. 증상들이 파괴적 기분조절부전장애와 반항장애 기준 둘 다에 부합하는 개인에게는 파괴적 기분조절부전장애만 진단되어야 함. 만약 개인이 조증이나 경조증 삽화를 경험한 적이 있다면, 파괴적 기분조절부전장애는 진단되어서는 안 됨

K. 증상들은 물질 또는 다른 의학적 상태나 신경학적 상태의 생리적 영향에 기인하지 않음

출처 : 이순민(2014).

다음은 아동용 우울증 척도이다. 점수가 높을수록 우울한 것으로 해석하며 진단용은 아니다.

<표 11-1> 아동용 우울증 척도

CHILDREN DEPRESSION INDEX(CDI)
본 질문지는 자기 자신을 어떻게 생각하고 있는지에 대한 것입니다. 아래 문항들에서 평소에 자기 자신의 생각이나 느낌이 가장 가깝다고 생각되는 곳에 ○표를 합니다.

1	(　　)	나는 가끔 슬프다.
	(　　)	나는 자주 슬프다.
	(　　)	나는 항상 슬프다.
2*	(　　)	나에게는 제대로 되어가는 일이란 없다.
	(　　)	나는 일이 제대로 되어갈지 확신할 수 없다.
	(　　)	나에게는 모든 일이 제대로 되어갈 것이다.
3	(　　)	나는 대체로 무슨 일이든지 웬만큼 한다.
	(　　)	나는 잘 못하는 일이 많다.
	(　　)	나는 모든 일을 잘 못한다.
4	(　　)	나에게는 재미있는 일들이 많다.
	(　　)	나에게는 재미있는 일들이 어느 정도 있다.
	(　　)	나에게는 재미있는 일들이 전혀 없다.
5*	(　　)	나는 항상 나쁜 행동을 한다.
	(　　)	나는 자주 나쁜 행동을 한다.
	(　　)	나는 가끔 나쁜 행동을 한다.
6	(　　)	나는 가끔씩 나에게 나쁜 일이 생길지도 모른다는 생각이 든다.
	(　　)	나에게 나쁜 일이 생길까 봐 걱정이 된다.
	(　　)	나에게 꼭 나쁜 일이 생길 것만 같다.
7*	(　　)	나는 나 자신을 미워한다.
	(　　)	나는 나 자신을 좋아하지 않는다.
	(　　)	나는 나 자신을 좋아한다.

8*	(　　)	나에게 일어난 모든 나쁜 일들은 다 내 잘못이다.
	(　　)	나에게 일어난 나쁜 일의 대부분은 내 잘못이다.
	(　　)	나에게 일어난 나쁜 일들은 보통 내 잘못 때문이 아니다.
9	(　　)	나는 나를 해치고 싶다는 생각은 하지 않는다.
	(　　)	나는 나를 해치고 싶다고 생각하기도 하지만 그렇지 않을 것이다.
	(　　)	나는 나를 해치고 싶다.
10*	(　　)	나는 매일 울고 싶은 기분이다.
	(　　)	나는 매일은 아니지만 자주 울고 싶은 기분이 든다.
	(　　)	나는 가끔 울고 싶은 기분이 든다.
11*	(　　)	여러 가지 일들이 항상 나를 귀찮게 한다.
	(　　)	여러 가지 일들이 자주 나를 귀찮게 한다.
	(　　)	여러 가지 일들이 가끔 나를 귀찮게 한다.
12	(　　)	나는 사람들과 함께 있는 것이 좋다.
	(　　)	나는 사람들과 함께 있고 싶지 않을 때가 많다.
	(　　)	나는 사람들과 함께 있는 것이 싫다.
13*	(　　)	나는 어떤 일에 대한 결정을 쉽게 내릴 수가 없다.
	(　　)	나는 어떤 일에 대한 결정을 내리기가 어렵다.
	(　　)	나는 쉽게 결정을 내린다.
14	(　　)	내 외모는 괜찮은 편이다.
	(　　)	내 외모 중에는 못생긴 부분이 약간 있다.
	(　　)	나는 못생겼다.
15*	(　　)	나는 학교 공부를 하는 것이 늘 힘들다.
	(　　)	나는 학교 공부를 하는 것이 대체로 힘들다.
	(　　)	나는 학교 공부를 하는 것이 그리 힘들지 않다.
16*	(　　)	나는 매일 밤 잠들기가 어렵다.
	(　　)	나는 잠들기 어려운 밤이 많다.
	(　　)	나는 잠을 잘 잔다.
17	(　　)	나는 가끔 피곤하다.
	(　　)	나는 자주 피곤하다.
	(　　)	나는 늘 피곤하다.

18*	( ) ( ) ( )	나는 밥맛이 없을 때가 대부분이다. 나는 밥맛이 없을 때가 많다. 나는 밥맛이 좋다.
19	( ) ( ) ( )	나는 몸이 아플까 봐 걱정하지는 않는다. 나는 몸이 아플까 봐 걱정할 때가 많다. 나는 몸이 아플까 봐 항상 걱정한다.
20	( ) ( ) ( )	나는 외롭다고 느끼지는 않는다. 나는 자주 외롭다고 느낀다. 나는 항상 외롭다고 느낀다.
21*	( ) ( ) ( )	나는 학교생활이 재미있었던 적이 없다. 나는 학교생활이 가끔씩 재미있다. 나는 학교생활이 늘 재미있다.
22	( ) ( ) ( )	나에게는 친구들이 많다. 나는 친구들이 조금이지만, 더 많이 있었으면 좋겠다. 나에게는 친구가 전혀 없다.
23	( ) ( ) ( )	나의 학교 성적은 괜찮다. 나의 학교 성적은 예전처럼 좋지는 않다. 내가 전에는 잘했던 과목 성적이 떨어졌다.
24*	( ) ( ) ( )	나는 절대로 다른 아이들처럼 착하지 않다. 나는 마음만 먹으면 다른 아이들처럼 착할 수가 있다. 나는 다른 아이들처럼 착하다.
25*	( ) ( ) ( )	나를 진심으로 좋아하는 사람은 아무도 없다. 나를 진심으로 좋아하는 사람이 있을지 확실하지 않다. 분명히 나를 진심으로 좋아하는 사람이 있다.
26	( ) ( ) ( )	나는 나에게 시킨 일은 대체로 한다. 나는 나에게 시킨 일은 대체로 하지 않는다. 나는 나에게 시킨 일은 절대로 하지 않는다.
27	( ) ( ) ( )	나는 사람들과 사이좋게 잘 지낸다. 나는 사람들과 자주 싸운다. 나는 사람들과 항상 싸운다.

출처 : 고려대학교의과대학병원(2010).

4. 대 처

우울한 아동에 대해 먼저 부모가 아이를 이해하려는 자세가 필요했다. 당연히 지나친 강요나 기대보다는 아이의 생각과 고민들을 있는 그대로 들어주려는 노력이 필요했다. 부모가 하루에 30분씩만 아이와 함께 기쁜 마음으로 놀아주고, 아이에게 항우울제를 복용시키는 것만으로 아이는 우울증에서 벗어났다. 관심과 칭찬과 항우울제는 모두 같은 방식으로 뇌 회로를 강화시켜 아이의 자신감을 회복시켜 준다. 우울증은 진단만 되면 쉽게 치료될 수 있다. 애써 외면해 성격적인 문제로 발전되는 것을 막아야 할 것이다(동아일보 김창기 소아신경정신과 전문의·의사, 2004. 5. 9; 황성원 외, 2010).

제 12 장

영유아기 불안장애

제 12 장 영유아기 불안장애

1. 정 의

불안(anxiety)이란 인간이 막연하게 인식하는 위험에 대해 정서적 · 신체적 · 생리적으로 나타나는 반응이며, 일반적으로 쉽게 노출된다. 즉, 불안은 가까운 미래에 어떤 불길하거나 무서운 일이 일어날 것만 같은 공포, 각성, 불쾌감, 두려움의 정서, 또는 느낌의 상태라고 할 수 있다(Smart & Smart, 1977 재인용). 쉽게 관심사에 빠져들고 사회적으로 고립되며, 우울과 공포를 느낀다. 정상적 단체 활동 참여가 미흡할 뿐만 아니라 이유 없는 고통을 호소하기도 한다. 이와 같은 불안의 개념은 유아 발달상의 문제 및 장애의 증상을 이해하는 데 핵심이 된다(Saul, 1980 재인용).

불안이란 사람이 친숙하지 않은 환경에 적응하고자 할 때 나타나는 가장 기본적인 반응 양상이다. 정상적인 불안은 위험을 내포한 위협적인 상황에서 느끼는 자연스럽고 적응적인 심리적 반응인 반면에 병적인 불안은 불안반응이 부적응적인 양상으로 작용하는 것을 말한다. 병적인 불안은 다음과 같은 점에서 구별된다.

- 현실적인 위험이 없는 상황이나 대상에 대해서 불안을 느끼는 경우
- 현실적인 위험의 정도에 비해 과도하게 심한 불안을 느끼는 경우

- 불안을 느끼게 한 위협적인 요인이 사라졌음에도 불구하고 불안이 과도하게 지속되는 경우

정신분석 이론에서는 불안을 임박한 위험을 경고하는 경계신호로서 심리적 평형상태를 위협하는 생각이나 충동에 대한 위험신호로 보고 있으며, 학습이론에서는 불안을 과거에 벌과 함께 경험한 어떤 자극에 대해 조건화된 공포반응이라고 본다. 유전학적 이론에서는 어떤 사람은 일반 사람들과 달리 특정 스트레스를 받는 상황에서 병적으로 불안해지는 신체적 조건을 타고난다고 보고 있다(김영한 외, 2015). 불안장애는 과도한 불안과 더불어 미래에 대해 걱정과 불길한 기대를 가지며 이러한 걱정이 잘 통제되지 않는 것을 말한다.

2. 특 징

전형적인 불안장애의 증세는 다음과 같다.

- 항상 걱정에 시달림
- 안절부절못하고 쉽게 피곤해지며 주의집중이 어렵고 근육이 긴장되거나 수면장애가 있음
- 불안을 유발하는 자극이나 상황이 모호한 경우가 많고, 외적인 상황과 관계없이 불안을 경험함
- 여러 종류 상황에 대한 공포를 느끼지만 공포장애에 비해 불안을 유발하는 자극 상황이 불특정적이고 광범위하며 다양함
- 남자보다 여자에게서 약간 더 많음(여자가 거의 2/3).
- 매우 오래 지속되는 경향이 있음. 또한 불안장애 환자 중에서 절반 정도는 성격장애와 동시에 진단되기도 함. 이들에게 가장 흔하게 동반되는 성격장애는 회피적이거나 의존

적인 유형의 성격장애임

- 회피성 성격장애 : 비판이나 거절에 대한 두려움 때문에 직업 활동과 같은 대인관계를 회피하고, 부끄러움과 조소를 받을 것에 대해 두려워하여 친밀한 관계를 잘 맺지 못함. 사회적으로 억제되어 있고 부적절감을 느끼며 타인의 부정적인 평가에 매우 예민하게 느끼는 성격
- 의존성 성격장애 : 일상적인 일이나 결정을 스스로 하지 못하고 다른 사람에게 과도하게 의존하는 성향이 특징. 혼자 있을 때는 무력함을 느끼고 자신감이 없으며 다른 사람의 요구에 순종하는 경향이 강함

- 사회공포증(대인공포) 또는 대인불안과도 밀접한 관계가 있음
- 불안장애 환자들은 종종 사회적으로 불안하고 확신이 없으며 사기가 저하되고 우울한 경우가 많음

불안장애는 유아들이 보통의 일상적인 상호작용과 일상적으로 반복되는 행동을 하거나 규범적인 발달 과제에 직면할 때 불안이나 두려움을 느끼는 것이 특징이다. 증상으로는 확연한 기분조절장애, 분리와 전화 시에 지나치게 어려움을 느끼는 것, 자신이나 타인을 향한 무모한 행동과 공격성이 있다(이경숙 외, 2014).

3. 진 단

- 축 I : 일차 진단－영유아기 불안장애
- 축 II : 관계장애 분류－불안하고, 긴장된 패턴의 특징을 보이며 신체적 학대의 관계 상호작용을 초래하는 복합적 관계장애
- 축 III : 의학적, 발달적 장애 및 상태－건강이나 발달상의 우려는 없음

- 축 IV : 심리사회적 스트레스 요인–환경 속에서의 폭력, 학대(신체적 학대), 가난, 생활환경의 갑작스러운 변화, 형제의 출생
- 축 V : 기능적, 정서적 발달단계–연령에 맞는 수준의 상호주의, 상호교류, 상호작용적 의도성 및 상호작용 달성. 연령에 맞는 수준의 표상적, 정서적 의사소통을 하지만 스트레스에 취약하며 주로 분노의 정서를 보임
- PIR–GAS : 10(전반적으로 손상된)(이경숙 외, 2014)

4. 종 류

유아기에 잘 나타나는 불안장애로는 분리불안장애와 회피성 장애, 과잉불안장애가 있다(박화문 외, 2001). DSM–5에서는 불안장애를 발병 연령에 따라 순서대로 유아동기에 시작되는 분리불안장애(Separation Anxiety Disorder), 선택적 함구증(Selective Mutism), 특정공포증(Specific Phobia)으로 나누어 제시하고 있으며(김정미 외, 2015), 청소년기 이후에 시작되는 사회불안장애(사회공포증)[Social Anxiety Disorder(Social Phobia)], 공황장애(Panic Disorder), 광장공포증(Agoraphobia), 범불안장애(Generalized Anxiety Disorder)를 포함시키고 있다.

1) 분리불안장애

(1) 정의 및 특징

애착대상으로부터 분리되는 것에 대해 심한 두려움과 고통을 겪는 것을 말한다. 주된 애착대상을 뜻밖의 사고로 잃거나 애착대상과 분리되는 것에 대해 지속적이고 과도한 걱정을 하며, 애착대상과 떨어지는 데 대한 두려움으로 집이 아닌 다른 장소에 가는 것도 꺼린다. 애착대상과의 분리나 이별이 일어나거나 예상될 때, 두통이나 구토와 같은 신체적 증상들이 나타날 수도 있다.

(2) 진단

※ DSM-5의 분리불안장애 진단 기준

A. 적어도 다음 중 세 가지로 입증되듯이, 개인이 애착을 느끼는 대상과 떨어지는 것에 발달적으로 부적절하게 과도한 두려움이나 불안을 느낌

1. 집 또는 주된 애착대상과의 분리를 경험하거나 분리가 예상될 때 반복되는 과도한 불안
2. 주된 애착대상을 잃거나 그 대상에게 나타날 수 있는 질병, 부상, 재난 또는 죽음과 같은 해로운 일에 대한 지속적이고 과도한 걱정
3. 뜻밖의 불행한 사고(예시 : 길을 잃거나 유괴되거나, 사고를 당하거나, 아프게 되는 것)로 주된 애착대상과 분리되는 것에 대한 지속적이고 과도한 걱정
4. 분리에 대한 두려움 때문에 집을 떠나 학교, 직장 또는 다른 곳에 나가는 것에 대한 지속적인 꺼림 또는 거부
5. 혼자 있거나 주된 애착대상 없이 집 또는 다른 환경에 있는 것에 대한 지속적이고 과도한 두려움 또는 꺼림
6. 집을 떠나 숙박하거나 주된 애착대상과 가까이 있지 않은 채 잠드는 것에 대한 지속적인 꺼림 또는 거부
7. 분리의 주제(theme)에 관련한 반복적 악몽
8. 주된 애착대상과의 분리가 발생하거나 예상될 때, 신체적 증상들(예시 : 두통, 복통, 메스꺼움, 구토)에 대한 반복적인 불평들

B. 두려움, 불안 및 기피가 아동·청소년에게는 적어도 4주 동안, 성인에게는 일반적으로 6개월 이상 지속됨

C. 장애는 사회적·학습적·직업적 또는 기타 중요한 영역의 기능에서 임상적으로 중요한 고통이나 손상을 초래함

D. 장애는 자폐스펙트럼 장애에서 변화에 대한 과도한 저항 때문에 집을 떠나는 것을 거부하는 것, 정신병적 장애에서 분리에 관한 망상 또는 환각, 광장공포증에서 믿을 수 있는 동행 없이 나가는 것에 대한 거부, 일반적 불안장애에서 나쁜 건강 또는 중요한 다른 사람들에게 다른 해가 닥칠까 봐 걱정하는 것, 질병불안장애(Illness Anxiety Disorder)에서 질병을 가졌을까 봐 걱정하는 것과 같이 다른 정신장애에 의해 더 잘 설명되지 않음

출처 : 이순민(2014).

(3) 치료

분리불안장애에 대한 치료방법 중 놀이치료 효과에 대한 연구를 통해 놀이치료를 소개해 보고자 한다.

이정숙(2007)은 자신의 박사학위논문에서 분리불안장애 아동의 특성과 부모-자녀 놀이치료 프로그램의 효과에 대해 연구한 결과를 발표하였다. 논문의 결과를 중심으로 내린 결론은 다음과 같다. 분리불안장애 아동은 일반아동보다 불안정-회피 애착 유형이 많았는데, 이러한 결과는 불안정 애착을 형성한 아동이 문제행동을 보이며(이정숙·백지은, 2004; Ziegler, 2000), 불안정한 애착이 분리불안장애의 원인이 된다는 선행 연구결과(Manassis & Bradley, 1994)를 지지하는 것이다. Bowlby(1973)는 불안정 애착 개념에 근거하여 학교공포증을 분리불안의 예로 설명하였는데, 부모와의 분리불안을 완화하기 위해 자신과 부모 사이의 역할 반전을 보이고, 분리되었을 때 어머니에게 어떤 무서운 일이 일어날지 모른다는 두려움과 부모의 보호로부터 떨어져 나갔을 때 자신에게 무서운 일이 생길지 모른다는 세 가지 상호작용 패턴을 보인다고 하였다. 그리고 분리불안 증세를 보이는 이들은 분리의 고통스러운 감정을 억압하거나 회피한다고 하였다(Bowlby, 1988). 이는 본 연구결과와 어느 정도 일치하는 것으로 볼 수 있다.

다음으로 분리불안장애 아동은 일반아동보다 기질적으로 적응도가 낮으며 생리적 주기가 덜 규칙적인 것으로 나타났는데, 이는 기질이 아동의 분리불안에 영향을 미친다는 선행 연구결과(염숙경, 2002; Rosenbaum, et al., 1992)를 지지하는 것이다. 낯선 상황을 받아들이기 어려운 아동은 이후에 불안장애로 발전할 위험이 있으며, 이런 아동은 자극에 아주 민감하고 억제되어 있으며 수줍음이 많다(조현춘·송영혜·조현재, 2002)고 하였다. 이는 또한 두려움이 많고 새로운 환경을 피하려는 아동은 후에 불안을 경험할 가능성이 더 높다는 연구결과(Gaspi, et al., 1995)와 일치한다. 불안하고 예민한 아동은 새로운 자극에 적응하는 데 시간이 필요하므로 부모가 자녀를 여유 있게 기다리는 것이 안정감을 갖는 데 도움이 된다.

이처럼 분리불안장애를 보이는 아동은 일반아동보다 까다로운 기질을 가지고 있으므로 이러한 아동의 기질적 성향을 잘 이해하고 부모가 자녀의 모습을 있는 그대로 수용해 주는 것이 중요하다고 할 수 있다.

한편 분리불안장애아 어머니의 우울이나 분리불안 수준이 높게 나타났는데, 이는 불안장애 부모의 자녀들이 걱정이 더 많고, 신체적 호소도 더 많으며, 불안을 더 많이 느끼고, 더 위축되어 있는 것으로 나타난 Turner 등(1987)의 연구를 지지하며, 어머니가 분리불안을 가지고 있는 경우, 어머니가 아동의 분리개별화 요구에 적절히 반응하지 못하여 결국 아동의 분리불안을 증가시키게 된다는 박해도(2001)의 연구결과와 같은 맥락이라 할 수 있다. 또한 우울한 부모의 자녀들은 높은 수준의 내재화 문제와 외현화 문제를 보인다는 연구결과(Breslau, Davis, & Prbucki, 1988)와 어느 정도 일치한다. 이와 같이 어머니의 심리적 특성이 자녀의 적응문제에 영향을 미치므로 자녀의 정서문제가 심화되지 않도록 치료적·예방적 개입이 필요하다고 본다.

또한 분리불안장애 아동의 어머니는 일반아동의 어머니보다 덜 온정적인 양육태도를 보이며, 과보호를 하거나 방임적인 양육태도를 더 보이는 것으로 나타났다. 이는 불안장애 아동은 자신의 부모가 심리적 자율성을 덜 허용하는 것으로 인식하고 덜 수용적인 것으로 평가(Siqueland, Kendall, & Steinberg, 1996)한다고 주장하는 결과와 일치하고 아동과 상호작용을 할 때 비평적이고 정서적으로 지나친 개입은 아동의 분리불안장애의 출현율을 증가시켰다는 결과(Hirshfeld, Biederman, & Rosenbaum, 1997)를 지지하는 것이다. 따라서 애정이 없는 통제나 과보호적인 양육태도와 엄격한 부모의 신념은 아동의 불안장애를 발전시킬 위험이 있으며, 부모의 관심부족(Alnaes & Torgersen, 1990)도 아동의 불안을 야기할 수 있음을 알 수 있다. 또한 부모의 과잉 통제적인 양육태도, 방임이나 지나친 과보호는 아동의 자율감을 손상시키고 아동 자신의 대처 능력에 불확실감을 갖게 하여 불안한 심리적 취약성을 야기하는 것을 볼 수 있다.

이처럼 부모의 양육태도와 자녀의 불안에 대한 부모의 인식이 필요하므로 이 연구 프로그램에서 이러한 내용을 포함한 것은 적절한 개입이었음을 알 수 있다.

그리고 분리불안장애 아동은 일반아동보다 최근에 스트레스를 더 경험한 것으로 나타났으며 스트레스 내용은 기관 입학, 아동 사고, 어머니의 임신 및 출산, 이사 및 전학, 부부갈등, 어머니의 입원 등이었다. 이상의 연구결과는 최근의 스트레스 원인이 아동의 분리불안에 영향을 미친다는 선행 연구(이정윤 · 박중규, 2002)를 지지하는 것이다. 이를 통해 분리불안장애는 만성적이거나 이전의 문제에 대한 전조 증세를 보이지 않았던 아동에게 갑자기 나타나기도 한다(조현춘 · 송영혜 · 조현재, 2002)는 것을 확인할 수 있었다.

부모-자녀 놀이치료 프로그램의 효과검증을 중심으로 논의하면 다음과 같다. 프로그램을 통해 분리불안장애 아동이 보이는 위축, 신체증상, 우울/ 불안과 사회적 미성숙과 같은 내재화 문제행동이 긍정적으로 변화하였다. 이는 부모-자녀 놀이치료 프로그램이 아동의 문제행동을 감소시킨다는 선행 연구결과(김양순, 2002; 장미경, 1998; Costas & Landreth, 1999; Harris & Landreth, 1997; Smith & Landreth, 2003; Solis, Meyers, & Varjas, 2004)를 지지하는 것이다. 이러한 행동의 변화는 가정놀이 세션에서 일대일 부모-자녀 놀이시간을 가지며 어머니로부터 민감하고 긍정적인 관심을 경험한 것이 직접적으로 영향을 미친 것으로 보인다. 분리불안을 보이는 아동은 과잉불안장애와 우울을 함께 보이고 이는 성인기까지 이어지는데(Albono, Chorpita, & Barlow, 1996; Barlow, 1988), 부모-자녀 놀이치료 프로그램 실시 후에 아동의 분리불안뿐만 아니라 위축, 우울/ 불안, 사회적 미성숙과 같은 내재화된 문제행동이 감소된 결과는 매우 의미 있는 결과라 할 수 있다.

실험집단 아동 어머니의 공감능력이 향상되었는데 이는 부모-자녀 놀이치료 프로그램이 부모의 공감능력을 증가시킨다는 선행 연구결과(김양순, 2002; 이은하, 2005; 장미경, 1998; Costas & Landreth, 1999; Glover & Landreth, 2000; Harris & Landreth, 1997; Lee & Landreth, 2003; Smith & Landreth, 2003)를 지지하는 것이다. 이와 같은 어머니의 공감능력의 향상은 프로그램 과정에서 공감적 경청, 감정의 수용, 행동추적, 반영적 의사소통, 촉진적 반응 등의 아동중심 놀이치료 기술을 배우고 역할놀이를 통해 기술을 익힌 결과이며, 또한 부모-자녀 놀이의 비디오 분석과정과 슈퍼비전을 통한 피드백 과정을 통해 지속적으로 기술을 훈련한 결과라 할 수 있다. 부모의 수용은 아동의 자기 가치감을 발전시키는 데 중요한 요인이며 부모-자녀의 공감적인 의사소통에서도 중요한 구성요소(Rogers, 1957; Stover, Guerney & O'connell, 1971)이므로 어머니의 공감능력의 변화는 부모-자녀 관계에 긍정적인 영향을 미친다고 볼 수 있다. 부모-자녀 놀이치료와 같은 프로그램의 개입 없이 부모와 아동의 자연스러운 대화를 통해 향상되기 어려운(Stover, Guerney, & O'connell, 1971) 공감능력은 친사회적 행동을 표현하며(Koestner, Franz, & Weinberger, 1990) 이후에 또래관계나 대인관계를 긍정적으로 유지하는 데 필요한 요인이므로 프로그램 실시 후 어머니의 공감능력이 향상된 것은 의미 있는 결과라 할 수 있다.

그리고 실험집단 아동의 어머니의 양육스트레스에 변화가 나타났는데 어머니의 양육스트레스 점수가 낮아졌고, 추후에는 양육스트레스가 더 감소하였다. 이는 부모-자녀 놀이치료 프로그램이 어머니의 양육스트레스를 감소시킨다는 선행 연구의 결과(Costas & Landreth, 1999; Kale & Landreth, 1999; Lee & Landreth, 2003; Smith & Landreth, 2003)를 지지하는 것이다. 이러한 변화는 부모-자녀 관계를 강화하는 기술을 배우고 어머니가 자기조절능력이 향상되면서 부모로서의 유능감을 경험하며 나타난 결과라 할 수 있다. 실제 실험집단 어머니의 사후보고에서도 어머니 대부분이 자녀를 대하는 태도에서 긍정적인 변화가 나타났으며, 아동을 있는 모습 그대로 수용해 주는 변화가 나타났다고 보고하였다. 또한 부모-자녀 놀이치료 프로그램에서 배운 기법을 가정놀이 세션뿐만 아니라 일상에서도 적용하고 다른 가족 구성원에게 활용하며 효과를 보았다고 보고한 어머니도 있었다. 이처럼 자녀에 대한 인식의 변화가 부모-자녀 관계를 긍정적으로 변화시키고 이러한 인식 변화로 부모의 양육스트레스가 감소되었다고 볼 수 있다.

또한 실험집단 아동의 어머니 우울과 분리불안이 낮아지는 변화가 나타났다. 이는 부모-자녀 놀이치료 프로그램이 어머니에게도 변화를 가져온다는 선행 연구의 결과(Solis, Meyers,

& Varjas, 2004)를 지지하는 것이다. 분리와 같은 상실을 경험한 아동의 분노, 떼쓰기 같은 반응에 대한 양육자의 대처방식은 이후 아동의 성장에 중요한 영향을 미치는데(이경숙, 2005), 분리불안이 높거나 우울한 어머니는 부모 역할에 어려움을 경험하게 되고 이는 아동의 문제행동을 야기할 수 있다. 그러므로 부모-자녀 놀이치료를 통해 어머니의 분리불안과 우울 수준이 감소한 것은 매우 고무적인 결과라 할 수 있다. 아동의 문제행동이 부모-자녀 놀이치료 프로그램을 실시한 사후 평가에서 유의미한 변화를 보인 것과 달리, 아동의 문제행동 수준이 지속적으로 유지된 추후 평가에서 어머니의 우울과 분리불안 수준이 유의하게 감소한 것은 성인의 심리적 어려움의 변화가 상대적으로 해결되기 어려움을 의미한다. 또한 어머니의 심리적 어려움이 단순히 아동의 문제행동 때문에 야기된 것이 아니며 더 복잡한 심리적 역동에 의한 것이어서 아동의 문제행동이 감소되었다고 어머니의 심리적 어려움이 크게 변화하기는 어려운 것으로 볼 수 있다.

부모-자녀 놀이치료 프로그램의 보조치료자로서 부모 수행 수준에도 변화가 나타났는데 실험집단 아동의 어머니의 보조치료자서 부모 기능수준이 향상되었다. 이는 부모-자녀놀이치료를 통해 부모에게 놀이치료를 어느 정도 효과적으로 훈련시킬 수 있다고 보고한 사전 연구결과(장미경, 1998; Landreth, 2002; VanFleet & Guerney, 2003)를 지지하는 것이다. 이는 부모-자녀 놀이치료 프로그램을 통해 초보 치료자인 어머니를 치료적 대행자로 훈련시킬 수 있다는 것을 객관적이고 표준화된 도구로 증명한 의미 있는 결과라 할 수 있다.

한편 연구문제(아동의 문제행동, 어머니의 공감능력, 양육스트레스, 어머니의 우울, 분리불안)에 따른 프로그램 변화과정의 사례별 질적분석 결과, 아동의 문제행동, 어머니의 공감능력, 어머니의 양육스트레스에서 변화 정도에 따른 어머니 개개인의 차이는 있었으나 대부분의 어머니가 긍정적 변화를 보고하였다. 어머니의 우울의 변화는 사례 3, 사례 6, 사례 8의 어머니가 보고하였고 어머니의 분리불안은 사례 1, 사례 2, 사례 4, 사례 8의 어머니가 보고하였으며 자신의 심리적 어려움에 대한 인식과 조금씩의 변화를 보고하였다. 이러한 어머니의 보고는 이 연구의 양적분석을 지지하는 결과이다.

가정놀이 세션에서 이루어진 놀이내용을 부모의 보고와 기록지에 근거하여 분석한 결과, 실험집단 아동이 공통적으로 초기과정이 생략되거나 짧게 거치고 바로 중기 단계로 넘어가는 모습을 보였다. 또한 놀이치료의 과정을 Moustakas(1955)와 Hendricks(1971) 등의 놀이치료 단계에 근거하여 분석한 결과, 대부분의 아이들이 Moustakas(1955)의 3단계 부모나 형제를 향해서 부정적인 감정을 표현하는 단계까지 진행되었고, Hendricks의 단계에서는 대부분의 아동이 공격적인 놀이가 감소하고 상호작용 놀이가 증가하며 창조적인 놀이가 증가하고 행복감의 더 많이 느끼는 9~12회기 수준의 놀이를 했으며, 사례 2, 3, 4의 아동은 창조적인 놀이가 대부분이며 특정한 공격적인 놀이가 증가되는 13~16회기 수준의 놀이내용이 나타났다. 이러한 결과 또한 가정놀이 세션의 진행과정이 일반적인 놀이치료 단계보다 빠른 것을 알 수 있다. 아동중심 놀이치료의 치료과정은 대개 초기과정, 중기과정, 말기과정, 종료과정으로 이루어지는데, 초기과정은 서로를 탐색하는 시기로 치료자를 테스트하거나 치료자에게 잘 보이려는 행동이 나타나는 허니문 단계로 본다(Landreth, 2002). 그런데 이 연구는 이러한 초기 단계가 빠르게 진행되었음을 알 수 있는데, 이는 이미 부모와 자녀 사이에 친밀한 관계가 형성되어 있기 때문에 치료자와 아동이 친밀한 관계를 형성하기까지 필요한 시간을 단축하여 부모들이 실시한 놀이 세션의 진행과정이 더 빨랐다는 선행 연구(장미경, 1988)와 일치하는 것이며 상담에서 놀이치료자가 경험하는 내담자의 저항과 놀이치료자의 위협을 없애면서 부모-자녀 간에 자연적으로 존재하는 유대를 이용하고자 Filial Therapy를 만들었던 Guerney(1964)의 주장을 지지하는 것이다.

이 연구의 논의를 종합해 볼 때 다음과 같은 결론 및 제언을 얻을 수 있다.

첫째, 분리불안장애 아동은 생물학적 요인뿐만 아니라 환경적 요인의 영향을 많이 받는 것을 연구결과를 통해 알 수 있었다. 특히 어머니의 임신이나 출산, 기관 입학 등이 아동의 분리불안에 영향을 미치는 것을 확인할 수 있었다. 그러므로 동생 출산이나 입학을 앞둔 아동과 부모를 대상으로 부모-자녀 놀이치료 프로그램을 실시한다면 분리불안과 같은 문제행동이 일어나는 것을 예방하고 아동의 적응과 부모-자녀 관계에 도움을 줄 것이다. 따라서 이들을 대상으로 하는 부모-자녀 놀이치료 프로그램의 실시가 필요하다.

둘째, 본 프로그램이 아동의 변화, 부모의 변화, 부모-자녀 관계의 변화 등 전반적인 영역에서 변화를 가져올 수 있었던 것은 아동의 분리불안을 부모-자녀 관계의 문제로 조망하여 부모를 보조적 치료자로 교육하여 가정에서 부모-자녀 놀이치료를 실시하고 프로그램 과정 중에 배운 아동중심 기법을 어머니가 일상에서도 자연스럽게 자녀와의 관계에 활용하여 더 깊이 있는 치료적 효과를 얻은 것으로 본다.

셋째, 단기간의 부모-자녀 놀이치료는 시간과 경제적인 이유로 상담실을 방문하기 어려운 부모-자녀에게 도움을 줄 수 있는 개입방법이라 할 수 있다. 부모-자녀 놀이치료의 기법을 익혀서 가정에서 지속적으로 활용할 수 있으므로 향후 발달단계에서 아동이 과업을 수행하는 과정에서 일어나는 문제들을 큰 어려움 없이 해결할 수 있을 것으로 보인다.

넷째, 프로그램은 소집단 형태로 이루어졌는데 이는 개별 어머니에게 실시하는 것과 동일한 효과를 내면서 동시에 집단의 응집력이나 긍정적 피드백의 영향으로 집단상담의 효과를 볼 수 있었으므로 향후 프로그램을 진행할 때에도 소집단의 형태가 지속되어져야 할 것으로 보인다.

다섯째, 분리불안뿐만 아니라 다른 정서문제에서도 초기의 부모-자녀 관계의 어려움이 아동의 문제를 더 악화시키고 개입이 늦을수록 상담기간이 길어지므로 치료적 조기 개입이 필요하며 이에 대한 부모교육도 이뤄져야 할 것으로 보인다(이정숙, 2007).

2) 선택적 함구증

(1) 정의 및 특징

발성 및 발음기관이나 기능에 장애가 없고, 정상적 혹은 정상에 가까운 수준의 언어 사용을 할 수 있음에도 불구하고 학교생활 등 말을 해야 하는 특정한 상황에서 입을 다물고 말을 하지 않는 유아동기 불안장애이다. 유창성 장애 등과 같은 의사소통장애로는 그 이유가 설명되지 않아야 하고, 말을 하지 못하는 이유가 사회생활에서 요구되는 언어에 대한 지식이 없기 때문에 발생한 것이 아니어야 한다. 말을 하지 않겠다는 자발적인 결정이라는 개념에서 초기에는 자발적 언어상실증으로 명명되기도 하였다. 학업이나 직업과 관련한 성취나 사회적 의사소통에 방해가 되며, 적어도 1개월 이상 이러한 상태가 지속되는 경우에 진단될 수 있다. 그러나 처음 학교 입학 후 1개월은 이 기간에 포함되지 않는다.[1)]

선택적 함구증은 특정 상황에 대한 두려움을 가지고, 지나친 부끄러움이나 강박, 분노발작 또는 사회적 위축 등의 행동이 나타나기도 한다(이순민, 2014). 주로 5세 이전에 발병하며 부정적 정서성(신경증성 경향성)과 같은 기질적 위험 인자, 행동 억제, 부모의 수줍음, 사회적 고립, 사회불안이 영향을 미칠 수 있으며 과잉보호적이고 지시적인 부모의 사회적 억제가 원인이 될 수 있다(김정미 외, 2015).

자녀 양육 시에 과잉보호는 그 어떤 요인보다 자녀의 발달에 치명적인 해악을 끼친다. 물론 정상적인 발달단계를 알기 어려운 비전문가인 부모가 정상적 발달의 순서대로 필요한 자극을 체크하고 부족한 부분은 도전의 기회를 통해 발달할 수 있도록 돕는 일은 쉬운 일이 아니다. 하지만 그렇다고 하더라도 자녀가 스스로 할 수 있는 기회를 박탈하면서까지 이루어지는 부모의 과잉양육은 과잉보호, 과잉간섭 등의 용어들로 대변되듯 자녀 발달에 부정적인 영향을 미친다. 분명 방임과는 구별되어야 하지만 스스로 발달할 수 있는 기회의 제공은 좋은 부모의 절실한 태도로 보인다(오승아, 2021).

(2) 진단

※ DSM-5-TR의 선택적 함구증 진단 기준

A. 다른 상황에서는 말을 할 수 있음에도 불구하고, 말하기가 기대되는 특정한 사회적 상황(예시 : 학교)에서 말을 하는 데 지속적으로 실패함

1) 출처 : 국립특수교육원 http://www.nise.go.kr/(https://m.terms.naver.com/entry.nhn?docId=383762&cid=42128&categoryId=42128)

B. 장애가 학업적·직업적 성취 또는 사회적 의사소통을 방해함

C. 장애의 기간이 적어도 1개월 동안 지속됨(입학 후 처음 1개월은 해당하지 않음)

D. 말을 하지 못하는 것이 사회적 상황에서 요구되는 구어체 언어에 대한 지식이 부족하거나 구어제 언어가 편히지 않기 때문은 아님

E. 장애는 의사소통장애(예시 : 아동기 발병 유창성 장애)에 의해 더 잘 설명되지 않고, 자폐스펙트럼 장애, 조현병 또는 다른 정신병적 장애의 진행 중에만 전적으로 나타나는 것이 아님

출처 : 권준수 외(2024); 이순민(2014).

(3) 유병률

임상 장면, 학교 장면, 지역사회 등 조사 장면에 따라 선택적 함구증의 유병률에 차이가 있는데, 대개 0.03~1%로 보고된다(American Psychiatric Association, 2013). 선택적 함구증은 상대적으로 드문 질환이며, 성비, 인종, 민족에 따른 차이는 없고, 개인에 따라 달라지는 것으로 보인다. 청소년이나 성인보다 유아동에게 더 잘 나타난다(권준수 외, 2024).

(4) 동반실환

흔히 사회불안장애, 분리불안장애, 특정 공포증이 동반된다.

(5) 치료

① 모래놀이치료

부정민(2013)의 6세 선택적 함구증 여아의 모래놀이치료 사례연구를 통해 살펴보고자 한다.

본 연구는 선택적 함구증을 보인 6세 소녀 내담자 '휴'에 대한 모래놀이치료 사례이다. 모래놀이치료는 1929년 영국의 소아과 의사인 Margaret Lowenfeld가 실시하여 세계기법(World Technique)이라고 명명한 것을 스위스의 DoraKalf가 정신(Psyche)이 스스로를 치유하

며 완전하게 성장하려는 자율적인 성향을 가진다는 Jung의 분석심리학 이론에 기반을 두고 발전시킨 치료방법이다. 모래놀이치료는 비언어적이고 비이성적인 형태의 치료법으로, 정신의 깊은 언어 이전 수준에 다다르게 해 언어로 자신을 온전하게 표현하기 어려운 내담자에게 적합한 심리치료 기법 중 하나이다(Choi, et al., 2009).

모래놀이치료는 치료사와 내담자의 안전한 치료적 관계 내에서 모래상자에 삶의 모든 측면과 환상을 나타내는 축소모형 피겨들(Turner, 2005), 즉 상징물을 이용하여 의식적인 사고를 직접적으로 표현하는 것이 아니라 개인의 깊은 정신에 대한 이미지를 나타낸다(Dundas, 1990, Kim, 2006 재인용). 이처럼 모래상자의 상징의 이미지는 내담자로 하여금 상처 입었던 곳으로 되돌아가게 해주고 정신발달의 통로를 되찾게 해준다. 이 과정에서 내담자는 의식적 정신의 한계를 벗어나 정신적 발달을 자극하고 더 충만하고 더 창조적인 삶의 경로로 접근해 간다(Turner, 2005). 그리고 내담자는 서서히 삶의 균형과 통합을 이루게 된다.

본 사례연구의 대상자 '휴'는 정상적으로 말할 수 있는 능력을 가졌음에도 불구하고 장소, 시간에 따라 소수의 친밀한 사람들과 있을 때만 제한적으로 말을 하는 선택적 함구아(APA, 1994)였다. 함구아는 타인이 자신의 말을 주목하면 완전히 철수하고, 말을 강요하면 머리와 손을 떨리게 하여 타인의 접근을 막기도 하고, 어머니에게 지나치게 의존하는 경향이 있어서 어머니가 없을 때에는 상실감과 불안을 느낀다(Yvan, 1990). 휴는 함구아의 이러한 진형적인 증상들을 보이고 있었다. 이 외에도 휴는 새로운 것에 대한 두려움이 있어 늘 같은 놀이를 하고, 늘 같은 그림을 반복하여 그렸는데, 이는 함구아가 보이는 강박적 특성이기도 하다.

선택적 함구증(selective mutism)은 공생형(symbiotic), 언어공포성(speechphobic), 반응성(reactive), 수동-공격적(passive aggressive) 함구증으로 분류(Hayden, 1980)할 수 있다. 휴는 이 중 공생형 함구증에 해당하는 듯하다. 공생형 함구증은 주 양육자와의 공생적인 관계(symbiotic relationship)가 있고 어머니가 집안에서 아버지에 비해 언어적으로 공격적이며 아이의 성격 특성상 수줍어하고 불안해하면서 조종하려는 행동이나 부정적인 행동이 나타나는 경우를 의미한다. 휴 역시 주 양육자인 모와 공생적인 관계에 있다. 휴는 타인에게 말을 해야 하는 상황이 되면 얼어붙거나 엄마 옷자락을 붙잡고 뒤로 철수한다. 그러면 모는 휴를 대신하여 대답해 주고, 휴는 엄마가 대답한 대로 한다. 이렇게 휴는 모에게 공생하면서 지내왔고, 동시에 모 또한 휴를 공생시키면서 지내왔다고 볼 수 있다. 또 모는 목소리가 크고 말이 많은 편이며, 가정 내에서 부보다 언어적으로 주도적인 편이라고 할 수 있다. 그리고 휴는 수줍음이 많고, 불안과 강박증이 높다. 이러한 정황으로 미루어 보아 휴는 공생형 함구증이 적합한 듯하다.

공생형 함구증의 중요한 판단 근거 중 하나인 주 양육자와의 공생적 관계는 Mahler(1975)의 분리 개별화 이론[정상적 자폐 단계, 정상적 공생 단계, 분리 개별화 단계(분화기 – 연습기 – 재접근기 – 개별성의 공고화와 정서적 대상 항상성 단계], Edinger(1972)의 모자녀 단일체 이론(어머니 안에 아이의 자기가 있고 그리고 자기 안에 자아가 있는 단계, 어머니에게서 자기가 분화되어 지면서 점차 자아가 발달되어 가는 단계, 자기에서 자아가 부분적으로 의식되는 단계, 자기에서 자아가 완전히 분리되는 단계)과 Neumann(1973)의 자아발달이론(남근기적 – 지하세계 단계, 마술적 – 남근적 단계, 마술적 – 호전적 단계, 태양적 – 호전적 단계, 태양적 – 합리적 단계)으로 설명될 수 있다. 즉, 공생형 함구증은 'Mahler의 분리 개별화 단계' 중 공생적 단계(SymbioticPhase)인 유아 자신과 어머니가 단일한 전능체인 것처럼 행동하게 되는 상태, 'Edinger의 모자녀 단일체 단계' 중 가장 초기 단계인 어머니 안에 아이의 자기(Self)가 있고 그리고 자기 안에 자아(ego)가 있는 상태와 'Neumann의 자아발달단계' 중 남근기적 – 지하세계 단계인 아동의 자기는 신체 – 자기로 어머니의 활동에 의해 결정되며, 모권적 세계에 있는 상태와 중첩된다.

한편 함구증을 보이는 휴에게 언어적 치료 개입은 말을 하라고 강요하는 것일 수 있으며(Shin & Suh, 2005), 이는 휴의 상태를 더 나쁘게 만들 수 있다. 따라서 휴에게는 말을 하지 않고도 자신의 의사표현을 할 수 있는 비언어적 치료 개입이 필요하다. 아동에게 적합한 비언어적 치료 기법으로는 놀이치료, 예술치료, 그리고 모래놀이치료 등이 있다. 모래놀이치료에서 사용된 상징물과 재료들의 상징은 공통적 언어의 기능을 하며, 무언의 의사소통들이자 은유로 쓰이는 단어들과 같다(Boik & Goodwin, 2000). 이 상징물들을 통해서 아동들은 말로 표현하기에는 너무도 두려운 느낌, 생각, 신념, 그리고 욕구를 표현할 수 있다(Hegerman, 1992, Kim, 2006 재인용). 특히 모래놀이치료의 자유롭고 보호된 공간에서 치료자와 내담자의 두 정신은 언어 이전 모래놀이의 상징 속에서 융합되어 정신발달의 처음 단계인 모자녀 단일체 상황이 이루어진다. 이때 내담자는 모자녀 단일체의 재구성과 자기의 배열, 그리고 새로운 자아가 출현하는 것을 경험할 수 있다(Weinrib, 2004). 이런 측면에서 모자녀 단일체 상태에서 모에게 뒤늦게까지 공생하면서 선택적 함구증을 보이는 6세 소녀 휴에게 모래놀이 치료적 접근이 효과적일 것으로 생각하였다.

본 연구는 6세 소녀의 분리와 성장을 주제로 한 모래놀이치료 과정에 대한 단일 사례연구로서 Jung 이론에 바탕을 둔 DoraKalff의 모래놀이치료의 이론과 기법에 따라 이루어졌다. 또한 아동과 어머니 사이에 공생적인 융합과 그 융합으로부터 발달과 퇴행을 반복하면서 점진적으로 자아가 출현한다는 'Mahler의 분리 개별화 이론', 어머니에게서 자기(Self)가 분화되면서 자아가 독립을 이루어간다는 것을 주장하는 'Edinger의 모자녀 단일체 이론', 그리고 신체-자기(body-Self)에 있던 자기와 모권적(matriarchal) 세계에 머물고 있던 의식이 분리 독립되어 그 자체로 생존하게 되고, 그것을 유지하기 위한 의지를 가지기 위해 발달되어 간다는 것을 주장하는 'Neumann의 자아발달이론'에 근거를 두고 해석하였다. 그리고 모래사진은 1. 모래사진 기술, 2. 내담자의 모습 기술(치료 초·중기까지 휴가 말을 하지 않았기 때문에 내담자의 연상을 제시할 수 없었다. 대신 내담자의 모습을 기술하였다. 종결기에 휴가 말을 하기 시작하면서 내담자 연상을 간단하게 제시할 수 있었다), 3. 치료자의 반응 순으로 분석하였다.

- 의뢰 경로

휴는 가족들과만 말을 하였다. 가족 외의 사람들이 말을 걸면 휴는 입을 다문 채 그 자리에 얼어붙어 버렸다. 이럴 때, 휴의 모는 휴를 대신해 입이 되어 주곤 하였다. 모는 휴를 '수줍음이 많은 아이'라고 여기면서 '점점 괜찮아져 갈 것'이라고 스스로를 안심시켰다. 하지만 모의 바람과는 달리 휴는 시간이 흘러도 나아지지 않았다.

휴는 같은 어린이집을 1년 가까이 다니고 있다. 그동안 어린이집에서 선생님과 친구들을 비롯하여 그 어느 누구에게도 말을 해본 적이 없다고 하였다. 모는 휴에게 심리치료적 개입이 필요하다는 판단을 내렸다. 휴의 엄마는 나에게 휴를 의뢰하였고, 나와 휴는 만나게 되었다.

- 연구대상자의 특징 및 주 호소

휴의 모와 부는 1년 5개월간의 연애를 한 후 결혼을 했다. 휴는 2005년 5월 출생 후 2008년 9월까지 시댁에서 3년 4개월 동안 부(41), 모(36세), 남동생(4세), 시모(72세)와 함께 살았다. 부의 전근으로 2008년 10월부터 2009년 11월까지 1년 1개월 동안 시댁에서 분가하여 시모를 제외한 부, 모, 남동생과 함께 살았다. 부가 다시 원근무지로 전근을 가게 되자 2009년 12월부터 현재까지 부만 시모 집에서 지내고 있으며, 휴와 모, 남동생만 분가한 집에서 지내고 있다. 부는 주중 1~2일 정도 분가한 집에서 지내고 있으며, 주말에는 휴와 모, 남동생이 시모 집으로 가서 함께 지내기도 한다.

휴는 부모와 시모 모두 원하던 아이로 출생 시 3.6kg으로 정상적인 자연분만을 통해 태어났다. 1년 동안 모유 수유를 하였고, 이후에는 밥을 먹었는데 잘 먹으려고 하지 않아 2~3시간 간격으로 간식(부침개나 핫케이크, 국수)을 먹였다. 좋아하는 음식이 있으면 굉장히 빨리 먹고 맛있게 먹지만, 그렇지 않으면 힘들게 먹었으며, 골고루 먹기보다는 좋아하는 반찬이 있으면 그것만 집중적으로 먹었다.

대소변을 30개월경부터 가렸지만, 실수가 좀 잦은 편이었다. 실수하면 시모는 '더럽게 이게 뭐냐'고 꾸짖거나 빈정거리는 말을 잘 하였다. 어린이집에 다니기 시작하면서 변비가 생겼고, 어린이집에서 대변을 본 적이 없었다. 휴가 밤에 잘 때는 아무리 졸려도 꼭 엄마가 옆에 누어야만 잠을 잤고, 엄마 턱에 있는 까만 점을 만지면서 잤다(지금까지도 그렇다고 함). 휴는 스스로 옷 입기 시작할 무렵 혼자서 옷 입는 것이 잘 안되면 짜증을 부리며 울었고, 엄마 아닌 다른 사람의 도움을 받으려고 하지 않았다. 지금도 졸리거나 컨디션이 안 좋을 때 가끔 그런 행동을 보인다. 휴는 38개월경(동생이 15~16개월쯤) 툭하면 못한다고 '엄마가 도와줘'라고 이야기하였고, 멀쩡하게 걸어가다 (동생 따라서) 바닥에 넘어지는 흉내를 냈다. 휴의 옹알이는 보통이었으며, 집에서 공주놀이 할 때라든지 그림 설명을 할 때는 언어적 표현력이 좋은 편이다. 휴의 이해력이나 인지상태는 보통이며, 1년 동안 같이 지낸 어린이집 친구들 이름을 사진 보면서 물어보면 잘 모른다고 하지만, 모가 친구들 이름을 부르면서 찾아보라고 하면 잘 찾는다. 휴는 낯가림이 심했으며, 46개월에 어린이집을 다니기 시작하면서 모와 떨어졌는데, 많이 울었다. 55개월경부터 엄마 없이도 친할머니 집에서 동생과 놀기는 하였지만, 모와 잘 떨어지지 않는다. 휴가 좋아하는 놀이나 활동은 인형(공주 혹은 바비)놀이, 그림 그리기, 퍼즐 맞추기이다. 휴는 잘 울고, 겁이 많고, 고집이 세며, 낯가림이 심하고, 소리에 민감하였다. 휴는 어린이집에서 학습 및 놀이활동 등을 할 때, 선생님과 친구들의 지시가 있을 때만 매우 소극적으로 참여한다. 휴는 그림 그리는 것을 좋아하는데, 집에선 휴 혼자서 1시간 이상 그림을 그리면서 놀지만, 어린이집에선 부끄럽다고 그리지 않고 친구들이 그리는 것을 옆에서 조용히 구경만 한다. 가끔 친구들이 '휴 너는 여기 핑크색을 색칠해'라고 이야기하면 그 지시에는 따른다. 또 휴는 새로운 것에 대한 두려움이 많아서 늘 비슷한 놀이를 하고, 늘 같은 그림을 그리고, 항상 먹는 음식만 먹는다.

첫 회기에 잠깐 동안 나, 휴와 모는 치료실에 함께 있었다. 모는 휴의 손을 잡고 치료실에 있는 다양한 피겨들을 구경하면서 약간 큰 목소리로 휴에게 '우리 휴, 저거 좋아하지?', '우리 휴, 이거 만지면서 놀고 싶지?'라고 이야기하였다. 그러면 휴는 긴장된 표정으로 모가 가리키는 곳을 물끄러미 바라보기만 하였다. 잠시 후, 모가 치료실을 나가자 나와 휴만 치료실에 있게 되었다. 나는 웃으면서 휴에게 '만나서 반가워'라고 이야기하였다. 휴는 놀란 토끼처럼 나의 얼굴과 엄마가 나간 문 쪽을 번갈아 보았다. 한눈에 휴가 매우 불안해하고 있음을 느낄 수 있었다. 휴의 손과 입 주변의 근육이 미세하게 떨리는 것이 관찰되기도 하였다. 이날 휴와 내가 함께 있는 동안, 휴는 나에게 아무 말도 하지 않았다.

모가 휴에 대해서 이야기하는 주 호소는 가족 외의 사람들이 말을 걸면 휴는 입을 다문 채 그 자리에 얼어붙어 버리는 것이었으며, 이로 인해 휴는 관계 내에서 위축, 고립되어 자신감을 점점 잃어가고 있다는 것이다.

- 모래놀이치료 과정

휴는 약 1년간 24회기 동안 상담을 받았다. 휴는 6회기까지 언어적 함구뿐만 아니라 행동적 침묵, 즉 몸까지 얼어붙어 모래놀이는 물론 거의 움직이지 않고 고정된 채로 가만히 서 있기만 하였다. 그러면서 초점 잃은 시선으로 물끄러미 피겨장을 바라보기만 하였다. 6회기 때는 피겨장 앞에 서 있는 채로 잠깐 졸기도 하였다. 7회기에 휴와 모는 함께 모래놀이를 하였다. 휴가 먼저 피겨를 모래상자에 갖다 놓으면 그 다음에는 모가 피겨를 갖다 놓았다. 휴와 모는 이렇게 번갈아 가면서 피겨를 갖다 놓았고, 그 과정에서 휴는 즐거워하였고 얼굴에 생기가 번졌다.

8회기에서 24회기까지 휴는 독립적으로 17개의 모래사진을 완료했다. 본 논문에서 나는 12개의 모래사진을 집중적으로 분석하였다.

- 결론

휴는 정상적으로 말할 수 있는 능력을 가졌음에도 불구하고 장소, 시간에 따라 소수의 친밀한 사람들과 있을 때만 제한적으로 말을 하는 선택적 함구아였다. 특히 휴는 공생형 함구증(symbiotic mutism)으로 주 양육자인 어머니와 공생적인 관계(symbiotic relationship)였다.

휴는 타인에게 말을 해야 하는 상황이 되면 얼어붙거나 엄마 옷자락을 붙잡고 뒤로 철수해 버렸다. 그러면 모는 휴를 대신하여 대답해 주었고, 휴는 엄마가 대답한 대로 따랐다. 이렇게 휴는 모에게 공생하면서 지내왔고, 동시에 모 또한 휴를 공생시키면서 지내왔다. 휴는 약 1년간 24회기 동안 상담을 받았다. 휴는 6회기까지 언어적 함구뿐만 아니라 행동적 침묵, 즉 몸까지 얼어붙어 모래놀이는 물론 거의 움직이지 않고 고정된 채로 가만히 서 있기만 하였다. 7회기에 휴와 모가 함께 모래상자를 꾸민 것을 시작으로 하여 휴는 18개의 모래상자를 만들었다. 이 과정을 통해 모와의 병리적 공생관계에서 벗어나 분리개별화를 이루어 나갈 수 있었다. 그러면서 휴는 점차 다른 사람들과 이야기를 하기 시작하였으며, 여러 사회적 장면에서 자신감 있게 다양한 활동을 수행해 나갈 수 있게 되었다.

한편 휴는 모래사진 5부터 나와 주변 사람들에게 이야기를 하기 시작하였다. 이러한 변화는 모래사진 4에서 나타났던 지각의 대변동과 같은 혼돈이 가져다준 값진 선물인 것 같다. 혼돈은 삶에 의미를 부여하고, 신성한 시간에서 살기 위한 심오한 욕구에 의한 것이다.

그렇게 하기 위해 익숙한 모든 안락과 안전을 기꺼이 버리는 것(Turner, 2005)이다. 휴는 자신의 삶을 새롭게 살기 위해 대혼돈을 일으켰고 그것을 침착하게 견뎌냈다. 그리고 엄마 품속에서의 안락하고 안전한 삶을 버리고, 때론 불안하고 막막하고 힘이 들지만, 도전하고 성취하면서 행복감을 느끼며 세상 속에서 살아 나가기를 선택했다. 대혼돈 이후, 휴의 모래그림과 실생활에선 전환이 일어났다. Turner(2005)가 '어떤 과정은 완전한 자기 배열 대신에 독특한 전환(shift)으로 나타난다. 이러한 전환 이후 모래놀이 과정에 극적인 치유나 변형이 나타날 수도 있다'고 한 것처럼 휴의 경우에도 모래사진 4에서 나타난 '우물'을 통해 존재의 중심적 원천을 두드린 후, 휴의 모래사진에서뿐만 아니라 현실 세계에서도 극적인 전환이 나타났다. 특히 휴는 모래사진 4에서 젖은 모래를 사용하였는데, 젖은 모래 혹은 물기 있는 모래가 깊은 정서적 수준과 관련된다(Turner, 2005)는 점도 이러한 전환을 뒷받침해 주는 증거라고 할 수 있다.

이처럼 휴는 성장을 위해서 대혼돈을 일으켰고, 그것을 지혜롭게 잘 극복했다. 이를 위해 휴가 내·외적으로 경험했을 고통스러움이 어느 만큼이었는지 감히 짐작하기에 휴에게 고개가 숙여진다. 나는 휴가 앞으로도 계속해서 진정한 '자기(Self)'의 실현을 위해 세상 속에서 '자아(ego)'를 건강하게 단련시키면서 살아 나갈 것이라고 믿는다.

본 연구에서 살펴볼 수 있었던 결과들은 모래놀이치료가 선택적 함구아를 위한 효율적인 치료기법이 될 수 있음을 시사하고 있다.

② 행동치료

선택적 함구증에 대해서는 전형적으로 행동치료가 사용된다(Martin & Volkmar, 2007). 다른 정신장애에 대한 행동치료와 마찬가지로, 아동의 말하는 빈도가 증가하거나 함구 행동에 선행하는 상황이나 사건(A), 말하는 행동 또는 함구 행동(B)을 보였을 때의 결과(C)를 면밀히 관찰, 측정하는 기능적 분석(A-B-C)에서 출발한다. 이에 따라 말하는 행동에 대한 강화, 함구 행동에 대한 소거를 점진적, 체계적으로 조형해 나간다.

함구 행동을 소거하는 데에는 상황 소거와 개인 소거 두 가지 방법이 사용된다. 상황 소거는 아동이 말을 하는 특정 장소나 상황(예 '자신의 집' 또는 '가족들과 있는 상황')에서부터 말하는 행동에 칭찬, 보상을 제공함으로써 말하는 행동을 강화하고, 이를 함구 행동을 보이는 장소, 상황에까지 점진적, 체계적으로 확장해 나가는 것이다. 개인 소거는 이미 아동이 말을 하는 상황에 점진적, 체계적으로 새로운 사람을 등장시키는 방법이 사용된다. 이러한 절차를 통해 아동은 점점 더 많은 장면에서 많은 사람들과 자연스럽게 이야기할 수 있다.

아동의 함구 행동에 대해 주위 사람들의 걱정, 염려, 지적 등도 일종의 관심으로 작용해 부적 강화가 될 수 있다. 또한 아동은 '말 안 하는 아이'라는 주위의 시선이 부담이 되어 말하기가 더욱 어려워질 수도 있는데, 일례로 학년 또는 학교가 바뀌어(초등학교 졸업 후 중학교 진학) 새로운 사회적 상황에 처했을 때 증상이 급격히 호전되는 경우도 있다. 따라서 부모와 교사는 아동의 말하지 않는 행동 양상, 함구 행동이 나타나는 상황, 함구 행동으로 인해 아동이 겪는 어려움을 주의 깊게 관찰하고 적절한 조치를 취하되, 함구 행동이 부각될 수 있는 직접적인 지적, 처벌, 비난 또는 말하기를 강요하는 것은 삼가야 한다. 그러면서 말하는 행동을 보였을 때 긍정적 피드백을 제공하는 것이 좋다(심리학용어사전, 2014).

관련 기사

英 15세 소녀, 선택적 함구증 "아무 말도 못해"… 꿈은 연기자라는데, 무슨 사연?

3) 특정 공포증

(1) 정의 및 특징

인식할 수 있는 명확한 대상이나 상황에 대한 현저하고도 지속적인 두려움을 갖는 장애이다. 다음과 같이 형태가 포함된다.

- 동물형 : 동물이나 곤충을 두려워한다.
- 자연환경형 : 높은 곳, 천둥이나 폭풍 등 자연환경을 두려워한다.
- 혈액-주사-손상형 : 피를 보거나 주사를 맞는 것과 같은 신체적 손상을 두려워한다.
- 상황형 : 비행기나 승강기 안 또는 폐쇄된 공간과 같은 특정 상황을 두려워한다.
- 기타형 : 두려움이 기타 자극에 의해 촉발되는 경우로서, 질식이나 구토가 유발될 수 있는 상황이나, 큰소리나 분장한 인물에 대한 아동들의 두려움이 여기에 해당된다(이순민, 2014).

다른 불안장애와 달리 특정한 인지왜곡은 없으며, 공포, 불안, 회피는 대부분 위험상황에서 즉각적으로 발생하며 처해진 위험에 비해 정도가 지나치고 지속적이다. 주로 10세 이전에 발생하는데 아동에게는 두 가지를 고려해야 한다. 아동의 경우 공포나 불안은 울기, 발작,

얼어붙거나 매달리는 것으로 표현되며, 어린아이들은 대개 회피의 개념을 이해하지 못하여 부모, 교사, 혹은 아이를 잘 아는 다른 누군가로부터 추가 정보를 얻어야 한다(김정미 외, 2015).

(2) 진단

※ DSM-5의 특정 공포증 진단 기준

A. 특정 대상이나 상황에 대한 현저한 공포나 불안(예시 : 비행, 높은 곳, 동물, 주사 맞는 것, 피를 보는 것)
 주 : 아동의 경우 두려움이나 불안이 울기, 짜증, 얼어붙음, 매달리기로 표현될 수 있음

B. 공포증이 있는 물체 또는 상황은 거의 항상 즉각적 두려움이나 불안이 유발됨

C. 공포증이 있는 물체 또는 상황을 적극적으로 피하거나, 극심한 두려움이나 불안을 갖고 견딤

D. 공포나 불안감이 특정 물체나 상황에 의해 제기된 실제 위험이나 사회문화적 문맥에 비해 너무 큼

E. 공포, 불안감, 회피가 지속되며, 보통 6개월 이상 계속됨

F. 공포, 불안감, 회피가 임상적으로 큰 고통이나 사회적·직업적 또는 기타 중요한 영역의 기능에서 손상을 야기함

G. 장애는 두려움, 불안, 공황발작과 같은 증상들과 연관된 상황의 회피나 다른 무력화하는 증상들(광장공포증에서처럼), 강박증에 관련된 물체들이나 상황들(강박장애에서처럼), 정신적 외상을 초래하는 사건들을 생각나게 하는 것들(외상 후 스트레스 장애에서처럼), 집이나 애착대상으로부터의 분리(분리불안장애에서처럼), 또는 사회적 상황들(사회불안장애에서처럼)을 포함한 다른 정신병적 장애의 증상들에 의해 더 잘 설명되지 않음

만약 해당된다면 명시할 것 :

 공포 자극들을 바탕으로 부호화함

 동물형(예시 : 거미, 곤충, 개)

 자연환경형(예시 : 높은 곳, 폭풍, 물)

혈액-주사-손상형(예시 : 주사, 외과적 의학 절차)
상황형(예시 : 비행기, 승강기, 폐쇄된 장소)
기타형(예시 : 질식이나 구토가 유발될 수 있는 상황, 아동의 경우 큰소리나 분장한 인물).

출처 : 이순민(2014).

제 13 장

외상 및 스트레스 관련 장애

제13장 외상 및 스트레스 관련 장애

1. 반응성 애착장애

1) 정 의

반응성 애착장애(Reactive Attachment Disorder)는 아이가 양육자와의 관계에서 친밀한 애착형성이 문제가 되어 애착형성이 되지 않거나 무분별한 강한 애착반응을 나타내거나 또는 접촉을 거부하고 아동의 다양한 발달을 지연시키는 장애를 말한다(김정미 외, 2015; 임혁 · 채인숙, 2015). 외상 및 스트레스 관련 장애에 포함되는 유아동기 장애이다. 외상 및 스트레스 관련 장애는 외상 또는 스트레스성 사건에 대한 명백한 노출이 있은 후 발생하는 장애들을 포함한다. 반응성 애착장애, 탈억제성 사회적 유대감 장애, 외상 후 스트레스 장애, 급성 스트레스 장애와 적응장애를 포함한다(김정미 외, 2015; 2021). 이 중에서 반응성 애착장애와 탈억제성 사회적 유대감장애는 영유아기, 외상 후 스트레스 장애는 6세 이후부터 진단이 가능하므로 이 세 가지 장애를 제외하고는 아동기 이후 정신장애에 해당된다(권준수 외, 2024).

2) 특 성

반응성 애착장애를 가진 유아동은 양육자에게서 안락함을 찾지 못하고 양육자가 제공하는 안락함을 거부하는 등 억제적이고 감정적으로 내향적 반응을 보인다. 또한 다른 사람에게 최소한의 사회적이고 감정적 반응, 제한된 긍정적 반응, 성인 양육자와의 상호작용에서 슬픔 또는 두려움과 같은 감정적 괴로움 등의 증상이 나타난다. 반응성 애착장애의 원인으로는 학대나 유기 같은 부적절한 양육, 양육자의 병적이거나 미숙한 보살핌과 같은 양육자의 문제 또는 위탁 혹은 대리 부모의 지나친 변동 등 주 양육자의 잦은 교체에서 비롯된 양육 환경상의 문제가 있을 수 있다(이순민, 2014).

애착형성의 실패로 인해 사회적 관계 형성에 있어서 심각한 문제를 일으키는 장애이다. 애착은 주 양육자와 갖는 정서적 유대감으로 아동 발달에 큰 영향을 미친다. 반응성 애착장애 아동은 신체적·지적·정서적인 발달이 지체될 수 있다. 생후 약 8개월이 되면 대부분의 유아들은 낯선 사람을 비선별적으로 받아들이나 반응성 애착장애 유아동은 아무에게나 강한 애착을 보이거나 반대로 지속적으로 접촉을 거부할 수도 있다. 반응성 애착장애 아동은 눈 맞춤이 어렵고, 혼자서만 놀려고 하고, 이름을 불러도 반응이 없는 등 자폐범주성 장애와 유사한 행동 특성을 보인다. 그러나 자폐범주성 장애와는 달리 심각한 의사소통장애와 상동행동은 보이지 않는 경우가 많다. 또한 사회성 발달 능력이 있기 때문에 바람직한 환경이 주어지면 정상 발달의 가능성도 높다(특수교육학용어사전, 2009).

3) 동반질환(Comorbidity)

유아동에서 분리불안장애는 범불안장애나 특정 공포증과 자주 동반된다(권준수 외, 2024).

4) 진 단

※ DSM-5-TR의 반응성 애착장애 진단 기준

A. 다음 두 가지에 나타난 것처럼, 성인 양육자에 대해 억압되어 있고, 감정적으로 내향적 행동의 지속적 패턴
  1. 아동이 괴로울 때(distressed) 거의 안락함을 찾지 않거나 최소한의 안락함을 구함
  2. 아동이 괴로울 때 거의 안락함에 대한 반응이 없거나 또는 최소한으로 안락함에 응함

B. 적어도 다음 중 두 가지로 특징지어지는 지속적인 사회적 그리고 감정적 괴로움
  1. 다른 사람들에게 최소한의 사회적, 감정적 반응
  2. 제한적인 긍정적 감정
  3. 성인 양육자와의 위협적이지 않은 상호작용 중에도 설명할 수 없는 과민성, 슬픔 또는 두려움의 분명한 삽화들

C. 아동은 다음 중 적어도 한 가지에 의해 입증되는 불충분한 보살핌의 극단적 패턴을 경험함
  1. 안락함, 자극 그리고 애정에 대한 기본적인 정서적 욕구의 지속적 결핍의 형태로 나타난 사회적 방치 또는 박탈
  2. 안정된 애착형성을 위한 기회를 제한하는 주 양육자의 반복적인 변경(예시 : 위탁보호의 빈번한 변경)
  3. 선택적 애착형성을 위한 기회를 매우 제한하는 비정상적 환경에서의 양육(예시 : 아동 대 양육자 비율이 높은 기관들)

D. 기준 C에서의 돌봄이 기준 A에서의 불안정한 행동에 원인이 된다고 추정됨

E. 기준들은 자폐스펙트럼 장애에 해당되지 않음

F. 장해는 5세 이전에 나타남

G. 아동은 적어도 발달연령이 최소 9개월 이상이 되어야 함

다음의 경우에 해당된다면 명시할 것 :

지속적임 : 장애가 12개월 이상 존재해 왔음

현재의 심각도를 명시할 것 :

반응성 애착장애는 아동이 장애의 모든 증상들을 보이며 각각의 증상이 상대적으로 높은 수준으로 나타나는 경우, 심각한 것으로 명시함

출처 : 권준수 외(2024); 이순민(2014).

5) 치 료

반응성 애착장애는 기본적으로 원인이 해결되면 회복될 수 있다. 아이에게 안정적인 애착을 제공하는 것이 치료의 주된 목적으로 주 양육자의 적극적인 노력이 필요하다. 양육 방식의 교정, 부적절한 환경의 개선 등을 통해 증상의 회복을 기대할 수 있다.

먼저 주 양육자와 아이가 애착을 형성할 수 있도록 긍정적인 상호작용을 늘리는 것이 필요하다. 아이의 요구에 대해 더 잘 이해하고 바람직한 양육태도를 갖추기 위해 교육상담 서비스를 받는 것이 추천된다. 아이나 주 양육자의 정서적 상태에 따라 개인정신치료, 가족치료, 약물치료 등도 도움이 될 수 있다.[1)]

다음은 탁미라(2013)의 논문에서 발췌한 내용이다.

(1) 반응성 애착장애 아동과 미술치료

치료적 모형으로서 미술을 소개한 사람은 1940년대의 Margaret Naumbug이다. Naumbug의 시각에서 미술치료의 최우선적인 가치는 의사소통과 진솔한 표현에 있다고 하였으며 내담자가 만들어낸 이미지들이 상징적인 대화의 한 방법이 된다고 생각했다. 1950년대 Edith Kramer는 미술작품제작의 치유 가능성은 특정한 심리적 과정들을 이끌어내는 창조적 작업능력에서 발생한다고 하였으며, 단지 시각적으로 상징화된 회화의 의사소통이 아니라 창조성을 미술치료과정의 단서로서 강조, 미술작품을 창작하는 행위가 내면적 경험의 변형과 완화, 방향전환을 포함하여 종합과 통합, 승화를 위한 행동이 될 수 있다고 하였다(이미애 · 김갑숙, 2003).

또 이러한 창조 작업을 통하여 내담자는 자신의 괴롭고 고통스러운 감정으로부터 감정적 해방감을 느낄 수 있다. 미술은 이 밖에도 시간과 공간의 제약을 받지 않음으로써 부모, 자녀의

1) 출처 : [네이버 지식백과] 반응성애착장애 [Reactive attachment disorder] (서울대학교병원 의학정보, 서울대학교병원)

과거나 현재 상황에 관계되는 생각과 감정 또는 미래에 대한 생각까지도 표현할 수 있다(정창숙, 2011). 또 불안정 애착아동에게 있어 미술치료는 불안과 공포를 감소시키고 타인의 거부감을 덜 느끼게 하여 친밀한 유대를 발달시킨다고 하였다. 양육자와의 안정적 애착형성 실패로 발병하는 장애인 애착장애아동에게 미술의 이런 장점들은 놀이치료의 장점으로 언급되었던 양육자와 자녀 관계의 재형성에도 큰 도움이 될 것이다.

반응성 애착장애 아동은 정서적·신체적 발달 면에서 다양한 특징들을 보이는데, 그중 가장 두드러지는 행동 특징은 혼자 한 가지 놀이에 집중하고 집착한다는 것이다. 실제 치료현장에서 이런 문제행동을 보일 경우는 행동중단이 필요한데, 이러한 행동중단은 언어적으로 선언하면 아동은 더욱 분노발작을 일으키기 쉽다. 하지만 다양한 미술활동들은 아동의 관심을 돌려서 점차 한 가지 놀이에만 고집하던 태도를 버리게 하며 아동의 혼자놀이를 방해하지 않고 호기심을 갖게 함으로써 열중하던 행동을 쉽게 중단시킨다고 이미애와 김갑숙(2003)의 연구에서 보고되었다. 또 공간, 색, 선을 이용하여 상호관계를 표현하려는 미술의 능력으로 상호관계능력이 부족한 반응성 애착장애 아동에게 상호 관계성을 익히게 할 수 있다(최재영·김진연, 2000).

실제 치료현장에서 놀이치료와 달리 치료사가 유의해야 할 점은 아동은 외상적인 경험이나 애착 양식을 미술매체를 통해 보여주기도 하기 때문에 어떤 매체를 거부하고 어떤 매체를 선호하는가를 관찰할 필요가 있다(이경미, 2012). 미술매체가 아동의 발달수준과 성향, 시간과 공간에 맞을 경우 아동의 놀이를 촉진시킬 수 있으며, 치료사와의 관계 형성에도 도움을 준다고 했던 김인숙(2005)의 연구에서처럼 이미애(2004)는 아동의 매체 선택과 관계 형성에 대해 서로 긴밀한 관계가 있다고 하였다. 그 예로 불안정한 애착장애 아동들은 가능한 접착제 중에서 즉시 부착되거나 부착이 견고한 접착제를 사용하기를 선호하기 때문에 테이프를 사용하여 계속 붙여 나가면서 안정한 공간을 만들어주거나 두 대상을 붙이는 것에 매우 집착하기도 한다고 한다. 이는 아동이 겪었던 양육자와의 애착형성 실패와 비슷한 좌절을 재경험하는 것을 두려워하거나 작품의 창작활동 과정을 통해 보상받고 싶어 하는 심리를 나타내는 것이라고 볼 수 있다.

(2) 반응성 애착장애 아동과 놀이치료

아동은 대부분의 시간을 놀이에 몰두하고 있으며 놀이는 아동의 중요한 생활이며 사업이라고 말했다. 놀이란 즐거움을 동반하는 활동으로서 외부의 강요 없이 내적으로 동기 유발된 행동이며 특별한 목적을 지니지 않은 활동을 말한다. 놀이는 아동이 지닌 가능성과 잠재력을 발달시키는 유일한 수단으로써 가장 완전하게 학습할 수 있는 최선의 방법으로 인식되어 왔다. 놀이를 통하여 협동하는 것과 질서, 규칙 지키기 등의 사회적 태도를 스스로 습득하게 되어 사회적 발달에 도움을 주게 되며, 또한 놀잇감은 아동의 감각 인식을 증진시키며 여러 가지 재료의 성질을 이해하는 등의 지적인 발달에 도움을 준다(정희정, 1993). 동시에 자신의 감정을 자연스럽게 표현함으로써 정서적인 안정을 도모하고 욕구불만이나 자신의 마음에 있는 고통스러운 부분들을 해소시키는 치료적 기능도 한다. 본 연구의 서론 부분에서도 언급했듯이 반응성 애착장애가 기질적인 결함에 의한 장애라기보다는 아동의 생애 초기에 가졌던 양육자와의 불안정한 애착경험, 주 양육자의 부적절한 양육태도나 방법 등 환경적인 조건들에 의해 야기되는 문제임을 고려할 때 아동이 일상생활 속에서 자연스럽게 경험하게 되는 놀이를 치료의 매개체로 사용하는 것이 바람직하다는 주장이 대두되고 있다고 배연희(1998)의 연구에서 밝힌 바 있다. 이는 놀이에 관한 많은 연구결과들에서 공통적으로 놀이 발달의 전제조건으로 양육자의 친근하고 애정적인 태도와 놀이자극이 절대적으로 필요하다는 사실에 근거해 볼 수 있다. 실제로 놀이발달은 애착과 매우 밀접한 관련을 가지고 있는데, 양육자와 함께 있을 때 안정적으로 애착된 유아일수록 물리적인 환경에 대한 탐색을 더 많이 하고 사물의 적절한 용도를 발견한다고 하였다. 또 상징놀이에 관한 어머니의 역할과 중요성에 대해서 언급하였는데, 어머니는 유아의 상징놀이를 자극하는 환경을 조성해 주고 놀이 기술을 직접적으로 가르쳐 주는 역할과, 유아와 친밀한 상호작용을 통해서 동일시와 모방을 촉진

시켜 주는 간접적인 역할로 설명된다고 하였다(김수연, 1995). 그러므로 부모와 특히 어머니와의 애착형성 실패로 정상적인 자극들을 통해 놀이할 기회를 얻지 못한 반응성 애착장애 아동들에게 놀이를 통한 치료기법은 어머니와 아동의 관계를 새롭게 형성해 나갈 수 있는 시발점이 될 수 있다. 또 발달수준을 최대한으로 고려하면서 과도한 요구조건 없이 자연스러운 접촉을 제공하여 아동 자신의 방법으로 느끼고 자신의 환경을 이해하도록 해주는 매개체의 역할(강문희, 2004)을 함으로써 치료 효과를 극대화시킬 수 있다. 반응성 애착장애 아동을 위한 놀이치료를 대개 적극적 놀이치료라고 명명하는데, 아동에게 잘 조율되어 아동의 관심도를 따라가 주는 아동중심의 놀이치료를 기본으로 하고 치료자는 매우 민감하여 즉각적으로 적극적인 반응을 보여주고, 비지시적이지만 다양한 자극을 아동의 관심도에 맞추어 자연스럽게 제공해 주며 생애 초기의 감각적 경험을 위하여 신체적인 접촉도 놀이 가운데 자연스럽게 활용해야 한다(이혜련, 2004). 결론적으로 반응성 애착장애 아동의 놀이치료에서는 놀이를 통한 모-자의 애착관계 재형성과 충분히 경험하지 못한 유아 시절의 감각적 재경험이 주요 치료 목적이라 할 수 있겠다.

애착장애 아동의 놀이를 통한 또 다른 치료적 접근으로 치료놀이를 들 수 있는데, 치료놀이는 Jernberg가 시카고에 치료놀이 연구소를 설립하면서부터 시작되었다. 치료놀이의 이론과 방법의 상당 부분은 Austin Des Lauriers로부터 영향을 받았으며, 치료놀이란 성인이 주도권을 가지면서 긍정적인 신체접촉을 통해 아동에게 접근하여 문제를 해결하는 치료 및 교육방법이라고 성영혜·이주연·윤미원의 연구에서 언급되었다(강지혜, 2012 : 16 재인용). 치료놀이는 부모-자녀 관계에 중점을 두면서 인간발달을 대인관계에 기초하여 다루고 있다. 특히 치료놀이는 신체적 접촉을 중요시하며 친밀하고 개별적이고 집중적이면서도 재미있고 즐거움이 넘친다. 또한 '지금-여기(Here and Now)'의 구체적 경험에 초점을 둔 접근방법이다(김윤경, 2005). 치료놀이는 애착이론에 기반을 두고 있으며, 부모와 자녀 사이에 건강한 상호작용 모델을 만들고 부모가 처음에는 관찰자로서, 나중에는 협조 치료자로서 적극적으로 참여하여 아동의 문제를 변화시킬 수 있는 비교적 단기적이고 심층적인 치료방법이다. 성영혜의 연구에서 Ann Jernberg는 놀이치료로 나아지지 않았던 자폐아동을 치료놀이로 변화시키면서 치료놀이의 방법과 이론을 임상을 통해 확립하게 되었다고 보고하였다(윤은정, 2006 : 12 재인용).

다음은 임선자와 선우현(2015)의 반응성 애착장애 아동의 놀이치료 사례연구를 통해 살펴본 치료 결과에 대한 연구이다. 본 연구는 자폐적 증상을 보이는 반응성 애착장애 아동을 대상으로 대상관계 놀이치료 과정에서 겪는 경험의 의미를 심층적으로 이해하는 데 목적을 두었다. 의도적 연구 대상자 선정(purposeful sampling) 방법을 통해 연구자가 직접 놀이치료를 실시한 단일 사례를 선정하였다. 총 63회(16개월) 실시된 사례기록을 중심으로 다양한 자료를 수집하였다. 수집된 자료들은 Giorgi의 현상학적 심리학의 연구 절차를 바탕으로 분석되었으며, 이를 통해 79개의 의미 단위를 찾아냈고, 4개의 심리학적 용어로 묶어 냈으며, 여기서 5개의 경험의 본질을 도출하였다. 경험의 본질은 '아무것도 나에게 영향을 미칠 수 없어', '어? 무언가 보고 들리기 시작하네', '너랑 나랑 주고받는 거 재미있구나', '나는 이제 무언가 하기로 결정했어', '세상이 만만해졌어. 놀자'의 다섯 가지이다. 이러한 연구결과 대상관계 놀이치료의 과정에서 아동은 분리 개별화의 과정을 거쳐 대상 항상성을 획득하고 숙달해 가는 단계에 도달하였으며 자폐성향을 상당 부분 감소시킬 수 있었다. 이 연구의 결과는 반응성 애착장애 아동의 놀이치료 과정 중에서 드러난 아동의 변화 과정과 변화의 요인들을 제시하고 있어 실제 반응성 애착장애 아동의 놀이치료 장면에서 활용 가능하다는 점에서 의의가 있다.

2. 탈억제성 사회적 유대감 장애

1) 정 의

이 장애는 상대적으로 낯선 사람과의 문화적으로 부적절하고, 과도하게 친밀한 행동에 연관된 행동 패턴을 보인다. 이 과도하게 친밀한 행동은 문화의 사회적 경계를 침범한다. 탈억제성 사회적 유대감 장애는 아동이 발달적으로 선택적 애착이 형성되기 전에 진단 내려서는 안 된다. 그러므로 아동은 반드시 적어도 발달연령 9개월이 되어야만 한다(APA, 2013). 탈억제성 사회적 유대감 장애는 DSM-IV-TR에서는 포함되지 않던 장애로, DSM-5에서 새로 추가되었다.

2) 진 단

※ DSM-5-TR의 탈억제성 사회적 유대감 장애 진단 기준

A. 아동이 낯선 성인에게 적극적으로 접근하고 상호작용하며, 다음 중 적어도 두 가지로 나타나는 행동 패턴

1. 낯선 성인에게 접근하거나 그들과 상호작용하는 데에 덜 주저하거나 주저함이 없음
2. 지나치게 친밀한 언어적 또는 신체적 행동(문화적으로 허용되거나 나이에 맞는 사회적 경계와도 일치하지 않음)
3. 낯선 상황에서도 주변을 탐색하고 난 후에 성인 양육자의 존재를 덜 확인하거나 아예 확인하지 않음
4. 낯선 성인을 최소한의 망설임이나 전혀 망설임 없이 기꺼이 따라나섬

B. 기준 A의 행동들은 충동성(주의력결핍 과잉행동장애에서의)에 한정되지 않으며, 사회적으로 억제되지 않은 행동들을 포함함

C. 아동은 다음 중 적어도 한 가지로 나타날 수 있는 극도의 불충분한 돌봄의 패턴을 경험해 옴

1. 성인 양육자로부터 안락함, 자극 및 애착에 대한 기본적인 정서적 욕구들이 지속적으로 충족되지 못한 형식으로 사회적 방치 또는 박탈됨
2. 안정적 애착을 형성할 기회를 제한하는 주 양육자의 반복적 변경(예시 : 잦은 위탁가정 변경)
3. 선택적 애착형성을 위한 기회를 매우 제한하는 비정상적 환경에서의 양육(예시 : 아동 대 양육자 비율이 높은 기관들)

D. 기준 C에서의 돌봄이 기준 A에서의 불안정한 행동에 원인이 된다고 추정됨(예시 : 기준 A의 장애가 기준 C에서의 병인이 되는 돌봄 이후에 시작됨)

E. 아동은 적어도 발달연령이 최소 9개월 이상이 되어야 함

만약 해당된다면 명시할 것 :

지속적임 : 장애가 12개월 이상 존재해 왔음

현재의 심각도를 명시할 것 :

탈억제성 사회적 관계 장애는 아동이 장애의 모든 증상들을 보이며 각각의 증상이 상대적으로 높은 수준으로 나타나는 경우, 심각한 것으로 명시함

출처 : 권준수 외(2024); 이순민(2014).

3) 특 징

발달지연, 특히 언어, 인지의 지연, 상동증, 영양실조 또는 양육결핍 등의 심각한 방임의 징후와 함께 나타날 수 있다. 이 장애는 방임 징후들이 사라져도 자주 지속적으로 나타난다. 따라서 탈억제성 사회적 유대감 장애 유아동 중에는 현재 방임의 징후가 전혀 없는 경우가 흔하다. 심지어 양육결핍으로 인한 애착문제가 없는 경우에도 여전히 장애의 증상은 지속되는 경우도 있다. 과거 방임상태에 있었거나 애착 결핍이거나 보호자에 대한 애착장애가 있는 경우부터 안정된 경우에까지 나타날 수 있다(권준수 외, 2024).

3. 외상 후 스트레스 장애(PTSD)

1) 정 의

생명을 위협할 정도의 극심한 스트레스(정신적 외상)를 경험하고 나서 발생하는 심리적 반응이다. 여기서 '정신적 외상'은 충격적이거나 두려운 사건을 당하거나 목격하는 것이다. 이러한 외상들은 대부분 갑작스럽게 일어나며 경험하는 사람에게 심한 고통을 주고 일반적인 스트레스 대응 능력을 압도한다. 외상 후 스트레스 장애(PTSD : Post Traumatic Stress Disorder)는 사람이 전쟁, 고문, 자연재해, 사고 등의 심각한 사건을 경험한 후 그 사건에 공포감을 느끼고 사건 후에도 계속적인 재경험을 통해 고통을 느끼며 거기서 벗어나기 위해 에너지를 소비하게 되는 질환으로, 정상적인 사회생활에 부정적인 영향을 끼치게 된다.

2) 원 인

외상 후 스트레스 장애는 충격적인 사건 자체가 일차적인 원인이지만 충격적인 사건을 경험한 모두가 이 질환을 경험하는 것은 아니다. 일반인 중 60%의 남자와 50%의 여자가 상당히 의미 있는 사건을 경험하지만 실제 이 질환의 평생 유병률은 6.7% 정도이다. 사건 경험 전의 심리적·생물학적 사전 요인이 질환 발생에 관여하는 것으로 생각된다.

질환 발생과 연관된 위험인자는 다음과 같다.

- 어렸을 때 경험한 심리적 상처의 존재
- 성격 장애나 문제
- 부적절한 가족, 동료의 정서적 지원
- 여성
- 정신과 질환에 취약한 유전적 특성

- 최근에 스트레스 많은 삶으로 변화
- 과도한 음주

이 밖에 심리학적 원인은 어렸을 때 심리적인 충격과 관련하여 해결되지 않은 심리적인 갈등들이 현재의 사건과 맞물려 다시 일깨워지는 것으로 보는 정신분석적 모델과, 조건화된 자극이 지속적으로 공포 반응을 일으켜서 그 자극을 피하려는 행동이 문제를 일으기는 것으로 보는 인지행동적 모델로 설명하고 있다.

생물학적 요인으로는 신경전달물질인 도파민, 노르에피네프린, 벤조다이아제핀 수용체, 그리고 시상하부-뇌하수체-부신 축의 기능 등이 연관이 있는 것으로 보고되고 있다.

외상 후 스트레스 장애 환자군에서 노르에피네프린 시스템과 시상하부-뇌하수체-부신 축의 기능이 증가되어 있다는 연구보고가 있고, 자율신경계의 반응이 과도하게 증가되어 있다는 연구결과도 있는데, 그 증거로 혈압 및 심장박동수가 증가되어 있고 비정상적인 수면 구조를 보이는 것을 들 수 있다. 일부 연구는 이 질환이 우울장애 및 공황장애와 원인적 측면에서 유사성을 가진다는 주장을 하기도 한다.

- 전쟁 또는 전투에 노출
- 아동기의 성적 혹은 신체적 학대
- 테러
- 성적 혹은 신체적 공격
- 교통사고 등의 심각한 사고
- 화재, 태풍, 홍수, 쓰나미, 지진 등의 자연재해

3) 증 상

생명에 위협이 되는 사건을 경험한 사람은 누구나 외상 후 스트레스 장애가 나타날 수 있다. 외상 후 스트레스 장애의 주된 증상은 충격적인 사건의 재경험과 이와 관련된 상황 및 자극에서 회피하는 행동을 보이는 것이다. 다시 말해, 그런 외상이 지나갔음에 불구하고 계속해서 그 당시의 충격적인 기억이 떠오르고 그 외상을 떠오르게 하는 활동이나 장소를 피하게 된다. 또한 신경이 날카로워지거나 집중을 하지 못하고 수면에도 문제가 생긴다. 앞으로 닥칠 일에 대한 통제력을 상실하거나 상실할 것 같은 공포감을 느낄 수도 있다.

- 질환은 사건 발생 1달 후 심지어는 1년 이상 경과된 후에 시작될 수도 있음
- 환자는 해리 현상이나 공황발작을 경험할 수도 있고 환청 등의 지각 이상을 경험
- 집중력 및 기억력 저하 등의 인지기능 문제가 나타날 수도 있음
- 위협적이었던 사고가 반복적으로 떠오르거나 악몽, 외상을 떠올리게 하는 단서에 대한 극심한 반응 등의 침습 증상
- 외상이 떠오르게 하는 것을 지속적으로 회피
- 주변이나 자신에 대한 지속적인 부정적 인식, 공포, 분노, 죄책감 등의 부정적 감정의 지속
- 지속적인 과민상태
- 연관 증상으로는 공격적 성향, 충동조절장애, 우울증, 약물 남용 등이 있음

(1) 침습 증상 : 외상적 사건을 생활 속에서 재경험한다

- 사건에 대한 기억이 자꾸 떠올라 고통스럽다.
- 꿈에 사건이 나타나 고통스럽다.
- 외상적 사건이 다시 일어나는 것처럼 행동하고 느낀다.
- 사건이 회상되거나 사건을 떠올리게 하는 단서를 접하면 심리적으로 매우 고통스럽다.

- 사건이 회상되거나 사건을 떠올리게 하는 단서를 접하면 땀이 나거나 심장이 뛰는 등의 생리적 반응을 보인다.

(2) 회피 증상 : 이 증상은 불쾌한 기억과 감정을 차단하기 위해 나타난다

- 외상과 연관된 생각, 느낌, 대화를 피하려고 한다.
- 외상을 다시 생각나게 하는 활동, 장소, 사람들을 피하려고 한다.

(3) 인지와 기분의 부정적 변화 : 자신과 타인에 대해 부정적 인식을 하고 부정적인 감정들을 겪게 된다

- 외상의 중요한 부분을 회상할 수 없다.
- 자신이나 타인, 주변에 대해 지속적으로 부정적인 믿음을 갖는다(예 나는 나빠, 아무도 믿을 수 없어, 세상은 위험뿐이야, 나의 신경은 완전히 망가져서 회복될 수 없어).
- 외상의 원인이나 결과에 대해 왜곡되게 스스로를 혹은 남을 비난하는 인식이 지속된다.
- 지속적으로 공포나 분노, 죄책감, 수치심과 같은 부정적 감정상태를 느낀다.
- 중요한 활동에 대한 관심이 현저히 감소하거나 활동에 대한 참여가 현저히 줄어든다.
- 다른 사람과 거리감이 생긴다.
- 행복감, 만족감, 사랑하는 느낌 등의 긍정적 감정을 느끼기 어렵다.

(4) 지나친 각성 증상 : 심한 외상 이후 항상 위험에 처한 것처럼 느껴 조마조마하고 경계를 하게 된다

- 잠이 들거나 잠을 유지하기 힘들다.
- 신경이 날카로워지고 화를 잘 낸다.
- 집중하기가 어렵다.
- 위험하지 않을까 지나치게 살핀다.
- 아주 잘 놀란다.

(5) 기타 부수적인 문제들

심한 외상을 겪은 사람들은 해리 현상이나 공황발작을 경험할 수도 있고 환청 등의 지각 이상을 경험할 수도 있다. 연관 증상으로는 공격적 성향, 충동조절의 어려움, 우울증 등이 나타날 수 있다. 집중력 감소 및 기억력 저하 등의 인지기능 문제가 나타날 수도 있다. 괴로운 기억을 둔화시키기 위해 알코올이나 다른 약물을 남용하기도 한다.

4) 진 단

미국정신의학회(American Psychiatric Association)의 정신장애 진단 통계편람(DSM-5-TR)에 따르면, 다음 기준을 만족하면 외상 후 스트레스 장애로 진단한다.

※ 6세 이하 개인의 외상 후 스트레스 장애 진단 기준

A. 실제적이거나 위협적인 죽음, 심각한 부상 또는 성폭력에의 노출이 다음과 같은 방식 가운데 한 가지(또는 그 이상에서) 나타난다.

1) 외상성 사건(들)에 대한 직접적인 경험
2) 외상성 사건(들)이 다른 사람들, 특히 주 보호자에게 일어난 것을 생생하게 목격함
3) 외상성 사건(들)이 부모 또는 보호자에게 일어난 것을 알게 됨

B. 외상성 사건(들)을 다음과 같은 방식 가운데 한 가지(또는 그 이상) 방식으로 지속적으로 재경험할 때

1) 외상성 사건에 대한 반복적이고 불수의적으로 떠오르는 고통스러운 기억
   ※ 주의 : 외상성 사건의 주제나 특징이 표현되는 반복적 놀이로 나타날 수 있다.
2) 외상성 사건에 대한 반복적이고 괴로운 꿈
   ※ 주의 : 아동에서는 내용을 알 수 없는 무서운 꿈으로 나타나기도 한다.
3) 마치 외상성 사건이 재발하고 있는 것 같은 행동이나 느낌(사건을 다시 경험하는 듯한 지각, 착각, 환각, 해리적인 환각 재현의 삽화들, 이런 경험은 잠에서 깨어날 때 혹은 중독 상태에서의 경험을 포함)을 외상의 특정한 재연이 놀이로 나타날 수 있다.

4) 외상적 사건과 유사하거나 상징적인 내적 또는 외적 단서에 노출되었을 때 심각한 심리적 고통
5) 외상적 사건과 유사하거나 상징적인 내적 또는 외적 단서에 노출되었을 때의 생리적 재반응

C. 외상성 사건(들)과 연관되는 자극을 지속적으로 회피하려 하거나, 전에는 없었던 일반적인 반응의 마비가 다음 중 한 가지 이상일 때

자극의 지속적 회피

1) 외상성 사건(들)과 상기시키는 활동, 장소, 물리적 암시 등을 회피 또는 회피하려는 노력
2) 외상성 사건(들)과 상기시키는 사람, 대화, 대인관계 상황 등을 회피 또는 회피하려는 노력

인지의 부정적 변화

3) 부정적인 감정상태의 뚜렷한 빈도 증가(예 공포, 죄책감, 슬픔, 수치심, 혼란)
4) 놀이의 축소를 포함하는 중요한 활동에 흥미나 참여가 매우 저하되어 있음
5) 사회적으로 위축된 행동
6) 긍정적 감정 표현의 지속적인 감소

D. 외상성 사건(들)과 연관된 각성과 반응성의 뚜렷한 변화가 다음 중 두 가지 이상일 때

1) 전형적으로 사람 또는 사물에 대한 언어적 또는 신체적 공격성(극도의 분노발작 포함)으로 표현되는 민감한 행동과 분노폭발(자극이 거의 없거나 이예 없이)
2) 과각성
3) 과장된 놀람 반응
4) 집중력의 문제
5) 수면 교란(예 수면을 취하거나 유지하는 데 어려움 또는 불안정한 수면)

E. 장해 기간이 1개월 이상

F. 증상이 임상적으로 부모, 형제, 또래나 보호자와의 관계 또는 학교생활에서 심각한 고통이나 손상을 초래한다.

G. 장해는 물질(예 치료 약물, 알코올)의 생리적 효과나 다른 의학적인 상태에 기인한 것이 아니다.

다음 중 하나를 명시할 것 :

해리증상동반 : 개인의 증상이 외상 후 스트레스 장애의 기준에 해당하고, 또한 스트레스에 반응하여 그 개인이 다음에 해당하는 증상을 지속적이거나 반복적으로 경험한다.

1) 이인증 : 스스로의 정신 과정 또는 신체로부터 떨어져서 마치 외부 관찰자가 된 것 같은 지속적이고 반복적인 경험(예 꿈속에 있는 느낌, 자신이나 신체의 비현실감 또는 시간이 느리게 가는 감각을 느낌)
2) 비현실감 : 주위 환경의 비현실성에 대한 지속적이고 반복적인 경험(예 개인을 둘러싼 시계를 비현실적, 꿈속에 있는 듯한, 멀리 떨어져 있는 또는 왜곡된 것처럼 경험)
※ 주의 : 이 아형을 쓰려면 해리 증상은 물질의 생리적 효과(예 일시적 기억상실)나 다른 의학적 상태(예 복합부분발작)에 기인한 것이 아니어야 한다.

다음의 경우 명시할 것 :

지연되어 표현되는 경우 : (어떤 증상의 시작과 표현은 사건 직후 나타날 수 있더라도) 사건 이후 최소 6개월이 지난 후에 모든 진단 기준을 만족할 때

출처 : 권준수 외(2024).

5) 부수적 특징

영유아는 언어 상실 같은 발달적 퇴행이 일어날 수 있다. 외상 후 스트레스 장애를 진단받은 후에는 다음과 같이 급성, 만성, 지연성으로 세분화할 수 있다.

- 급성 : 증상 기간이 3개월 이하
- 만성 : 증상 기간이 3개월 이상
- 지연성 : 스트레스 발생 후 적어도 6개월 이후 증상이 나타난다.

(1) 외상에 대한 반응

① 외상에 대한 일반적인 반응

- 미래에 대해 희망이 없다.
- 외톨이라는 생각이 들거나 타인에 대한 관심이 없어진다.
- 집중을 하거나 결정을 내리기 어렵다.

- 갑작스러운 소리에 예민하거나 쉽게 놀란다.
- 경계하는 느낌이 들며 과민하다.
- 괴로운 꿈을 꾸거나, 기억이 떠오른다(플래시백).
- 직장이나 학교생활에 곤란을 느낀다.

② 외상에 대한 신체반응

- 속이 불편하고 식사를 잘하지 못한다.
- 잠을 자지 못하고 피로감이 있다.
- 심장이 뛰거나, 숨이 차고, 초조하다.
- 땀이 난다.
- 당시 사고를 생각하면 머리가 아프다.
- 운동, 식사, 부부관계, 규칙적인 건강관리를 하지 못한다.
- 과도한 담배, 술, 약물, 음식섭취를 한다.
- 기존의 신체질환이 악화된다.

③ 외상에 대한 감정적인 반응

- 과민하거나, 희망이 없다고 느끼거나, 공포, 슬픔 등을 느낀다.
- 놀란 느낌이 들고, 멍하며, 애정이나 기쁨을 느낄 수가 없다.
- 사건과 관계있는 사람, 장소, 사물을 회피한다.
- 예민하고, 분노를 표현한다.
- 쉽게 화가 나거나 흥분한다.
- 자신을 비난하거나, 타인과 세상에 대한 부정적인 생각을 한다.
- 다른 사람을 믿지 못하고, 갈등이 생기며, 과도한 간섭을 한다.
- 고립되어 거절당했다거나 버려졌다고 느낀다.
- 친밀감을 느낄 수 없고 외톨이라고 느낀다.

외상과 관련하여 다음과 같은 경우 외상 후 스트레스 장애가 발병할 소지가 더 높은 것으로 알려져 있다.

- 외상을 직접적으로 경험하거나 목격하는 경우
- 심각하게 다친 사고일 때
- 경험한 외상이 매우 심각하거나 기간이 매우 긴 경우
- 위험에 빠져있다고 믿는 경우
- 가족이 위험에 빠져있다고 믿는 경우
- 외상을 경험할 때 울부짖음, 떨림, 구토가 있었거나, 고립감을 느꼈던 경우
- 외상 시 무력감을 느끼거나 자신 또는 사랑하는 사람을 위해 아무것도 할 수 없었던 경우

또한 외상을 경험한 사람이 다음과 같은 경우도 외상 후 스트레스 장애의 위험성이 높아지게 된다.

- 이전에 생명에 위협이 되는 사건이나 외상을 경험한 경우
- 아동기에 부모가 별거하거나 이혼한 경우
- 우울장애, 불안장애, 알코올 중독 등 다른 정신질환이 동반된 경우
- 정신질환을 가진 가족이 있는 경우
- 사회적 지지가 부족한 경우
- 최근 사랑하는 사람을 잃은 경우
- 최근 생활에서 심한 스트레스를 일으키는 변화가 있었던 경우
- 여성
- 저학력
- 어린 나이

6) 감별진단

급성 스트레스 장애는 외상 후 스트레스 장애의 진단 기준과 유사하나 해리 증상에 초점이 맞추어져 있으며 사고 1달 이내에만 진단할 수 있다. 진단 기준은 증상이 최고 1달까지 지속할 수 있고, 그 이상 증상이 계속된다면 외상 후 스트레스 장애 등 진단명을 변경한다. 현재까지 광범위한 연구가 진행되지는 않았으나, 증상이 지속된다면 경험적으로 외상 후 스트레스 장애로 진행할 가능성이 큰 상태라고 할 수 있다.

7) 검 사

외상 후 스트레스 장애 진단에 있어 우선적인 고려사항은 사고 당시 뇌 손상에 의한 증상 발생의 가능성을 배제하는 것이다.

뇌 자기공명영상 촬영 등 뇌 손상 정도 평가에 관한 검사가 필요할 수 있다. 또한 알코올 등의 물질남용, 간질 등의 기질적 질환에 대한 감별이 이루어져야 하고 이에 필요한 뇌파 검사 등의 검사가 필요할 수 있다.

타 정신과 질환으로 오진되는 경우가 있으므로 불안장애, 우울장애, 통증장애, 그리고 물질남용 등의 질환을 가진 환자는 외상 후 스트레스 장애 존재 유무를 의심해 봐야 한다.

8) 치 료

충격적인 사건을 당한 사람에게 우선적으로 제공해야 할 것은 정서적인 지지와 그 사건에 대해 함께 이야기를 나눌 수 있는 용기를 북돋는 것이다.

또한 이 상황을 잘 이겨낼 수 있도록 이완요법 등의 적응 방법을 교육하는 것도 좋은 치료 방법이다.

치료는 다른 질환과 마찬가지로 약물치료와 정신치료 요법이 사용되는데, 약물치료로는 SSRI(selective serotonin reuptake inhibitor)가 우선적으로 고려되는 약물로서, 이 약물은 우울증 및 다른 불안장애의 증상과 유사한 증상뿐만 아니라 외상 후 스트레스 장애 고유의 증상도 호전시킨다.

정신치료 요법으로는 정신역동적 정신치료가 도움이 될 수 있다. 이 밖에 행동치료, 인지치료, 최면 요법 등이 심리요법으로 활용되고 있다.

다음은 외상 후 스트레스장애의 치료를 크게 정신치료(인지행동치료 및 이외의 기법들)와 약물치료로 나누어 기술하였다.

(1) 인지행동치료

정신치료(상담치료)의 기법이며, 현재 외상 후 스트레스 장애의 정신치료 중 가장 효과적인 방법이다. 인지행동치료는 인지치료와 노출치료 등이 있다.

유사한 치료법으로 안구 운동 민감소실 및 재처리요법이 있다.

① 인지치료

경험한 정신적 외상과 그 여파에 대한 생각을 어떻게 이해하고 변화시킬 수 있는지를 치료자가 돕는 치료방법이다. 구체적으로 사건에 대한 어떤 생각이 스트레스를 유발하고 증상을 악화시키는지 이해하는 것으로 치료가 시작된다.

환자는 자신과 주변 환경에 대한 자신의 어떤 생각이 자신을 불안하고 혼란스럽게 하는지 알게 된다. 치료자의 도움을 받아, 이러한 생각을 더 정확하고 더 편안한 생각으로 대치하는 방법을 익히게 된다. 또한 분노, 죄책감, 공포 등의 감정에 어떻게 대처하는지도 익히게 된다.

사고 이후 불가항력일 수밖에 없는 일들에 대해 불필요한 죄책감을 느낄 수 있다. 예를 들어, '집에 화재가 났을 때 당시 내가 집에 있었다면 가족의 피해를 막을 수 있지 않았을까' 하는 자책을 할 수 있다. 인지치료는 그 사고의 결과가 본인의 잘못이 아니었다는 것을 이해할 수 있도록 도와준다.

② 노출치료

노출치료의 목표는 사고 기억에 대해 공포를 덜 느끼게 하는 것이다. 노출치료의 이론적 배경은 과거의 외상을 떠오르게 하는 생각, 느낌, 상황에 대해 두려워하는 것이 학습되었다는 것이다. 우리 속담에 '자라보고 놀란 가슴, 솥뚜껑 보고도 놀란다'가 그 예이다. 이러한 학습된 공포를 역으로 되돌려 사고에 대해 편안한 감정을 느끼도록 학습하는 것이다. 치료자와 사고에 대해 반복적으로 이야기를 나누면서, 사고에 대한 부정적인 느낌과 생각을 점차 조절할 수 있게 된다. 사고에 대해 이야기를 하는 것 자체가 힘들고 꺼려질 수 있으나 치료자의 도움을 받아 이야기하고 감정을 떠올리다 보면 점차 사고에 대한 기억에 압도당하는 고통이 줄어들게 된다.

먼저 고통스러운 기억과 감정 중 가장 불안을 덜 일으키는 부분부터 이야기하다가 조금씩 더 심각한 내용을 다루는 방법이 있다. 반대로 홍수가 날 때처럼 한꺼번에 많은 양의 자극을 직면하도록 하면서 고통이 조절되는 것을 체험하게 하는 방법도 있다. 이러한 기법들은 대부분 고통스러운 기억이 떠오를 때 마음을 이완시키는 방법을 연습하는 이완훈련이나 분노 조절법 등과 같이 시행한다. 고통스러운 기억을 떠올리는 것이 힘들 수 있으나, 믿을 수 있고 의지할 수 있는 치료자와 안전하다고 느끼는 치료공간에서는 이러한 작업을 더 원활하게 수행할 수 있다.

③ 안구 운동 민감소실 및 재처리요법

정신치료를 하면서 눈동자를 좌우로 움직인다는 쉽게 이해하기 어려운 기법과 전통적인 인지치료의 형식과 다른 점으로 말미암아 초기에는 많은 논란이 있었던 치료법이다. 그러나 이러한 논란 덕분에 현재까지 가장 과학적인 연구가 많이 이루어지는 치료법 중 하나이다. 외상과 관련한 부정적 감정, 기억, 인지 등을 떠올린 후 치료자의 지시에 따라 연속적인 빠른 안구 운동을 수행하면서 경험한 이미지나 감정을 보고하게 된다. 이 과정은 외상 기억과 감정이 최소화될 때까지 진행된다. 안구 운동 대신 손가락 두드리기(촉각), 청각 등 다른 자극도 같은 효과를 볼 수 있다고 알려져 있다.

④ 바이오피드백

컴퓨터에 각종 생체 신호를 감지할 수 있는 센서를 부착하고, 환자는 모니터를 통하여 자신의 혈압이나 호흡, 맥박수, 피부 전도 속도, 뇌파 등의 변화를 시각적인 그래프로 관찰한다. 즉, 바이오피드백 기계 자체로 치료가 진행되는 것이 아니라, 환자가 만들어내는 생체 신호의 변화를 자신에게 보여줌으로써 그 변화에 따라 스스로 이완상태를 유도할 수 있도록 돕는 것이다.

(2) 이 외의 기법들

① 집단치료

사고의 피해자들은 비슷한 경험을 가진 다른 사람과 사고의 경험에 대해 이야기하기 원한다. 집단치료는 외상성 경험을 한 후 외상 후 스트레스 장애로 고통받는 사람들과 서로 이야기를 나누는 방법이다.

자신의 이야기를 나눔으로써 증상, 기억, 타인과의 관계 등에 어떻게 대처할지 서로 경험을 나누고 도움을 줄 수 있다. 집단치료는 본인이 겪고 있는 것을 이해해 줄 수 있는 다른 사람들과의 새로운 관계를 만들도록 도와준다. 분노, 죄의식, 부끄러움, 공포 등의 감정에 어떻게 대처할지를 배우며, 집단과 공유함으로써 자신감과 신뢰를 회복하는 데 도움을 받을 수 있다. 과거의 기억 때문에 압도되었던 감정 대신 현재의 삶에 대하여 관심을 기울일 수 있도록 돕는다.

② 단기 정신역동 정신치료

정신역동이라는 말은 무의식적인 면을 다룬다는 점에서 정신분석이라는 말과 유사하게 쓰인다. 사람의 현재 행동은 외부에서 그 사람에게 영향을 주거나 그 사람 내부에서 작용하는 현재의 모든 힘들이 상호작용한 최종 결과라는 것이다. 동일한 재난을 겪더라도 사람마다 반응이 다르다. 어떤 사람은 별로 큰 영향을 받지 않으나, 어떤 사람은 심한 증상을 일으키기도 한다. 각 개인의 대처능력의 차이는 그 사람의 인격발달과 밀접한 관련이 있다.

외상적 사건으로부터 생겨난 감정적인 갈등에 대처하는 방법을 다루며, 본인의 과거가 현재 감정을 느끼는 방식에 어떻게 영향을 주는가를 이해할 수 있도록 면담을 진행한다. 무의식적 갈등이나 성격에 의한 영향이 많은 경우 정신역동적 접근법을 적절하게 적용하면 도움을 받을 수 있다.

③ 가족치료

외상 후 스트레스는 환자 자신만이 아니라 가족 전체에게 영향을 준다. 가족들은 환자가 왜 분노하고 스트레스 받는지를 충분히 이해할 수 없으며, 환자의 증상에 대해 두려워하고, 죄책감을 느끼며, 심지어는 화를 내기도 한다.

치료는 가족 전체가 참여하는 상담형태로 진행한다. 치료자는 가족이 의사소통하고, 좋은 관계를 유지하며, 서로의 감정에 더 잘 대응할 수 있도록 돕는다. 가족치료에는 문제에 초점을 맞추어 가족의 붕괴를 치료하는 체계적인 접근법과, 환자의 가족을 도와 가족이 외상 후 스트레스 장애 환자를 잘 지지하도록 돕는 지지적 접근방법이 있다.

(3) 약물치료

전통적으로 외상 후 스트레스 장애는 비통상적인 사건에 대한 정상적인 반응이라고 하여 외상 사건의 의미를 파악하는 정신치료로만 접근하려는 경향이 높았다. 그러나 최근에는 외상 후 스트레스 장애가 뇌 생리학적 기능 이상을 나타내는 전형적인 스트레스 관련 정신생물학적 현상이라는 관점이 대두되어 이에 대한 적당한 약물치료를 해야 한다는 주장들이 늘어나고 있다.

현재 외상 후 스트레스 장애의 모든 증상을 치료하는 약물은 없을지라도 다양한 외상 후 스트레스 장애 증상을 효과적으로 치료할 수 있는 약물요법이 많이 개발되었다.

최근 국내에서도 '외상 후 스트레스 장애 근거중심의학 지침서'가 개발되어 우리 실정에 맞는 치료 지침을 갖게 되었다.

현재 외상 후 스트레스 장애에 일차적으로 선택할 수 있는 약물 중 하나는 선택적 세로토닌 재흡수 차단제 계통의 우울증 치료제이다. 우울증 치료제는 이름 그대로 원래 우울증을 치료하기 위하여 개발하였으나, 공황장애, 강박장애, 불안장애, 생리 전 긴장증후군 등 여러 질환에 효과가 있는 것이 증명되었다. 또한 SSRI는 외상 후 스트레스 장애에 동반하는 불안, 공포, 충동성 경향 등의 증상 조절에도 효과가 있다. SSRI를 일차적으로 선택하는 이유는 메스꺼움 등의 가벼운 부작용은 있으나 다른 약물에 비해 비교적 부작용이 적고 안전하기 때문이다.

이 외에도 다른 계열의 우울증 치료제나 기분안정제, 비정형 항정신병약물, 항불안제 등이 치료에 사용된다.

치료자는 환자의 증상이나 신체 상태에 맞는 적절한 약물을 선택하고 치료 효과와 부작용에 대한 정보도 제공해 주어야 한다.[2)]

9) 경과/ 합병증

사건(trauma) 후 외상 후 스트레스 장애 증상의 발생은 짧게는 일주일부터 길게는 30년 이후에도 가능하다. 증상의 정도는 시간에 따라 변화하고 스트레스 시기에 강하게 나타난다. 치료하지 않는 경우에 30%는 저절로 정상으로 돌아오고, 40% 정도는 가벼운 증상을 지속적으로 경험한다. 20% 정도는 중등도의 증상을 지속적으로 경험하며, 10%는 증상의 호전이 없고 심지어는 증상이 악화된다. 일반적으로 나이가 매우 어리거나 반대로 고령에서 발생한 경우 중장년층에 비해 더 어려움을 경험한다.

다른 질환이 있는 경우 예후가 좋지 못하며 좋은 사회적 관계가 존재하는 경우 예후가 좋은 것으로 알려져 있다(네이버 지식백과 서울대학병원).

---

2) 출처 : 국가정신건강정보포털 의학정보(2021). https://www.mentalhealth.go.kr/portal/main/index.do (https://m.terms.naver.com/entry.nhn?docId=2120016&cid=51004&categoryId=51004)

관련 기사

폭행 피해 어린이 '외상 후 스트레스 장애'

외상 후 스트레스 장애 '아이에게 이겨낼 힘을'

"아이의 교통사고후유증, 제때 치료 받아야 후유증 없이 지낸다"

제 14 장

달리 진단되지 않는 발달기 문제행동과 정신건강

제 14 장 달리 진단되지 않는 발달기 문제행동과 정신건강

1. 성문제

1) 성적 조숙증

성적 조숙증이 의심되는 경우는 유치원 교사나 부모도 상당히 난처하다. 성적 조숙증은 이차 성징이 나이보다 지나치게 빠른 경우에 사용되는 용어지만 심리적 성적 조숙증은 여러 가지 원인으로 나타날 수 있는 문제이다. 이 시기에 장애로 진단되지는 않지만 사회적 영향이 크고 문제의 경중에 비해 담당교사나 부모의 어려움이 큰 문제여서 특별히 다루어보려고 한다.

심리적 성적 조숙증은 일차적 원인으로 생각해 볼 수 있는 것이 성적 경험에 대한 노출이다. 이는 성적 추행, 유사 성행위, 성폭력 등 직접적인 유아의 경험을 근거로 하는 경우가 있고, 두 번째는 부모의 성행위를 목격하거나 언니나 오빠 등 다른 사람이 보던 음란 동영상을 우연히 보게 된 경우 등 간접적인 경험으로 인한 경우가 있을 것이다. 직접적인 성적 경험은 당연히 성적 조숙증만 아니라 여러 가지 대인공포나 불안, 과도한 타인에 대한 친밀감 표현, 자신의 성에 대한 부정, 혹은 이성에 대한 집착 등의 문제들로 변질되어 나타날 수 있고 실제로 상당한 고통을 호소하는 경우에 해당된다. 더욱이 생식기가 아직 완전히 발달하지 못한 상태이므로 대부분은 성적 추행의 경험이 가장 크게 겪을 수 있는 직접 경험일 텐데 이 경우는 유아 자신도 불쾌한 감정을 느끼는 시간이 오래 걸리며 정작 폭력의 가해자를 지목하기 어려워 처벌도 어려워지는 경우가 대부분이다. 악질적인 성폭력과 같은 경우는 생식기에 심각한 손상을 입혀 의료적 서비스와 동시에 불임이나 대장파열 등과 같은 심각한 후유증을 동반하기 때문에 유아기의 경우에는 흔한 경우는 아니다. 그 외 위에 언급된 간접적인 경험은 유아의 기억 저장소에 저장되어 이후 계속 호기심을 유발하고 도덕성과 상관없이 자주 드러내며 제1차 성역할발달기인 유아기에 자위나 다른 이성 친구에 대한 관심, 과도한 스킨십과 같은 모습이 자주 주변인들에게 목격되어 성조숙증을 의심받게 되는 것이다.

학습이론에 따르면 '안 돼! 안 돼!' 하면서 그대로 배우게 되는 부분이 있어서 유아기의 이런 직간접적인 성적 경험에 대한 노출은 성장하면서 성적 관심을 높이는 모습으로 자연스럽게 성교육으로 긍정적인 욕구 배출의 경험을 학습하게 되는 것이 아니라 변질되는 경우가 많은 것이 문제인 것이다.

원인이 이른 성적 노출 경험이라면 대처는 어떤 방식으로 이루어져야 하는 것인가? 우선 부모 성교육을 먼저 시켜야 한다. 건강한 성에 대한 교육이 부모 역시 잘 되어 있지 않은 경우가 많아서 민망해하고 회피하는 경우가 많다. 그래서 유아의 직접적인 질문 '왜 엄마는 고추가 없어?', '왜 엄마는 고추가 그렇게 생겼어?', '아기는 어떻게 나와?' 등등의 질문에 간단하게 답변할 수 있는 방법을 포함한 교육을 선행해야 한다.

2) 성폭력

(1) 힘없는 아동에게 가하는 아동 성폭력

아동 성폭력이란 어른이 자신의 성적 욕구를 충족시키기 위해 물리적인 힘뿐만 아니라, 여러 가지 힘의 차이를 이용하여 아동에게 가하는 모든 성적 행위를 말한다. 힘의 차이에는 나이, 지적 수준, 사회적 지위 등이 포함된다. 실제로 아동과 청소년의 몸을 만지는 행위뿐만 아니라 만지지 않은 행위도 아동 성폭력이 될 수 있다. 몸을 만지는 행위는 아동과 청소년의 가슴, 엉덩이 등 몸의 은밀한 부분을 만지는 것을 말하고, 만지지 않은 행위에는 성적인 말을 하거나 아동과 청소년에게 음란물을 보여주는 것 등이 있다.

성폭력은 학교폭력에도 포함된다. 아동과 청소년이 학교 밖에서 성폭력을 당한 경우에도 학교폭력으로 인정되어 보호받을 수 있다.

(2) 또래관계에서 벌어지는 또래 성폭력

또래 성폭력은 또래관계에서 힘의 차이를 이용하여 성과 관련된 옳지 못한 행동을 하는 것을 말한다. 즉, 피해 학생과 가해 학생이 비슷한 또래인 경우의 성폭력을 의미하는데, 전혀 모르는 학생들끼리 발생하기도 하지만 아는 사이에서 발생하는 경우도 많다. 서로 사귀고 있는 학생들 간의 데이트 성폭력도 또래 성폭력에 포함된다.

또래 성폭력의 행동은 다양하게 나타나고 있다. 화장실을 몰래 훔쳐보거나, 치마를 올리거나 바지를 내리는 행동, 특정한 신체 부분에 대하여 놀리거나 가슴이나 엉덩이 등 몸을 만지는 행동, 야한 그림이나 사진, 동영상을 보여주는 행동 등이 모두 또래 성폭력이다. 이러한 행동은 친구가 수치심을 가지거나 신체적으로 상처를 입을 수 있기 때문에 해서는 안 되는 나쁜 행동이다.

이러한 또래 성폭력도 학교폭력과 마찬가지로, '학교폭력 예방 및 대책에 관한 법률'에 의해 징계를 받을 수 있다. 소년원에 가거나 보호관찰을 받을 수도 있다. 만 14세 이상일 경우에는 무거운 죄로 여겨져 소년 교도소에 갈 수도 있다.

(3) 또 다른 심각한 범죄 행위, 성희롱

성희롱은 상대방의 의사에 관계없이 성적으로 수치심을 주는 말이나 행동을 하는 것이다. 주로 직장 같은 곳에서 많이 일어난다. 높은 위치에 있는 사람이 자신의 지위를 이용하여 포옹 등의 신체접촉을 하거나, 야한 농담이나 외모에 대하여 성적인 말을 하는 것 등이 해당된다. 이러한 성희롱은 심각한 범죄 행위이다.

3) 유아기 성폭력 예방

(1) 평소에도 자신의 의사를 표현할 수 있도록 길러주어야 한다

지금까지 성폭력이라는 말은 성인끼리의 관계에서나 쓰는 용어로 알고 있었다. 그러나 최근에는 유아를 대상으로 한 성희롱이나 성추행 사건들도 적잖이 일어나고 있어 가정에서도 유아기부터 성폭력에 대비시키는 교육에 관심을 갖지 않을 수 없다. 우려할 만한 현실이지만 역시 '아는 것이 힘'인 만큼 유아도 자신의 몸을 스스로 지킬 수 있도록 가르칠 수밖에 없다.

성희롱이란 음란한 말, 성기 노출 등 유아의 몸에 직접적으로 해는 없지만 정신적인 고통을 주는 행위를 말한다. 성추행이란 아이의 성기 만지기, 가해자의 성기를 만지도록 하기, 키스를 포함하여 접촉하거나 집적거리기 등의 신체적인 행위를 말한다. 그리고 성폭력이란 성희롱부터 강간까지 성과 관련된 일체의 폭력을 말한다.

성폭력 예방 교육에서는 우선 자신의 몸이 매우 소중한 것이며 스스로 지킬 수 있어야 한다는 것을 알게 해야 한다. 싫고 좋음과 옳고 그름에 대해 자신의 의사를 표현할 수 있도록 자신감을 길러 주는 것이 필요하다. '어른의 말을 잘 들어야 착한 아이'라는 생각 때문에 아이들은 어른이 시키는 것에 대해 '안 된다'는 생각을 하기 어렵다. 평소에 자신의 의사를 잘 표현할 수 있도록 자신감을 길러주어야 한다.

우리 몸 가운데 특히 속옷 안쪽의 신체는 가족의 보살핌을 받을 때나 병원에 갔을 때 등의 경우를 제외하고는 다른 사람이 함부로 보거나 만질 수 없다는 것을 가르쳐주어야 한다. 선생님이나 이웃의 좋은 사람이라고 하더라도 속옷 안쪽의 신체를 만지려고 하거나 비비려고 하면 당당하게 "안 돼요! 싫어요!" 하고 외치면서 도망쳐 주위 어른에게 알려야 한다고 가르쳐야 한다. 그리고 큰 소리로 외쳐 보게 한다. 또 비상시에는 돈이 없을 때라도 전화할 수 있도록, 전화를 빌리는 법과 수신자 부담의 전화번호를 알려준다. 연출을 해보는 것도 좋다.

만약 무슨 일이 생기면 지혜롭고 용감해야 한다고 이르고 구체적인 방법을 알려준다. 음식이나 장난감 같은 것을 주는 등 지나치게 친절한 사람을 경계하기, 낯선 사람의 차에 타지 않기, 또 항상 사람들이 많은 곳으로 다니기, 호신용 호루라기 가지고 다니기, 낯선 사람을 친구가 따라 갈 때에도 주저 없이 어른에게 알리기 등 아이가 충분히 인지할 수 있도록 알려준다.

다음은 여성가족부와 교육부의 유아·초등 저학년을 위한 학부모가 알아야 할 성폭력 예방 10계명이다.

유아 · 초등 저학년을 위한 성폭력 예방 가이드

아이들이 기억해요

1. 하루 동안 무슨 일이 있었는지, 무엇을 했는지, 누구를 만났고 어떤 이야기를 했는지, 인터넷에서는 무엇을 보았는지, 어떤 사람과 어떤 대화를 나누었는지 부모님(보호자)과 매일 이야기해요.
2. 내 생각과 느낌을 정확하게 표현하고 다른 사람의 생각과 느낌을 존중하는 습관을 길러요.
3. 등하교는 가능하면 부모님(보호자)과 함께해요. 아이들끼리만 다닐 때는 밝고 사람이 많이 다니는 큰길로 여럿이 함께 다녀요.
4. 부모님(보호자)의 허락 없이는 놀러 가지 않아요. 모르는 사람이 도와달라고 하거나 음식이나 선물을 주려고 하면 "부모님께 허락받아야 한다"고 말하면서 거절해요.
5. 일상생활에서 불편하고 나쁜 감정이 있었다면, 또 내 몸을 만져서 불편하게 한 사람이 있었다면 부모님(보호자)께 이야기해요. 수영복으로 가려지는 부분을 만진 사람이 있다면 꼭 말하세요.

어른들이 지켜주세요

1. 항상 아이의 말에 귀 기울이고 어떤 이야기든 편하게 말할 수 있도록 해주세요. '의사소통이 잘 되는 가정'이 아이 안전을 지켜요. 부모님(보호자)은 아이가 24시간 어디서 무엇을 하고 있는지 꼭 알고 있어야 해요.

2. 아이가 "싫다"고 했을 때 부모님(보호자)께서 아이의 의견을 존중하고 수용해 주세요. 그래야 아이가 다른 사람에게도 "싫다"고 말할 수 있어요.
3. 아이와 함께 안전계획을 세워요. 아이가 혼자 다니지 않도록 하고 등하굣길에 도움을 청할 수 있는 곳(아동안전지킴이집, 주민자치센터, 경찰, 공공기관 등)이 어디에 있는지, 인터넷 이용 시 주의할 점을 미리 알려주세요.
4. 모르는 아이에게 음식이나 선물을 주는 것, 도와달라고 부탁하는 것, 불필요한 신체접촉은 하지 말아주세요. 어떤 사람은 괜찮고 어떤 사람은 안 되는지 아이들에게 혼란을 줄 수 있어요.
5. 아이가 상대방에 대해 존중하고 배려하는 습관을 갖도록 생활 속에서 교육시켜 주세요. 그리고 주변에 위기에 처한 아이가 있으면 적극적으로 도와주고 신고해요.

출처 : 여성가족부 · 교육부(2013).

(2) 성폭력을 당했다면 사고로 여겨라

유아에게 성폭력이 일어났을 경우 아이들은 충격으로 큰 상처를 받는다. 성폭행의 상태에 따라 다르지만 흔히 나타나는 증세는 잘 웃지 않고 우울해하며 잠을 못 잔다. 혼자 있는 것을 두려워하고 아프다고 말한다. 집중력이 떨어지고 어린이집이나 유치원 등 잘 다니던 곳에도 안 가려고 하며 부모에게만 매달린다. 오줌을 싸거나 손가락을 빠는 등 퇴행 현상을 보이기도 한다.

그리고 부모와 대화를 잘하던 아이가 아니라면 쉽사리 말을 꺼내지 못한다. 아무래도 자기가 크게 혼나야 하는 잘못을 저질렀고 몸에 무슨 큰일이 일어났다고 느끼는 것이다. 아이들이 평소와 다른 태도를 보이면 관심을 가지고 살펴보아야 한다.

아이에게 성폭행이 일어난 것을 알게 되었을 때 부모의 태도가 아이에게 매우 중요하다. 부모가 울고불고 흥분하면 아이들은 정말로 두려움에 떨게 되고 상처는 더 깊어진다. 성폭행을 당한 아이는 피해자이지 잘못을 저지른 사람이 아니다. 그 아이는 상처 없이 밝게 회복되어야 한다. 사회의 어두운 짐을 그 어린아이에게 지워선 안 된다. 그러려면 부모는 마음을 진정하기 힘들겠지만 단순한 사고나 사건처럼 담담하게 반응하는 것이 좋다.

아이를 안고 "너는 아무 잘못도 없다. 너에게 나쁜 짓을 한 사람의 잘못이다. 네 몸은 아주 소중한데 그 사람이 함부로 대했기 때문에 그 사람이 혼나야 한다"며 위로하고 진정시킨다. 그래서 "나쁜 짓을 한 사람을 알아내서 벌을 줄 수 있도록 네가 도와줘야 한다"고 이야기해 준다. 다만, 구체적으로 다그쳐 물음으로써 아이가 아픈 상처를 여러 번 되풀이하지 않도록 배려해야 한다. 아이가 스스로 상황을 이야기하도록 기다려주는 태도가 필요하다.

목욕은 시키지 말고 입었던 옷은 그대로 보관한다. 그리고 아이를 안심시킨 후에 병원으로 데리고 간다. 가까운 상담기관에 연락(전국 어디서나 1366번)하면 법적 대응을 포함하여 적절한 도움을 받을 수 있다(교육인적자원부, 2001).

사실상 성폭력은 아이가 교통사고를 당하는 것과 같은 하나의 사고이다. 이 일로 인해 아이가 자신의 몸을 더럽다고 느끼거나 죄의식을 갖게 해선 안 된다. 아이는 자기가 당한 끔찍한 악몽을 되풀이해서 생각하고 싶지 않을 것이다. 그런데 부모가 몇 번이나 물어보고 의사, 상담사, 경찰관이 계속 물어보고 또 법정에 가서 진술까지 해야 한다면 과연 아이가 그것을 다 감당해 낼 수 있을까?

불행 중 다행으로 요즈음에는 성 구분이 제대로 되어 있는 인형을 가지고 유아가 놀이하는 과정을 비디오로 찍어서 유아의 진술 대신 법적 증거로 채택할 수 있게 되었다. 말하자면 가슴과 음부에 털이 있고 성기가 달린 남성 인형과 젖가슴과 성기가 있는 여성 인형을 포함해, 남자아이, 여자아이의 인형을 가지고 아이가 그때의 상황을 재연하는가를 관찰하는 것이다.

인형과 전화기 등 몇 가지 주변 세트를 마련하고 전문가가 그때의 상황을 재연하게 해서 그 놀이 과정과 말, 태도 등으로 상황을 종합적으로 판단한다. 요즈음은 남녀의 성적 장면을 어떠한 형태로든 유아가 보았을 가능성도 배제할 수 없기 때문에 훈련받은 전문가가 그들의 정서적 반응과 태도 등을 토대로 판단한다. 이런 방법으로나마 아이의 고통스러운 과정을 좀 줄일 수 있어 다행이다.

4) 부모님이 알아야 할 아동 성폭력에 대한 잘못된 속설 다섯 가지

① 아동 성폭력 피해가 발생했을 경우에 피해 내용에 대해서 자꾸만 물어보면 상처가 되기 때문에 묻지 말아야 한다? "아니다!"

성폭력은 피해자의 잘못이 아니다. 피해 내용을 말하지 못하고 숨긴다면 피해자 자신의 잘못으로 잘못 알고 죄책감을 가질 수 있기 때문에 자신의 피해를 당당하게 이야기하여 심리적으로 극복할 수 있는 힘을 주어야 한다. 다만, 추궁하듯 캐묻거나 말을 막거나 단정적으로 미리 판단해 말한 뒤 "그렇지?"라고 강요해서는 안 된다. 이럴 경우 아동의 진술이 혼란되어 수사 및 재판과정에서 증거능력을 인정받기 어려우므로 구체적 진술은 경찰이나 상담전문가 입회하에 하는 것이 바람직하다.

② 성폭력을 당하는 아이는 따로 있다? "아니다!"

성폭력을 당하는 사람은 따로 정해져 있지 않다. 성폭력은 언제 어디서 누구에 의해서 발생할지 모르는 범죄이며 누구나 성폭력의 피해자가 될 수 있다. 하지만 정확하게 알고, 미리 준비하고 적절하게 대비하면 예방할 수 있다.

③ 성폭력을 당했다는 아동의 말은 거짓말인 경우가 많다? "아니다!"

아동들은 자신이 입은 피해를 거짓으로 꾸며내거나 관심을 끌기 위해서 말하는 경우는 극히 드물다. 결코 흥분하거나 아이 말을 막지 말고 차분히 들어보고, 상황을 판단해야 한다. 사실 여부를 확인하기 어려울 때는 여성긴급전화 1366, 성폭력상담소, ONE-STOP 지원센터 혹은 해바라기아동센터 등에 연락해 상담하고 도움을 청한다.

④ 아동에게 성폭력을 하는 가해자는 정신병자다? "아니다!"

대부분의 가해자는 이웃의 아는 사람이나 피해자와 친분이 있는 사람들이다. 정신병자는 오히려 아이를 유인해서 몰래 성폭력을 저지를 능력이 없는 경우가 많다.

⑤ 아동 성폭력 피해는 크면 잊기 때문에 문제를 키우지 말고 조용히 넘어가는 게 아이를 위해 좋다? "아니다!"

어릴 때 피해일수록 정확한 진단과 전문적인 치료 및 장기적인 관찰과 도움이 절대적으로 필요하다. 피해자에게는 전혀 잘못이 없고 가해자가 잘못이며 벌 받아야 한다는 것을 알아야 피해 극복에 도움이 된다. 적절한 치료와 보살핌을 받는다면 성폭력 피해의 후유증은 치료될 수 있다(여성부, 2009).

제 15 장

아동학대와 정신건강

제 15 장 아동학대와 정신건강

1. 정 의

아동복지법 제3조 제7호로부터 "아동학대란 보호자를 포함한 성인이 아동의 건강 또는 복지를 해치거나 정상적 발달을 저해할 수 있는 신체적·정신적·성적 폭력이나 가혹행위를 하는 것과 아동의 보호자가 아동을 유기하거나 방임하는 것을 말한다." 하고 규정하여 적극적인 가해행위뿐만 아니라 소극적 의미의 단순 체벌 및 훈육까지 아동학대의 정의에 명확히 포함하고 있다.

이는 "아동의 복지나 아동의 잠정적 발달을 위협하는 보다 넓은 범위의 행동"으로 확대하여, 신체적 학대뿐만 아니라 정서적 학대나 방임, 아동의 발달을 저해하는 행위나 환경, 더 나아가 아동의 권리보호에 이르는 매우 포괄적인 경우를 규정하고 있다.

'아동학대'는 아동의 복지 등을 훼손하는 복지적 차원의 광의의 개념이다. 이러한 광의적 개념의 아동학대는 사법기관의 처벌결정 과정에서의 학대 개념과 상이할 수 있다.

<표 15-1> 아동학대의 유형

종 류	구체적인 학대 행위
신체학대 보호자를 포함한 성인이 아동의 건강 또는 복지를 해치거나 정상적 발달을 저해할 수 있는 신체적 폭력이나 가혹행위를 하는 것	• 멍, 화상, 찢김, 골절, 장기파열, 기능손상의 원인이 되는 행위 – 물건을 던지는 행위 – 떠밀고 움켜잡는 행위 – 뺨을 때리는 행위 – 물건을 사용하여 때리는 행위 – 발로 차거나 물어뜯고 주먹으로 치는 행위 – 두들겨 패는 행위 – 총, 칼 등의 흉기와 화학물질 혹은 약물 등을 사용하여 신체에 상해를 입히는 행위 – 반복적으로 꼬집는 행위 – 전기 충격 – 물에 빠뜨리는 행위 – 뾰족한 도구(바늘, 포크, 이쑤시개 등)를 이용하여 찌르는 행위 – 할퀴는 행위 – 몸을 거꾸로 매다는 행위 • 36개월 이하의 영아에게 가해진 체벌
정서학대 보호자나 양육자가 아동에게 언어적 모욕, 정서적 위협, 감금이나 억제, 기타 가학적인 행위를 하는 것	• 원망적, 거부적, 적대적 또는 경멸적인 언어폭력 등 • 잠재우지 않는 것 • 벌거벗겨 내쫓는 행위 • 삭발을 시키거나 강제적으로 머리를 자르는 행위 • 형제나 친구 등과 비교하는 행위, 차별, 편애 • 가족 내에서 따돌리는 행위 • 아동이 가정폭력을 목격하도록 하는 행위(아동이 보는 앞에서 자주 부부 싸움을 하거나 배우자를 폭행하는 행위 등) • 아동을 시설 등에 버리겠다고 반복적으로 위협하거나, 짐을 싸서 내보내는 행위 • 미성년자 출입금지 업소에 지속적으로 아동을 데리고 다니는 행위 • 돈을 벌어오라고 위협하거나, 아동의 나이에 적절하지 않은 과도한 일을 시키는 행위 • 보호자의 종교 행위 강요 • 다른 아동을 학대하도록 강요하는 행위 등

성학대	• 성적 유희, 성기, 자위행위 장면의 노출, 포르노비디오를 아동에게 보여주거나 포르노물을 판매하는 행위, 관음증 등의 행위 • 성기 삽입, 성적 접촉, 강간 등과 같은 접촉 행위 • 아동 매춘이나 매매 등의 행위 • 보호자의 부부관계, 자위행위 목격 등으로 아동이 부적절하게 성에 노출되는 것 등 • 성매매 업소에 아동을 데리고 가는 행위
보호자를 포함한 성인이 자신의 성적 충족을 목적으로 18세 미만의 아동과 함께하는 모든 성적 행위	
방 임	• 물리적 방임 : 기본적인 의식주를 제공하지 않는 행위, 상해와 위험으로부터 아동을 보호하지 않는 행위, 불결한 환경이나 위험한 상태에 아동을 방치하는 행위, 아동의 출생신고를 하지 않는 행위, 보호자가 아동을 가정 내 두고 가출한 경우, 보호자가 아동을 병원에 입원시키고 사라진 경우, 보호자가 아동을 시설 근처에 두고 사라진 경우, 보호자가 친족에게 연락하지 않고 무작정 아동을 친족 집 근처에 두고 사라진 경우 등 • 교육적 방임 : 보호자가 아동을 학교(의무 교육)에 보내지 않거나 아동의 무단결석을 허용하는 행위, 학교 준비물을 챙겨주지 않는 행위, 특별한 교육적 욕구를 소홀히 하는 행위 등 • 의료적 방임 : 아동에게 필요한 의료적 처치를 하지 않는 행위, 예방접종이 필요한 아동에게 예방접종을 실시하지 않는 행위, 장애 아동에 대한 치료적 개입을 거부하는 경우 등
부모 혹은 보호자가 아동양육과 보호를 장기간 소홀히 하여 아동의 건강과 복지를 해치거나 정상적 발달을 저해할 수 있는 모든 행위	

출처 : www.korea1391.org

1) 신체학대

보호자를 포함한 성인이 아동의 건강 또는 복지를 해치거나 정상적 발달을 저해할 수 있는 신체적 폭력이나 가혹행위를 하는 것이다. 보호자를 포함한 성인이 아동에게 우발적인 사고가 아닌 상황에서 신체적 손상을 입히거나 또는 신체손상을 입도록 허용한 모든 행위를 말한다. 구체적인 신체학대 행위로는 직접적으로 신체에 가해지는 행위(손, 발 등으로 때림, 꼬집고 물어뜯는 행위, 조르고 비트는 행위, 할퀴는 행위 등), 도구를 사용하여 신체를 가해하는 행위(도구로 때림, 흉기 및 뾰족한 도구로 찌름 등), 완력을 사용하여 신체를 위협하는 행위(강하게 흔듦, 신체부위 묶음, 벽에 밀어붙임, 떠밀고 잡음, 아동 던짐, 거꾸로 매닮, 물에 빠트림 등), 신체에 유해한 물질로 신체에 가해지는 행위(화학물질 혹은 약물 등으로 신체에 상해를 입히는 행위, 화상을 입힘 등) 등이 있다.

2) 정서학대

보호자를 포함한 성인이 아동의 건강 또는 복지를 해치거나 정상적 발달을 저해할 수 있는 정신적 폭력이나 가혹행위를 하는 것이다. 보호자를 포함한 성인이 아동에게 행하는 언어적 모욕, 정서적 위협, 감금이나 억제, 기타 가학적인 행위를 말하며 언어적·정신적·심리적 학대라고도 한다. 구체적인 정서학대 행위로는 원망적, 거부적, 적대적 또는 경멸적인 언어폭력 등을 하는 경우, 잠을 재우지 않는 것, 벌거벗겨 내쫓는 행위, 형제나 친구 등과 비교, 차별, 편애하는 행위, 가족 내에서 왕따시키는 행위, 아동이 가정폭력을 목격하도록 하는 행위, 아동을 시설 등에 버리겠다고 위협하거나 짐을 싸서 쫓아내는 행위, 미성년자 출입금지 업소에 아동을 데리고 다니는 행위, 아동의 정서발달 및 연령상 감당하기 어려운 것을 강요하는 행위(감금, 약취 및 유인, 아동 노동 착취), 다른 아동을 학대하도록 강요하는 행위 등이 있다.

3) 성학대

보호자를 포함한 성인이 아동의 건강 또는 복지를 해치거나 정상적 발달을 저해할 수 있는 성적 폭력이나 가혹행위를 하는 것이다. 보호자를 포함한 성인이 자신의 성적 충족을 목적으로 18세 미만의 아동에게 행하는 모든 성적 행위를 말한다.

구체적인 성학대 행위로는 자신의 성적 만족을 위해 아동을 관찰하거나 아동에게 성적인 노출을 하는 행위(옷을 벗기거나 벗겨서 관찰하는 등의 관음적 행위, 성관계 장면을 노출, 나체 및 성기 노출, 자위행위 노출 및 강요, 음란물을 노출하는 행위 등), 아동을 성적으로 추행하는 행위(구강추행, 성기추행, 항문추행, 기타 신체부위를 성적으로 추행하는 행위 등), 아동에게 유사성행위를 하는 행위(드라이성교 등), 성교를 하는 행위(성기삽입, 구강성교, 항문성교), 성매매를 시키거나 성매매를 매개하는 행위 등이 있다.

4) 방 임

아동의 보호자가 아동을 유기하거나 방임하는 것이다. 보호자가 아동에게 위험한 환경에 처하게 하거나 아동에게 필요한 의식주, 의무교육, 의료적 조치 등을 제공하지 않는 행위를 말하며, 유기란 보호자가 아동을 보호하지 않고 버리는 행위이다.

방임의 유형으로는 물리적 방임, 교육적 방임, 의료적 방임이 있다.

(1) 물리적 방임

- 기본적인 의식주를 제공하지 않는 행위
- 불결한 환경이나 위험한 상태에 아동을 방치하는 행위
- 아동의 출생신고를 하지 않는 행위, 보호자가 아동들을 가정 내 두고 가출한 경우
- 보호자가 친족에게 연락하지 않고 무작정 아동을 친족 집 근처에 두고 사라진 경우 등

(2) 교육적 방임

- 보호자가 아동을 특별한 사유 없이 학교(의무교육)에 보내지 않거나 아동의 무단결석을 방치하는 행위

  ※ 의무교육은 6년의 초등교육 및 3년의 중학교를 의미함(교육기본법 제8조 제1항)

  ※ 초등학교 및 중학교의 장은 해당 학교에 취학할 예정인 아동이나 취학 중인 학생이 ① 입학·재취학·전학 또는 편입학 기일 이후 2일 이내에 입학·재취학·전학 또는 편입학하지 아니한 경우, ② 정당한 사유 없이 계속하여 2일 이상 결석하는 경우, ③ 학생의 고용자에 의하여 의무교육을 받는 것이 방해당하는 때 지체 없이 그 보호자

또는 고용자에게 해당 아동이나 학생의 취학 또는 출석을 독촉하거나 의무교육을 받는 것을 방해하지 아니하도록 경고하여야 함(초·중등교육법 시행령 제25조)

(3) 의료적 방임

- 아동에게 필요한 의료적 처치 및 개입을 하지 않는 행위
- 유기
- 아동을 보호하지 않고 버리는 행위
- 아동을 병원에 입원시키고 사라진 경우
- 시설 근처에 버리고 가는 행위

<표 15-2> 아동학대 징후 요약

신체적 징후	행동적 징후
신체학대	
• 설명하기 어려운 신체적 상흔 • 발생 및 회복에 시간차가 있는 상처 • 비슷한 크기의 반복적으로 긁힌 상처 • 사용된 도구의 모양이 그대로 나타나는 상처 • 담배 불 자국, 뜨거운 물에 잠겨 생긴 화상 자국, 회음부에 있는 화상 자국, 알고 있는 물체 모양(다리미 등)의 화상 자국, 회복 속도가 다양한 화상 자국 • 입, 입술, 치은, 눈, 외음부 상처 • 긁히거나 물린 자국에 의한 상처 • 손목이나 발목에 긁힌 상처, 영유아에게 발견된 붉게 긁힌 상처 • 성인에 의해 물린 상처 • 겨드랑이, 팔뚝 안쪽, 허벅지 안쪽 등 다치기 어려운 부위의 상처 • 대뇌 출혈, 망막 출혈, 양쪽 안구 손상, 머리카락이 뜯겨나간 두피 혈종 등을 동반한 복잡한 두부 손상	• 어른과의 접촉 회피 • 다른 아이가 울 때 공포를 나타냄 • 공격적이거나 위축된 극단적 행동 • 부모에 대한 두려움 • 집에 가는 것을 두려워함 • 위험에 대한 지속적인 경계

<table>
<tr><td>• 고막 천공이나 귓불이 찢겨진 상처와 같은 귀 손상
• 골격계 손상, 시간차가 있는 골절, 치유 단계가 다른 여러 부위의 골절, 복합 및 나선형 골절, 척추 손상(특히 여러 군데의 골절), 영유아의 긴 뼈에서 나타나는 단순 골절, 회전상 골절, 걷지 못하는 아이에게서 나타나는 대퇴골 골절, 골막하 출혈의 방사선 사진, 골단 분리, 골막 변형, 골막 석회화
• 간 혈종, 간 열상, 십이지장 천공, 궤양 등과 같은 복부 손상
• 폐 좌상, 기흉, 흉막 삼출과 같은 흉부 손상</td><td></td></tr>
<tr><td colspan="2">정서학대</td></tr>
<tr><td>• 발달지연 및 성장장애
• 신체발달 저하</td><td>• 특정 물건을 계속 빨고 있거나 물어뜯음
• 행동장애(반사회적, 파괴적 행동장애)
• 신경성 기질 장애(놀이 장애)
• 정신 신경성 반응(히스테리, 강박, 공포)
• 언어장애
• 극단 행동, 과잉 행동, 자살 시도
• 실수에 대한 과잉 반응
• 부모와의 접촉에 대한 두려움</td></tr>
<tr><td colspan="2">성학대</td></tr>
<tr><td>신체적 지표
• 학령 전 아동의 성병 감염
• 임신
• 생식기의 증거
• 아동의 질에 있는 정액
• 찢기거나 손실된 처녀막
• 질에 생긴 상처나 긁힌 자국
• 질의 홍진(紅疹)
• 배뇨 곤란
• 요도염
• 생식기의 대상 포진
항문 증후
• 항문 괄약근의 손상
• 항문 주변의 멍이나 찰과상</td><td>• 성적(性的) 행동 지표
• 나이에 맞지 않는 성적 행동
• 해박하고 조숙한 성 지식
• 명백하게 성적인 묘사를 한 그림들
• 타인과의 성적인 상호 관계
• 동물이나 장난감을 대상으로 하는 성적인 상호 관계
비(非) 성적인 행동 지표
• 위축, 환상, 유아적 행동(퇴행 행동)
• 자기 파괴적 또는 위험을 무릅쓴 모험적인 행동
• 충동성, 산만함 및 주의집중장애
• 혼자 남아 있기를 거부 또는 외톨이
• 특정 유형의 사람들 또는 성에 대한 두려움
• 방화/동물에게 잔혹함(주로 남아의 특징)</td></tr>
</table>

• 항문 내장이 짧아지거나 뒤집힘 • 항문 입구에 생긴 열창 • 항문이 좁아짐 • 회음부의 동통과 가려움 • 변비 • 대변에 혈액이 나옴 구강 증후 • 입천장의 손상 • 인두(咽頭) 임질(pharyngeal gonorrhea)	• 비행, 가출 • 약물 및 알코올 남용 • 자기 파괴적 행동(자살 시도) • 범죄 행위 • 우울, 불안, 사회관계의 단절 • 수면장애 • 유뇨증/유분증 • 섭식장애(폭식증/거식증) • 야뇨증 • 외상 후 스트레스 장애 • 저조한 학업 수행
방 임	
• 발달지연 및 성장장애 • 비위생적인 신체 상태 • 예방접종과 의학적 치료 불이행으로 인한 건강 상태 불량 • 아동에게 악취가 지속적으로 나는 경우	• 계절에 맞지 않는 부적절한 옷차림 • 음식을 구걸하거나 훔침 • 비행 또는 도벽 • 학교에 일찍 등교하고 집에 늦게 귀가함 • 지속적인 피로 또는 불안정감 호소 • 수업 중 조는 태도 • 잦은 결석

출처 : www.korea1391.org

관련 기사

'굶기고 때리고'... 끊이지 않는 아동학대

UN 특별보고관에 제출된 Human Rights Watch의 여성과 여성 아동에 대한 폭력 문제를 다루는 보고서

2024년 4월 휴먼 라이츠 워치(Human Rights Watch)는 여성과 여성 아동에 대한 폭력 문제를 다루는 유엔 특별보고관 보고서에 의견을 제공할 기회를 얻게 되어 감사하다. 본 제출물은 말리, 아이티, 아프가니스탄에서의 스포츠 내 성폭력 및 성별에 따른 폭력, 일본에서의 스포츠 내 아동학대, 여성 운동선수에 대한 성별 검사 문제를 다룬다.

일본(Japan)에서의 아동학대

2020년 휴먼 라이츠 워치 보고서는 일본 스포츠에서의 체벌(일본어로 '타이바츠'로 알려짐) 역사를 기록하고, 일본의 학교, 연맹, 정상급(elite) 스포츠 전반에서 스포츠 훈련 중 아동학대 사례를 발견했다. 휴먼 라이츠 워치는 800명 이상의 전직 아동 운동선수들의 경험을 기록했으며, 이 중 50명 이상은 대면 면담을 통해, 757명은 온라인 설문조사를 통해 참여했다. 여기에는 올림픽 선수와 패럴림픽 선수도 포함되었다. 설문조사에는 일본의 47개 현 중 45개 현과 50개의 스포츠 종목에서 참가자가 참여했다.

2013년 일본 사람들의 분노를 일으킨 체벌 이슈는 학대를 신고할 수 있는 핫라인을 설치하는 등 중요한 개혁을 끌어냈다. 그러나 휴먼 라이츠 워치는 이러한 개혁이 규칙이 아닌 선택적인 "지침"에 불과하며, 진전이 고르지 않고 모니터링되지 않았으며, 학대 신고나 통계에 대한 의무 보고가 없다는 점을 발견했다.

휴먼 라이츠 워치는 스포츠에서의 아동학대가 일본 사회의 많은 부분에서 여전히 받아들여지고 정상화되어 있으며, 어린 운동선수들이 권력 있는 코치나 관계자에 대해 불만을 제기하기가 어렵다는 점을 발견했다. 학교와 연맹은 학대하는 코치를 거의 처벌하지 않으며, 종종 그들이 계속해서 코치를 할 수 있도록 허용하고 있다.

일부 사례에서는 아동 운동선수에 대한 학대가 직접적으로 영구적 부상이나 사망을 초래했다. 1983년부터 2016년까지 일본에서 학교 유도부에 참가하던 중 최소 121명의 젊은 운동선수가 사망했다. 이들 사례 중 얼마나 많은 경우가 코치에 의한 학대와 관련이 있는지는 알려지지 않지만, 일본의 유도 선수 사망률은 다른 선진국에 비해 "유례가 없는" 수준이다.

휴먼 라이츠 워치는 특별보고관에게 국가 및 비국가 주체들에게 다음과 같은 권고를 제공할 것을 촉구한다.

조직 스포츠에서 아동 선수에 대한 모든 형태의 코치 학대를 금지한다.
학대 없이 스포츠에 참여할 권리를 포함하여 선수의 권리를 명확히 한다.
아동 선수의 모든 코치에게 교육을 의무화한다.
아동 선수 학대를 알게 된 모든 성인은 이를 보고하도록 의무화한다.
필요한 경우, 학대 사건을 법 집행 기관에 범죄 수사 의뢰한다.

출처 : 아동권리보장원(http://korea1391.go.kr/new/page/sign.php).

관련 기사

Human Rights Watch, "너무 많이 맞아서 셀 수가 없었다": 일본 아동 운동선수 학대(New York: Human Rights Watch, 2020)

Mike Burke, "학교 유도 수업에서 108명의 사망자 발생, 그러나 기소도 없고 침묵만,"

[하남] 풍산동 국공립어린이집 아동학대 수사

광양시 '아동학대 예방교육'

참고문헌

강성화 · 김경희(2008). 영유아를 위한 언어지도. 서울 : 동문사.

고 은 · 권주석 · 김우리 · 이태수 · 조홍중 · 최혜승(2015). 특수교육의 이해. 경기 : 공동체.

고대순 · 치영은 · 장세희(2013). 아동정신건강. 경기 : 양서원.

국립특수교육원(2009). 특수교육학 용어사전. 국립특수교육원.

국립특수교육원(2011). 특수교육백서. 국립특수교육원.

권석만(2013). 현대이상심리학. 서울 : 학지사.

권석만(2014). 이상심리학의 기초. 서울 : 학지사.

권준수 · 김붕년 · 김재진 · 신민섭 · 신일선 · 오강섭 · 원승희 · 이상익 · 이승환 · 이헌정 · 정영철 · 조현상 · 김민아공역(2023). DSM-5-TR; 정신질환의 진단 및 통계편람. 서울 : 학지사.

김미영(2018). 영아의 기질이 사회정서적 유능성 및 문제행동에 미치는 영향. 목포대학교 대학원 석사학위논문.

김성수 · 이영애(2019). 정신건강의 이해. 경기 : 양서원.

김세영(2017). 적대적 반항장애를 동반한 ADHD 아동의 아동중심놀이치료 사례연구. 아동학회지, 38(4), 103－115.

김영한 · 김정현 · 김하경 · 박선희 · 박정식 · 엄태식 · 이미순 · 임채식 · 조재규 · 홍정숙(2015). 신특수교육개론. 서울 : 태영출판사.

김유숙(2006). 가속상남. 서울 : 학지사.

김정미 · 박희숙 · 강인구(2015; 2021). 정신건강론. 경기 : 공동체.

김춘경(2007). 아동상담 : 이론과 실제. 서울 : 학지사.

김희경 · 김옥숙 · 이숙희(2011). 정신건강론. 경기 : 정민사.

네이버 지식백과. 서울대학교병원 의학정보.

도명애 · 서석진 · 최성욱 · 김성화 · 박순길 · 윤치연 · 양경애 · 조규영(2016). 특수아동의 이해. 서울 : 창지사.

박은영(2000). 영아의 기질과 적응/부적응 행동과의 관계. 대구효성카톨릭대학교 대학원 석사학위논문.

박찬선(2024). 행복한교육, 가을호. 교육부디지털소통팀.

박화문 · 박재국 · 김윤혜 · 김영한 · 김영경 · 박미화 · 이정순(2001). 장애유아의 교육과 지도. 서울 : 창지사.

부정민(2013). 선택적 함구증을 보인 6세 소녀의 모래놀이치료사례. 아시아아동복지연구, 11(2), 1－40.

서현아 · 좌승화 · 엄세진 · 안영혜 · 하선혜 · 박소윤(2021). 아동생활지도. 경기 : 공동체.

성영혜(1997). 놀이치료 핸드북. 서울 : 상조사.

송영혜(2001). 놀이치료의 원리. 대구 : 대구대학교출판부.

송정아 · 최규련(2002). 가족치료 이론과 기법. 서울 : 하우기획출판.

신민섭 외(2009). 그림을 통한 아동의 진단과 이해 : HTP와 KFD를 중심으로. 서울 : 학지사.

신민섭 외(2018). 쉽게 배우는 DSM-5 : 임상가를 이한 지침. 서울 : 시그마프레스.

신희선 · 김정미(2006). K-CDR : 0-5세 영유아발달 선별검사 지침서. 경기 : 도서출판 특수교육.

신희선 · 김정미(2006). K-CDR; 0-5세 영유아발달선별검사. 경기 : 도서출판 특수교육.

안동현 · 김세실(1997). ADHD 사회성 기술훈련. 서울 : 하나의학사.

안영진 · 고연경 · 장석경(2020). 영유아 생활지도 및 상담. 서울 : 동문사.

양승윤(2008). 어머니의 심리통제와 아동 우울증상의 관계에서 완벽주의의 매개효과. 숙명여자대학교 대학원 석사학위논문.

여성가족부 · 교육부(2013). 2013년 우리아이 지키기 10계명 포스터(학부모용). 여성가족부.

오승아 역(2003). 아동과 가족의 스트레스 대처 및 복원력. 서울 : 민지사.

오승아(2015). 2급 보육교사 보수교육. 강원 : 경동대학교.

오승아(2021). 특수유아의 이해. 경기 : 양서원.

오승아 · 황성원 · 김경희 · 조현주 · 권정임(2021). 아동심리와 상담(제3판). 서울 : 창지사.

유미숙(1997). 놀이치료의 이론과 실제. 서울 : 상조사.

유혜선(2013). 영아의 기질과 교사-영아관계가 어린이집 초기 적응에 미치는 영향. 동아대학교 대학원 석사학위논문.

이경숙 · 신의진 · 박영숙 · 장은진 · 정은정 · 정석진 편역(2014). 영유아정신건강 및 발달장애. 경기 : 양서원.

이경숙 · 정석진(2016). 보육교사가 보고하는 영유아의 정신건강 문제행동 및 지도방법 : 창원, 인천 국공립어린이집 보육교사를 중심으로. 영유아아동정신건강연구, 9(2), 1-32

이경진 · 조은지(2021). PBL을 적용한 정신건강론 과목에서 예비교사의 경험과정과 의미 탐색. 어린이문학교육연구, 22(1), 115-140.

이민규(2004). 현대생활의 적응과 정신건강. 서울 : 교육과학사.

이소현 · 박은혜(2011). 특수아동교육. 서울 : 학지사.

이 숙 · 정미자 · 최진아 · 유우영 · 김미란(2004). 아동상담. 경기 : 양서원.

이순민(2014). 정신건강론. 서울 : 학지사.

이우경 · 이원혜(2019). 심리평가의 최신 흐름. 서울 : 학지사.

이정숙(2007). 분리불안장애 아동의 특성과 부모－자녀 놀이치료 프로그램의 효과. 한양대학교 대학원 박사학위논문.

임선자 · 선우현(2015). 반응성 애착장애 아동의 놀이치료사례연구. **한국기독교상담학회지**, 26(2), 139－168.

임 혁 · 채인숙(2015). **정신건강의 이해**. 경기 : 공동체.

잔트만아동청소년상담센터(2023). **치료접근 : 놀이치료**.

전석균 (2016). **정신건강론**. 경기 : 공동체.

정문자 · 정혜정 · 이선혜 · 전영주(2007). **가족치료의 이해**. 서울 : 학지사.

정지은 · 김민태 · 오정요 · 원윤선 · EBS <아이의 사생활> 제작팀(2010). **아이의 사생활**. 서울 : 지식채널.

조수철 · 신민섭(2006). **소아정신병리의 진단과 평가**. 서울 : 학지사.

존가트맨 저 · 정창우 역(2009). **존가트맨식 감정코치법**. 경기 : 도서출판 인간사랑.

채경선 · 김주아(2015). **아동정신건강론**. 서울 : 창지사.

채경선 · 김주아(2018). **아동정신건강론**. 서울 : 창지사.

최명희(2015). **아이와 통하고 싶다**. 경기 : 공동체.

탁미라(2013). 반응성 애착장애 아동의 모－자 상호작용 향상을 위한 미술놀이 치료 프로그램 개발 연구. 한양대학교 대학원 석사학위논문.

하여진(2018). 유아의 문제행동 양상에 따른 잠재계층분류와 영향요인 검증. **육아정책연구**, 12(1), 125－149.

한국법교육센터(2014). **재미있는 법이야기**.

한국심리학회(2014). **심리학용어사전**.

한국언어병리학회(1994). **언어장애아동의 가정지도**. 경기 : 군자출판사.

한승민(2024). 느린학습자 자녀를 둔 어머니들의 모호한 상실 경험에 관한 질적 연구. 연세대학교 대학원 석사학위논문.

황성원 · 김경희 · 오승아 · 조현주 · 권정임(2010). **아동심리와 상담**. 서울 : 창지사.

황현진 · 오유주 · 임은미(2024). 유아기 기질 잠재집단에 따른 아동기 집행기능 곤란의 차이. **아동교육**, 24(3), 177－195.

APA(2013). American Psychiatric Association. USA.

IDEA(2004). 미국장애인교육향상법(Individual with Disabilities Education Improvement.

Joung－Hyun You, Sung－Man Bae(2024). The moderating effect of parenting efficacy on the relationship between child's temperament and parental depression. 157, Children and Youth Service Review.

고려대학교 의과대학병원(2010). 고려대학교의료원. http://www.kumc.or.kr
교육인적자원부(2001). 성교육 성폭력 예방교육 프로그램. http://www.moe.go.kr
국가정신건강정보포털(2021). https://www.mentalhealth.go.kr
백경임(2007). 부모가 시작하는 내 아이 성교육. 샘터(샘터사) http://www.isamtoh.com
보건복지부(2013). 장애인 복지 사업안내(1), vol. 1, 보건복지부. http://www.mohw.go.kr
서울대학교병원 의학정보(2024). http://www.snuh.org/health/nMedInfo/nList.do
잔트만아동청소년상담센터(2023). http:///sandmann.co.kr.
https://doi.org/10.1016/j.childyouth.2023.107403
http://korea1391.go.kr/new/page/sign.php
https://news.v.daum.net/v/20190615053301755
m.kocus.com/news/articleView.html?idxno=404555
m.tonghabnews.com/news/articleView.html?idxno=66372#0ArL
https://clova-x.naver.com/
https://kici.or.kr/2023/03/19/사단법인 한국영아발달조기개입협회
https://kizmom.hankyung.com/news/view.html?aid=201508250704o
https://news.v.daum.net/v/20150115141817522?f=o
www.ibabynews.com/news/articleView.html?idxno=68001
https://m.terms.naver.com/entry.nhn?docId=2119746&cid=51007&categoryId=51007
http://www.pressian.com/news/article/?no=214771&utm_source=daum&utm_medium=search#09T0
http://www.segye.com/newsView/20140420004062?OutUrl=daum
https://tv.kakao.com/v/399403420
https://www.hrw.org/report/2020/07/20/i-was-hit-so-many-times-i-cant-count/abuse-child-athletes-japan.
https://www.chosun.com/site/data/html_dir/2017/03/29/2017032900118.html
https://n.news.naver.com/mnews/article/056/0010129940
https://www.hankookilbo.com/News/Read/202001121709381856
https://www.news1.kr/society/welfare-hr/3640307
https://www.sedaily.com/NewsView/1VHQY7LO5H/GH0101
https://www.dongascience.com/news.php?idx=27809
https://health.chosun.com/site/data/html_dir/2024/10/29/2024102901903.html

https://www.mentalhealth.go.kr/portal/disease/diseaseDetail.do?dissId=12&srCodeNm=%ED%8A%B9%EC%A0%95%20%ED%95%99%EC%8A%B5%EC%9E%A5%EC%95%A0

https://happyedu.moe.go.kr/happy/bbs/selectHappyArticle.do?bbsId=BBSMSTR_000000005152&nttId=39102

http://www.snuh.org/health/nMedInfo/nList.do

저/자/약/력

■ 오승아
성균관대학교 아동학과 학 · 석 · 박사
현) 경동대학교 유아교육과 부교수
아동심리 및 상담전문가
전) 잔트만아동청소년상담센터 원장

영유아 정신건강

|저자| 오승아

|1판 1쇄| 발행 2024년 12월 31일

|발행인| 김 동 훈
|발행처| 공 동 체

|주소| 경기도 고양시 일산동구 호수로 358-39, 동문타워 I 905호(백석동)
|전화| 031) 814-3000(대표)
|팩스| 031) 814-3100
|홈페이지| https://www.compub.co.kr
|전자우편| compub@naver.com
|출판등록| 2005년 10월 6일
|등록번호| 제396-2005-36호

|ISBN| 979-11-6105-553-4
정가 21,000원

memo

memo

memo

memo